# 崛 起 策

余欣荣 著

中国社会科学出版社

**图书在版编目（CIP）数据**

崛起策/余欣荣著．—北京：中国社会科学出版社，2007.9

ISBN 978－7－5004－6286－6

Ⅰ．崛…　Ⅱ．余…　Ⅲ．①地区经济—经济发展—研究—南昌市②社会发展—研究—南昌市　Ⅳ．F127.561

中国版本图书馆CIP数据核字（2007）第098474号

策划编辑　卢小生
责任编辑　卢小生
责任校对　石春梅
封面设计　福瑞来书装
技术编辑　李　建

---

出版发行　中国社会科学出版社
社　址　北京鼓楼西大街甲158号　　邮　编　100720
电　话　010－84029450（邮购）
网　址　http://www.csspw.cn
经　销　新华书店
印　刷　北京新魏印刷厂　　装　订　丰华装订厂
版　次　2007年9月第1版　　印　次　2007年9月第1次印刷
开　本　787×1092　1/16　　印　数　1—6000册
印　张　15
字　数　268千字
定　价　32.00元

---

# 目 录

## 第三部分　实践篇



## 第四部分　借鉴篇

# 自　序

2006年4月，中央党校给了我一个任务，要求我从理论与实践结合上给培训部学员讲一堂关于中部地区城市崛起方面的课。我考虑，一方面，我要完成好这一任务；另一方面，也给了我一次学习的机会。我一直打算就正在推进的城市崛起实践进行一些理论思考，但始终未下决心，这次倒是压力变动力了，把系统地进行城市崛起的研究摆上了日程。

进入21世纪的今天，“崛起”成为了中国的最强音。中国崛起，世界关注；中部崛起，牵动全国。进入21世纪的今天，城市崛起成为了中国发展的主旋律。新世纪是城市化的世纪。在世界竞争中，没有城市的崛起就不会有整个国家的崛起；仅有少数城市的崛起，也不会有整个国家的崛起。

发展是永恒的主题，崛起是发展的高级形态。无论是在国家，还是在地区的变化过程中，纵向比，进步了就是发展；横向比，进位了就在崛起。从这个意义上说，崛起就是欠发达地区的振兴之路。

经济发展造就了城市，经济全球化推动新一轮城市崛起。在经济全球化、信息化的今天，每个城市都面临一次新的选择、新的机遇。没有永恒不变的秩序。原来发达的城市可能衰弱，而原来欠发达的城市则可能后来居上，走上崛起之路。崛起是一个过程，能不能崛起，怎样崛起，如何才能实现持续发展，最终达到崛起的目的，是今天我们这个时代担负崛起重任的人们必须认真思考的问题。

今天的时代是竞争的时代，发达地区要谋划自己的发展之路，后发地区更要借鉴发达地区的发展经验，结合自身的实践，谋划好自己后进变先进的发展之路。改革开放以来，我国经济社会发展取得了令人瞩目的成就。它不仅在实践上积累了丰富的经验，而且在理论上形成了一系列科学的发展规律。同样，我国无论是发达地区还是欠发达地区城市崛起的实践，都为崛起的理论提供了充足的养料，为我们从理论上研究和把握崛起的规律提供了有利条件。我们研究崛起的目的，就是以中国特色社会主义理论为指导，立足欠发达地区的城市发展实践，借鉴国际国内先进的发展经验，试图探索欠发达地区城市后进变先进的崛起之路。

解剖“麻雀”是科学的理论研究方法。南昌，作为我国中部欠发达地区城市，改革开放特别是进入新世纪以来，在党中央和江西省委、省政府的正确领导下，以邓小平理论、“三个代表”重要思想和科学发展观为指导，在过去良好的基础上，经济社会发展取得了既好又快的成就，崛起态势明显。因此，我们将其作为“麻雀”系统地进行“解剖”，有利于我们客观、深入、系统地认识崛起规律。但是，我们又不能仅仅局限于南昌，而是要透过南昌，放眼世界，研究整个后发地区的发展之策，突出在全球化的大背景下，谋求后发城市多视角、宽领域发展的途径。

思路决定出路。正确的思路来源于丰富的实践和科学的总结。无论是国内外城市发展的经验，还是南昌正在进行的崛起实践，谋求崛起都需要把握几个基本点：

一是开放性。一方面，崛起需要开放。当今世界是开放的世界，在开放中崛起，在崛起中开放，是后发地区实现崛起别无选择的道路。在全球化背景下，后发地区尤其需要站在时代和战略的高度，以世界眼光来看待自身和世界。发展选择开放，封闭必然落后。



二是科技性。科学技术是人类创造性劳动的产物，是认识与改造世界的智慧结晶，是一个地区、一个国家强盛的不竭动力。在经济领域，这种动力一方面表现为推动经济量的增长；另一方面表现为经济质的提高，结构的改善。欠发达城市相对落后的重要原因不仅表现为数量的欠缺，更表现为质的欠缺，组织结构的落后。因此，就欠发达地区而言，科技是改变历史的有力杠杆，是最具深刻意义的改造力量。

三是市场性。市场促进了全球化，全球化又提升了市场。全球市场化的日益加深，对地区或国家的经济社会发展产生着重大影响。因此，后发地区要崛起，就要转动市场化这颗螺栓，从提高市场化程度中寻找出路。我们研究制胜之道，就要树立先进的资源观和市场观。现代资源不是凝固的，而是在全世界范围内流动的。哪个地方的吸引力强，资源就朝哪个地方流动；谁掌握了这些资源多，谁就能快速发展。后发地区一旦会用市场理念高效整合各种可供开发和经营的资源，就有可能实现后来居上。

四是和谐性。和谐发展，共同繁荣，是崛起的基本要求。那种对外靠武力掠夺，殖民榨取，对内剥削压迫人民实现富强的时代已经过去。在以和平与发展为主题的当今世界，城市崛起，对外要努力树立文明和谐、诚信守诺、友谊合作的城市形象，不断拓展对外经济合作发展的空间；对内要切实从人民群众的利益出发，努力满足他们不断增长的物质生活和精神生活需求，努力倡导诚实守信、团结友爱、开明开放、创新创业的社会品德。

在《崛起策》研究正在进行时，从太平洋彼岸传来了一个好消息，2006年联合国城市发展报告把南昌列入21世纪二线城市中最具有活力的城市之一。同年6月，新一期美国《新闻周刊》又将南昌选入“全球十大动感都会”。这应算是对城市崛起理论与实践的一种佐证。

如果说我们对城市崛起理论研究有些价值的话，那应该归功于党和人民对崛起实践的创造，归功于南昌人民为改变城市命运而进行的活生生、火热热的创造。我作为一个城市工作者，作为为南昌崛起而奋斗的一分子，努力把这些创造性的成果总结起来，尽可能上升为理性的认识，也是为崛起事业所尽的一份责任。该书出版之时，我要感谢中国社会科学出版社的同志和王国龙等同志，他们为这项工作付出了许多辛勤劳动。

因为水平有限，不当之处，敬请指正。

余欣荣

2007年2月18日

# 第一部分

## 战略篇

# 把崛起的目标落实到又好又快发展上

崛起，既是我们追求的目标，更是我们努力的过程。只有实现经济社会又好又快的发展，才能最终达到崛起的目的。当前，我们正处于重要战略机遇期。抓住机遇，乘势而上，在目前发展较快的基础上解决发展更好的问题，努力实现经济社会又好又快发展，是坚持以科学发展观为指导，实现后来居上目标的内在要求。

## 一、准确把握又好又快发展的精神实质



实现又好又快发展，就是既要有较快的增长速度，又要注重提高增长的质量和效益。具体地讲，“快”，就是坚持把发展作为第一要务，牢牢抓住重要战略机遇期，按照邓小平同志所要求的那样，“能发展就不要阻挡，有条件的地方要尽可能搞快点。”“好”，就是以结构调整为主线，以转变经济增长方式为主攻方向，以提高人民生活水平为根本目的，实现经济社会全面协调可持续发展。

实现又好又快发展，关键是充分利用各种有利条件，促进发展。和平、发展、合作是当今时代的潮流。经济全球化趋势深入发展，科技进步日新月异，这些都是我们实现又好又快发展的有利的国际条件。从国内环境看，社会稳定，市场需求日益增长，劳动者素质不断提高，基础设施和科技教育明显改善，加之，我们在实践中积累的丰富经验和集中力量办大事的制度优势，这些都是我们实现又好又快发展的有利的国内条件。充分利用这些有利条件，就可以大有作为。

实现又好又快发展，需要防止两种倾向。一是防止片面求“快”而忽视“好”的倾向。有人认为，“快”就是“越快越好”，因而在实际工作中不顾客观条件，一味地追求增长速度。而科学发展观强调的“快”，是在“好”的基础上的“快”。没有“好”为基础，“快”不仅不能持久，还会出现问题。这里的关键是掌握好发展节奏，把“快”控制在合理的范围内，既要避免发展太快带来社会性和结构性的问题，又要避免发展太慢妨碍经济增长。只有

"又好又快"，才能保持较长的快速发展期。二是防止以"好"压"快"的倾向。有人认为，要保持"好"，发展速度就难免会慢下来，又好又快是不可能的。事实上，"好"不仅不会制约"快"，反而有助于保持"快"的稳定性和持续性。近几年，党中央以科学发展观为指导，加强和改善宏观调控，不仅没有影响发展，而且使我国经济社会保持了又好又快的发展势头。实现经济社会又好又快发展，是目标也是要求，是对各级政府和领导干部驾驭社会主义市场经济能力的考验。

## 二、实现又好又快发展必须坚持的原则

### （一）速度与结构、质量、效益相统一的原则

我国是一个发展中国家，需要保持较快的发展速度，但发展速度必须建立在结构优化、质量提高、效益增长和消耗降低的基础上。"十一五"期间，应继续推进产业结构调整，提升产业技术水平，把速度和结构、质量、效益有机地统一起来，实现从主要依靠增加投入、上新项目拉动增长向集约增长转变，从单纯的速度型增长向速度与结构、质量、效益相统一的增长转变，切实提高经济增长的质量和效益。



### （二）经济发展与社会进步相统一的原则

经济发展是社会进步的基础，社会进步有利于经济发展。经济发展与社会进步协调并进，既是实现又好又快发展的重要内容，也是其重要前提。因此，应把实现人的全面发展作为发展的出发点和归宿，统筹兼顾经济发展与社会进步，协调推进经济建设、政治建设、文化建设、社会建设，促进经济社会良性互动、协调发展。

### （三）立足当前与着眼长远相统一的原则

处理好"好"与"快"的关系，从深层次上讲，就是处理好当前利益与长远利益的关系。当前的"快"，要服从服务于长远的"好"，绝不能以牺牲长远的"好"来换取眼前一时之"快"。"十五"期间，南昌市在承接沿海产业转移过程中，积极探索"经济高速发展，资源集约利用，环境质量提升，社会和谐进步"的发展模式，大力发展现代制造业，鼓励工业向园区集中，坚决不搞威胁劳动者生命安全和损害人民群众身体健康的项目，不搞严重污染生态环境的项目；充分认识自然资源的稀缺性、环境污染的危害性，牢固树立节约资源和保护环境的意识，注重以结构调整、科技进步、加强管理、提高劳动者素质来促进经济发展，既要"金山银山"，又要"绿水青山"，为实现经济社会的可持续发展奠定基础。

(四) 全局和局部相统一的原则

局部的又好又快，必须服从服务于全局的又好又快，这样才是真正实现了又好又快。从促进区域协调发展来看，中央既从全局的高度提出了促进区域协调发展的要求，又结合不同地区的实际分别做出了战略部署。我们既要坚决贯彻国家宏观调控的政策措施，巩固宏观调控成果；又要按照发挥比较优势、加强薄弱环节、促进协调发展的要求，从本地实际出发，确定发展的战略、目标、规划和重点。

## 三、实现又好又快发展必须解决的问题

实现又好又快发展，需要采取有效措施，着力解决资源约束问题、产业结构问题以及对外开放与对内搞活相结合问题。

(一) 着力解决资源约束问题



我国的资源约束问题主要表现为资源人均占有量低、消耗量大、利用率低等。资源约束问题是影响现代化建设的一个重大问题，是实现又好又快发展必须破解的一道难题。应按照建设资源节约型、环境友好型社会的要求，坚持开源与节流并重、循环利用与提高效率并重、抓供给与抓需求并重，努力节约资源，提高资源利用率，抑制不合理需求，建设节能型工业和节水型农业，并合理引导居民的消费需求。

(二) 着力解决产业结构问题

我国产业结构存在的问题主要是农业基础薄弱、工业大而不强、服务业发展滞后等。“十一五”期间，应继续推进产业结构的战略性调整，提升经济增长的质量和国民经济的整体素质。一是把解决“三农”问题放在更加重要的位置，以提高农民、减少农民、富裕农民为战略重点，加快农村经济结构的战略性调整，积极稳妥地推进城镇化。二是把走新型工业化道路作为解决工业大而不强、水平低下问题的重要途径，加快改组改造传统产业的步伐，努力振兴装备制造业，发展高新技术产业，以信息化带动工业化，不断推动工业结构优化升级，提高工业的整体水平。三是加快服务业尤其是金融、保险、物流、信息和法律服务等现代服务业的发展，降低社会交易成本，满足人民群众日益增长的需求。

(三) 着力解决统筹国内发展与对外开放问题

在经济全球化的大背景下实现又好又快发展，需要提高对外开放水平，以开放促改革、促发展。应加大统筹国内发展和对外开放的力度，提高综合实力

和国际竞争力。创新招商方式，优化引资结构，提高吸收利用外资的质量和水平，把吸引外资与促进产业升级、区域协调发展、国有企业改组改造结合起来。通过全方位扩大开放，实现总量扩张、技术跨越、管理升级、制度创新，促进经济持续、快速、协调、健康发展。同时，加大改革力度，鼓励和支持民营经济发展，为实现又好又快发展提供强大而持久的内在动力。

## 四、建立确保又好又快发展的长效机制

为了实现又好又快发展，需要加强制度建设，从体制机制上解决制约经济社会实现又好又快发展的深层次问题，建立确保又好又快发展的长效机制。

### （一）建立科学的考评机制

正确的政绩观来自于科学的世界观。领导干部应牢固树立科学的世界观、人生观、价值观和正确的权力观、地位观、利益观，时刻牢记党的全心全意为人民服务的宗旨，坚持用科学发展观武装头脑、指导实践，把对人民负责、对历史负责作为衡量工作和政绩的基本准则。同时，必须建立科学的政绩考评机制，用全面的、实践的、群众的观点衡量干部的政绩，不仅看眼前，更看长远；不但看政绩，更看实效，从制度上保证领导干部把心思和精力用在实现又好又快发展上。

### （二）健全选人用人机制

选人用人机制直接影响到发展的方向和质量。应坚持正确的选人用人标准，严格选人用人程序，规范选人用人行为，把那些谋长远、求实效、政绩突出、群众公认的优秀干部选拔进各级领导班子。在具体工作中，应坚持用“三宽”、“五看”来看干部。“三宽”是：胸襟是否宽、眼界是否宽、思路是否宽。“五看”是：一看决策的“准确度”，二看经济社会的“发展度”，三看人民群众的“满意度”，四看社会的“稳定度”，五看干部行为的“合法度”。

### （三）完善人才支撑机制

实现又好又快发展，离不开强有力的人才支撑。应加强干部队伍建设，把提高各级领导干部的能力作为一项战略性、全局性的大事来抓，着力提高领导干部把握时代发展要求的能力、实施科学发展战略的能力、认识和运用规律的能力、统筹发展的能力、辩证思维的能力、整合发展力量的能力、破解发展难题的能力等。同时，大力加强人才队伍建设，强化组织领导，推进机制创新，吸引、集聚各类优秀人才，切实发挥各类人才特别是高层次人才在实现经济社会又好又快发展中的重要作用。

# 实现崛起必须牢牢把握大开放主战略

从根本上来说，实施大开放主战略是欠发达地区实现后来居上的“最重要动力”。开放的时间、力度和程度不同，导致的前途和命运也不同。开放的时间越早、力度越大、程度越高，参与国际分工与合作的能力就越强，发展的活力就越旺。唯有牢牢把握大开放这个主战略，坚持用开放的理念凝聚全社会的智慧和合力，后发地区才能赢得自己应有的地位。



## 一、牢固树立对外开放是加快发展第一要事的观念

世界经济进入国际化、信息化的今天，任何一个国家和地区都不可能孤立地存在和发展下去，任何一种经济资源也不可能长期凝固在世界的一个角落。资源的世界性流动和配置已日益成为一种趋势。因此，对于欠发达地区而言，加快发展是第一要事，对外开放则是加快发展的第一要事。之所以说是第一要务，这是因为：

### （一）对外开放是促进思想观念更新的最好办法

观念就是财富。坚持解放思想、实事求是、与时俱进，不断创新观念，是促进后来居上的首要动力。一方面，在开放中引进资金、技术、人才，同时也引进了先进的市场理念，可以学会把凡是能由市场办的事情都让市场去办，从而创出一片“穷”财政办大事业的新天地；另一方面，为适应开放型经济发展的需要，后发地区必须塑造“求新思变，开明开放，诚实守信，善谋实干”的形象，广大干部群众必须由封闭型思维向开放型思维转变，由封闭型工作方式向开放型工作方式转变。特别是由于大开放和市场经济的洗礼，干部队伍的素质和能力必将大幅提升。

### （二）对外开放是迅速做强做大经济规模的重要途径

欠发达地区在发展上的差距，首先体现在经济规模上。在现有经济总量还不大的基础上，仅仅依靠自身的原始积累，依靠现有经济总量的代数级数式增长，要赶超发达地区，进而实现崛起是不现实的。而要迅速做大经济规模，最现实的办法，就是通过全方位对内对外开放，大力发展开放型经济。开放型经

济具有成本低、风险小、见效快、后劲强的特点，不需要经历原始资本积累的过程、企业管理摸索的过程、市场熟悉和开拓的过程，一切都依托外来投资母公司提供的资金、人才、市场、管理、机制作支撑，起点高、来得快、效果显，一旦引进就能迅速生根、开花、结果，成为新的经济增长点。

（三）对外开放是实现新型工业化的最佳途径

对外开放对工业化最深刻的影响是技术变革带来的全要素生产率的提高，主要表现在：一是出口的产业关联效应。通过出口产业的前向关联和后向关联机制带动本地相关产业的发展，从而带动整个经济的发展。据国际组织的专家分析，贸易依存度（贸易进出口总额与 GDP 的比值）每提高一个百分点，人均 GDP 可增长 10%。二是出口的积累效应。通过出口获得积累，支撑原有产业的扩大再生产或新兴产业的投资，以实现连续增长。三是进口的技术进步效应。通过进口国外先进技术，增加经济发展的技术含量和知识含量，提高生产率，缩短差距。四是外贸学习效应。通过进出口贸易了解国外市场信息和国外厂商的管理及技术经验，在吸收借鉴中增强制度模仿和创新行为。五是跨国流动的资源配置效应。通过国外资金、人才、技术的引进，把本地潜在的要素比较优势转化成现实的竞争优势。六是外国企业的竞争激励效应。外国企业加盟国内市场竞争，可以加速国内企业资产重组，优胜劣汰，使优势企业在竞争中成长壮大。世界著名经济学家钱纳里通过对多国模型的综合分析，发现贸易结构相对于国内需求的变化，对总产出中制造业份额增加的影响更大，越是开放型，效益越高，全要素生产率对增长贡献就越大。



（四）对外开放是推动城市化进程的加速器

在经济全球化趋势日益增强的今天，积极参与国际产业分工和协作，提高经济外向度，推进国际化进程，不仅可以加快城市化步伐，而且可以实现更高层次的城市化。一般来说，城市的市场化程度较高，开放度也较大。一些国际性的金融中心、贸易中心、制造业中心的发展，往往会形成国际大都市。这表明市场体系是以城市为基础建立的，经济全球化也是主要依托城市市场进行的。与此同时，城市以其相对于农村而拥有的较雄厚的经济基础、先进的基础设施、发达的信息和交通网络、优良的投资环境和丰富的旅游资源，吸引着大量的外商进行投资，能进一步提高经济的开放度。

（五）对外开放是创造就业机会的重要渠道

欠发达地区由于城市化水平低，城市经济承载量小，农村剩余劳动力多，就业压力很大。对外开放特别是招商引资，不仅引进了资金和项目，也为当地群众引进了更多的“饭碗”，把更多的就业岗位搬到了当地。因此，大举招商引资，通过发展开放型经济增加就业机会，是创造就业岗位的重要渠道。“十五”期间，南昌市通过全方位对内对外开放，大力发展开放型经济，特别是加快推进现代制造业重要基地建设，加速发展城市服务业和个私民营企业，全市创造了60万个就业岗位。

（六）对外开放是实现机制体制创新的重要选择

发展开放型经济的过程，实质上也是引进新的机制体制的过程，是机制体制创新、增强企业竞争活力的过程，是加快与国际经济接轨的过程。欠发达地区要尽快形成机制体制优势，光靠自身的探索、创新显然跟不上市场经济发展的步伐，必须通过全方位对内对外开放，主动置身于与国内外企业的竞争和较量中，主动融入在法律法规、技术标准、市场开放等方面与国际全面接轨的现实中，以此强力推动机制体制的创新，推动思想观念的转变。

## 二、工业园区是开放型经济的主要载体



实践证明，工业园区是国内外产业梯度转移的承接基地，是具有自身特色和优势的高新技术产业基地，是科技成果转化的生产基地，是科技人才、留学人员、民营企业的创业基地，还是机制体制创新的示范基地。因此，要把工业园区作为开放型经济发展的主战场。必须“强化责任，多方联动，拓宽领域，延伸地域，创新方式，创优环境，注重质量，全面提升开发区水平”。

（一）搞好工业园区的规划

规划是最大的财富。坚持以土地利用为基础，以生态效益为前提，以经济效益为目标，寻求城市规划、土地利用规划与经济发展规划的最佳结合点，实现经济、生态和社会三种效益的协调发展，按照科学合理、功能配套、特色鲜明的要求，不断完善工业园区的规划。一是选址要充分考虑交通、电力、水利、通信便利等条件，便于投资办厂，提高集约化水平。二是功能定位要准确。准确的功能定位是工业园区开发建设成功的前提，关键是区域职能定位、发展目标定位和产业发展定位要准。三是要十分注重发挥比较优势，以重大项目落户为突破口，延长产业链，形成产业特色，做强做特工业园区。四是要十分重视工业园区生态环境保护和建设。本着对历史负责、对人民负责的态度，工业园区要坚决做到环境项目与产业项目同步设计、同步施工、同步投产。要创造条件搞好工业园区污水集中处理，有条件的工业园区要率先争创环保工业园和生态工业园。

（二）搞好工业园区的开发

坚持“总体规划、分步实施、滚动发展、良性循环”的原则，提高园区开发的整体水平。一是成立开发实体，提高市场化运作水平。工业园区开发建

设要按照“政府引导、市场运作、多元投入、上下联动”的方针，逐步由政府主导向政府引导、市场主导转变。可以组建具有法人资格的工业园区开发经营实体来运作，承担经济责任和收益，并鼓励海内外有实力的经济实体参与工业园区的开发经营。二是采取正确的资金运作策略。园区建设资金严禁搞群众性摊派集资，应当推动园区建设投融资市场化，建立和完善为园区服务的信用担保体系，形成多元投入机制。三是坚持土地出让原则。园区建设征用土地必须按规定审批并办理手续；征用土地必须依照法律规定给予农民经济补偿并落实到位；城镇经营性土地使用权出让必须全部进入市场，进行规范化的招标挂牌拍卖。

（三）搞好工业园区的管理

1. 建立精干的管理机构。工业园区是地方经济发展的“特区”，工业园区管理委员会按照高效、精简原则设置机构，履行为工业园区的开发建设提供保障服务的职能。工业园区管委会的主要任务，就是构筑平台，招商引资，搞好服务，营造亲商、安商、富商的优良投资环境，帮投资者成功，为企业服务。



2. 建立高效的办事程序。不断提升“一站式”服务的质量和效率，对所有入园项目的办证、报建手续要在规定的时间内完成，并为其提供无偿全程服务。实行挂点责任制，每个项目、每个企业明确责任领导、责任单位，从项目洽谈、签约、办证、征地、报建、建设、投产全程包干协调、服务。

3. 实行严格的考核措施。对工业园区要用每平方公里的投资强度、销售收入、财税收入、出口创汇、劳动就业等指标进行考核。

## 三、对外开放应当突出重点抓住关键

（一）突出思想端正，不仅追求数量，更加注重效益，使利用外资的结构日益合理

欠发达地区在追赶发达地区的时候，应当端正指导思想，不图虚名，不做虚功，着力实现数量扩张与引资质量的同步提升。要在国家利用外资政策指导下，在保持较大引资规模的同时，注重优化引资结构，不断提高引资质量，加强对外资的产业和区域引导，实现利用外资与优化产业结构、提升产业层次的有机结合。

（二）突出环境建设，不断解决新冒出来的问题，提高环境竞争力

在硬件上，打牢发展开放型经济的基础，在加快电网、水网、路网、气

网、通信网等基础设施建设的同时，加快金融、物流、信息、进出关等现代服务体系建设，不断拓展新的招商引资平台。

（三）突出重大项目，增强加快开放型经济发展的支撑力

重大项目是加快城市经济发展的强大支撑，对于带动一个城市经济的发展具有举足轻重的地位。衡量一个地方开放型经济的水平，不光要看招商引资的总量，还要看这个城市引进了多少个重大项目。因此，必须花大力气引进和培养一批投资规模大、科技含量高、产业带动强的战略性项目和龙头性项目，以大项目形成大产业，推动大发展，实现快崛起。

（四）突出责任意识，坚持把招商引资作为“一把手”工程

各级领导特别是“一把手”，都要树立自己就是招商引资最终责任人的意识，高度重视，将很大的精力用在招商引资、推动经济发展上，对于有意落户的大项目，“一把手”盯紧盯牢，亲自洽谈，亲自协调，必要时请上级主要领导亲自出面协调；对于在建重大项目，“一把手”紧抓不放，要建立健全重大项目联合办公制度，由各相关部门定期召开联席会，协调解决建设过程中遇到的困难和问题，确保项目顺利实施；对于已经建成投产的项目，则要帮助它们早日达产达标，迅速做大做强。



（五）突出因势利导，适时采取新的策略

开放初期，应当突出招商、安商、富商，千方百计承接产业梯度转移，吸引外资项目投放量；发展到一定程度后，则要突出招商选资，提升引资质量，通过多种方式，吸引跨国公司把更高技术水平、更大增值含量的加工制造环节和研发机构转移过来，设立更多的管理运营中心、物流采购中心、研发中心和地区总部，着重引进先进技术、管理经验和高素质人才。发展到较高层次后，则要突出做好技术引进的消化、吸收和再创新。同时，深化涉外经济体制改革，形成稳定、透明的涉外经济管理体制，探索建立和完善进口协调机制，加强行业组织自律协调机制，提高本地经济的国际竞争力和抗风险能力。

## 四、全方位开放要把握好五个关系

（一）全面发动与集中力量建设开发区的关系

全方位对内对外开放不是哪一个部门、哪一个人的事，而是全社会的事，人人有责，个个有份。不仅工业经济要扩大开放，而且农业、第三产业、城市建设、社会事业也要扩大开放，求得突破。因此，应当坚持大、中、小项目并重，独资、合资、嫁接改造并重，一、二、三产业并重，市、县区、重点乡镇

并重，高新技术产业和劳动密集型产业并重，内资外资并重的方针，把方方面面的积极性都充分调动起来。在全面发动的基础上，突出开发区主阵地的作用，把开发区作为招商引资的主战场，使引进的工业项目尽可能向开发区集中，使开发区真正成为招商引资的热土，成为最重要的经济增长极。

（二）硬件建设与软件建设的关系

硬件是招商引资的外在形象，主要是指开发区的基础设施建设；软件是招商引资的内在气质，主要是指服务水平。硬件建设固然重要，但软件建设对于塑造一个地方对外开放的信誉、形象、品牌，显得更为重要。开放型经济的硬实力主要体现在产业、工业园区建设和现代服务体系建设上，为此，应当下工夫夯实产业基础，提升经济实力，主要是把招商引资与优化经济结构、提升产业水平结合起来，突出产业招商，加强产业配套能力建设，鼓励外商投资现代服务业和现代农业；夯实园区基础，提升园区承载能力，促进园区土地集约化，促进园区产业集群化。提升现代服务能力，主要是加快“大通关”建设，建立和完善中介服务体系。与硬实力相比，城市的软实力是无形的，是看不见、摸不着的，但同时它又是“有形的”，是衡量城市竞争力的重要标准。软实力强的地方，能够在一定程度上弥补硬实力不强的不足。特别是硬实力不算强的地方，更要做到“硬件不足软件补”，高度重视“软件建设”。



（三）速度与效益的关系

欠发达地区要加快开放型经济发展，追求发展的高速度，尽快缩短与发达地区的差距是很有必要的。为此，一刻也不能观望，一刻也不能停顿。但在追求发展速度的同时，要十分注重发展的效益，十分注重投入产出。比如，精心算好单位面积的建设成本、达标达产以及由此带来的财税和就业的账，严格控制非生产性开支，以防急于求成，贪大求洋，做过头事。特别是在开发区建设中，始终坚持从实际出发，不搞花哨的东西，千方百计降低开发成本。

（四）经济发展与资源利用和环境保护的关系

“既要金山银山，更要绿水青山”。在对内对外开放过程中，始终要贯彻可持续发展的方针，始终坚持经济效益、社会效益、环境效益相统一的原则，绝不浪费资源，更不以牺牲环境来换取一时的发展。为此，要注重单位土地面积的开发成本、外资投入的强度、单位面积的产出，注重引进项目的销售收入、财税收入以及出口创汇等，把有限的资源充分利用好。本着对历史负责、对子孙后代负责的要求，对那些影响甚至破坏环境的项目，哪怕效益再好也不引进。

（五）加快发展与产业特色的关系

全方位扩大对内对外开放，一方面注重拓宽领域，放手发展，迅速形成氛围，迅速做大经济总量、做强经济实力；另一方面，着力形成当地的产业特色，抓住重点项目、关键项目、链式化发展项目，进行重点培育和扶持，形成产业特色。各开发区应当注意产业的适当分工，做到各展所长，分工合作，形成产业的集聚优势和特色。

# 加快新型工业化是实现崛起的核心战略

世界经济发展规律和工业化进程表明，工业是国民经济的主导产业。工业兴，则整个经济兴；工业强，则整个经济强。高度发达的工业社会是现代化的主要标志。工业化是现代化的基础和前提。没有工业化和工业现代化就不可能有经济的大发展。

加快新型工业化，就是要走资源节约利用，环境污染小，有机构成适度，产业劳动力强的工业化路子。加快新型工业化，要因地制宜，确立不同的发展路子。因为欠发达地区的自然条件、经济条件、产业基础不同，选择工业发展的道路也不同。在中心城市，工业基础好的城市，可以通过加快建设现代工业基地，形成现代制造业龙头，促进整个工业提质升级，进而带动整个经济和社会快速发展。其他工业基础差、交通十分不便，或旅游资源丰富的地区，则要选择适合自己发展的优势产业，加快推进崛起。



## 一、增强加快发展现代制造业的责任感和使命感

工业，是指开采资源并对其加工，从而为社会提供商品。而制造业又是工业的基础和主体，它是指对采掘产品和农副产品进行加工或再加工以及对零部件进行装配，对工业品的修理翻新的工业生产活动的总称。制造业水平的高低，是衡量一个地区技术装备水平高低的重要标志，是衡量一个地区工业化进程的重要标志，更是反映一个地区整体经济实力强弱的重要标志。当代西方经济发达国家或地区无一没有高度发达的现代制造业。一般而言，大力发展现代制造业，全力推进工业化和工业现代化，应是后发地区要长期不懈追求的重要目标。随着经济全球化的不断深入，经济发达国家产业向发展中国家的梯度转移和国内沿海产业向中西部梯度转移的加快，我国中西部后发地区遇到了一次千载难逢的历史发展机遇。

我国不少欠发达地区发展制造业有良好的条件，不仅有广大的、多层次需求的市场，而且有长期形成的较好的制造业基础，包括成本低、质量优、供应充裕的水、电、矿产、劳动力等资源。后发地区应当拿出足够的勇气、胆识、

魄力和扎实的行动，敢于向高的攀、与强的比、同勇的争，先人一步，高人一筹，抢占新一轮发展的先机。

加快现代制造业发展，是顺应世界经济发展潮流的需要，也是最大限度地激活后发地区资源活力，充分发挥后发地区比较优势的有效途径，更是实现崛起的历史使命和必然选择。向金融、贸易中心的方向发展，也是后发地区可以选择的一种前景。但欠发达地区有两个制约：一是没有制造业的发展，服务业的成长便会受到制约，难以形成较强的国际竞争力。二是服务业更多地受到市场容量和市场准入以及可交易性的限制，而新兴的贸易、金融等服务业对体制条件和人力资本素质的要求又很高，目前这方面还是欠发达地区经济发展的"软肋"。因此，欠发达地区要先抓住适合自身发展水平的制造业，同时积极推动现代服务业发展，使两者相互促进，共同成长。在科技飞速发展的时代，成为研发中心也是一种前景。然而，无论是就欠发达地区人力资源的条件来看，还是就目前全球科技竞争的态势而言，寻求这种发展前景也不可能是近期的事情。某些领域可以争取，全面推进还有待时日。



综上所述，欠发达地区在追赶阶段参与产业分工，壮大自身实力，必然是以制造业优先，选择符合自身条件、容易发挥比较优势的制造类产业进行优先发展。

## 二、把握现代制造业的基本内涵和本质特征

现代制造业分为国家制造业和区域制造业。从国家层面看，世界制造业基地又叫"世界工厂"。在世界工业化历史进程中，英国、美国和日本先后被称为"世界工厂"。19 世纪中叶，英国以其发达的纺织业、采煤业、炼铁业、机器制造业和海运业确立了它的"世界工厂"地位。19 世纪末叶开始，随着第二次工业革命的来临，美国成为世界近代史上第二个"世界工厂"，此后，美国工业长期保持了世界第一的地位。第二次世界大战后，日本一跃成为世界第二大经济强国，成为历史上第三个"世界工厂"。到 20 世纪 80 年代中期，日本许多工业制成品的产量都在世界前三名，是世界上家用电器、汽车、船舶和半导体的主要生产国。上述三个"世界工厂"共同显示出国家层面的世界制造业基地的内涵：是世界市场上重要的工业品生产供应基地，是世界工业制成品的主要提供者。它有两个重要特征：一是产业规模庞大，占世界市场很大份额。二是产业技术先进，制造技术一流，创新能力很强，掌握核心技术，拥有明显的技术优势。当今的美国、日本、德国都可称为严格意义上的世界制造业基地。

所谓区域制造业，是指一个国家的某类制造业集中在一些特定区域，而区域制造业的规模和水平在某类行业往往又代表着国家制造业的规模和水平。因此，区域现代制造业基地不仅同样具备以上特征，并且随着信息技术革命和经济全球化的发展，又必须同时具备以下三方面的能力：一是强大的创新能力。二是一流的制造能力，即以较低成本生产高质量产品的能力。三是卓越的市场开拓能力。而区域对以上三方面能力的不同支撑方式就形成了现代制造业基地的三种基本类型：一是自主创新型。区域具有强大的自主创新能力，既为生产基地，又为创新基地和自有品牌基地，如美国、日本、德国的汽车、电子制造业跨国公司总部和工厂集中的区域等。这种基地将会保持长久的竞争力，即使劳动力成本上升，其生产基地的优势丧失，也可以依靠创新基地和品牌基地立足。二是创新外在型。区域具有先进的制造能力和较强的市场营销能力，但创新能力不强，需要依托区外的力量，拥有较多的自有品牌，为后起工业化地区的本土企业在区域创新能力不足时提高产业国际竞争力的过渡状态。这种基地一般依靠低成本劳动力和产业集群优势，如果集群水平难以有效提升，当劳动力成本上升时，产业容易外迁。三是生产基地型。区域由于良好的投资环境而成为跨国公司投资的集中地；或区域企业为跨国公司贴牌生产，成为跨国公司的生产基地。这种基地如果没有在为跨国公司生产过程中积累创新能力，当投资环境恶化时，产业很容易外迁。



## 三、充分认清建设现代制造业基地的现实基础和优势

由市场竞争决定的产业分工定位最终要遵守比较优势原则和成本效益原则。就一定阶段而言，一个地方经济参与全球分工具有相对稳定性，总体上不能背离市场竞争规律决定的产业分工原则。就资源禀赋特点和经济发展所处的阶段，以及现实基础和优势来看，欠发达地区未来20年最有可能的发展前景是成为制造业重要基地。原因在于：其一，欠发达地区幅员辽阔，物产丰富，但在供给方面基于初级产品出口难以具有国际影响力，但在需求方面则有成长的巨大空间，而发挥需求的影响力显然要以加工制造能力的增长为基础。其二，欠发达地区劳动力资源相对比较丰富，土地、水电气等这些最基本的生产要素方面具有明显的价格优势，发展制造业有比较充足的条件。其三，从经济发展的阶段性来看，制造业一般先于服务业的发展。欠发达地区一般处在工业化的初始阶段，就时序而言，欠发达地区的崛起必定首先在制造业方面。

以南昌为例，南昌是一个以工业为主的城市，制造业占全市工业的95%以上。新中国第一架飞机、第一辆轮式拖拉机、第一辆摩托车、第一枚海防导

弹都在南昌诞生。经过新中国成立后几十年的发展，南昌形成了比较完备的工业体系和具有一定比较优势的制造能力。尤其是近年来南昌市大力开展招商引资，一大批国内外知名企业落户南昌，产业发展的支撑能力明显提高，为南昌建设现代制造业重要基地奠定了比较好的基础。总体来看，南昌是江西唯一一个特大城市，已经具备了吸纳大工业的基础条件和优势，已经具备了建设现代制造业重要基地的基础条件和优势。从现实基础来看，主要体现在三个方面：一是产业基础。南昌已拥有汽车、医药、食品、家电、纺织服装、电子信息等30多个行业。二是产品基础。已培育出一批市场占有率高、具有较强竞争力的工业品牌产品。三是技术基础。近年来，南昌企业的技术进步不断加快，产品的技术含量不断提高，形成了一批技术开发中心。从特有的优势来看，主要体现在五个方面：一是区位优势。南昌是唯一一个与中国最具经济活力的"长江三角洲"、"珠江三角洲"、闽中南经济圈相毗邻的省会城市，具有紧连粤闽浙，深延港澳台的独特区位优势，水、陆、空交通十分便利。二是市场优势。随着高速公路等基础设施和配套工程的相继建成，南昌6小时经济圈内拥有4.5亿人口，至少具有12万亿元的工业品消费潜力，国内外投资者都将看好南昌这个投资潜力十分巨大的市场空间。三是低成本优势。经测算分析，目前南昌综合生产成本具有明显的价格优势。四是营造"投资成本低、回报快、效率高、信誉好"的投资环境建设取得了明显成效，在国外的影响和知名度越来越大，已经成为国内外众多投资者关注的热点城市和投资的热土。五是生态环境优势。南昌自然资源丰富，生态环境良好，有优良的空气和水。特别是南昌全力推进的现代文明花园城市建设，为广大在南昌投资创业者提供了良好的发展环境和人居环境。当然，综观世界先进国家和我国沿海发达地区制造业的发展水平，南昌还存在一定差距，但因为具备了建设现代制造业重要基地的条件，存在的问题完全可以在建设现代制造业重要基地过程中得到有效的解决。鉴于此，2003年5月，中共南昌市委、市政府审时度势，做出了把南昌建设成为现代制造业重要基地的决定。经过4年的实践，取得了丰硕的成果。

## 四、选准目标定位和产业取向

成为现代制造业重要基地不仅需要量的规模，还要达到质的标准。虽然欠发达地区具备了成为现代制造业重要基地的可能，但实现这种前景只能通过竞争来实现。无论是过去还是未来，欠发达地区在建设现代制造业重要基地过程中，都必须选准目标定位和产业取向。

按照世界现代制造业基地的三种类型，生产型基地是各种类型基地的基础，也是比较容易突破的，因此，根据欠发达地区的实际情况，在目标设置上，应当由生产基地、出口基地，最终向自主创新型基地发展。因此，在产业取向上，必须从实际出发，确定发展的重点，并尽快形成产业优势。比如，南昌确定了六大支柱产业，即汽车、医药和食品、光机电一体化、软件和信息、纺织服装和新材料产业。

选准目标定位和产业取向，应当把握如下三点：

第一，积极顺应全球经济发展趋势。21 世纪头 20 年是我国发展的重要战略机遇期，其中在国际方面很重要的就是世界制造业中心向中国转移所带来的历史机遇。

第二，最大限度地发挥自身比较优势。欠发达地区参与竞争的优势在哪里？现阶段主要是两条：一是劳动力资源丰富，劳动力成本可以控制在具有国际竞争力的水平上。二是市场潜力巨大，需求结构多样化，可以为工业化提供足够的市场运作空间，这个市场与国际市场日益融为一体，共同构成现代制造业重要基地的依托。由于内部市场潜力巨大，加上制造业结构的日益复杂化；恰恰适合多层次、多样化地参与全球分工。如果运筹得好，不仅可以通过参与垂直分工使比较优势得到充分发挥，而且可以在参与水平分工和工序分工方面获得结构水平的提升。



第三，推进结构调整和制度创新。全球经济发展趋势对世界各地都是有利的，因此，能否抓住机遇，通过参与竞争获得最快的发展，关键还在于结构调整和制度创新。结构调整的关键就是要发挥比较优势，推动工业化进程。制度创新则要从要素流动、技术和管理的提升、企业文化的建设等多方面构建与国际接轨的投资和商业环境。

## 五、科学确立战略思路和配套政策

欠发达地区建设现代制造业基地的战略思路是：遵循市场化原则，以信息化带动、国际化推动、集约化推进，以培育和尽快形成产业集群及产业配套为核心，充分发挥、保护好创业家的创业精神和示范带动效应，大力进行技术创新，逐步实现产业的高附加值化和高新化，不断提升整体制造业水平，最终达到制造业现代化。为此，必须从两个方面进行建设：

### （一）大幅度提升制造业水平

要实施“制造+创新+品牌”战略，即努力在制造能力上达到世界先进和一流水平，同时大力开展科技创新，不断提高企业自主创新能力，逐步增强拥有自主知识产权的核心产品的研发和制造能力，大力培育出国家级、世界级品牌产品，增强国内外市场竞争力。为此，要重点采取六条务实性措施。

1. 坚定不移地实施大开放主战略，大力发展开放型经济。以大力招商引资为主抓手，尽可能多地吸引国内外各种资本到本地投资发展制造业，在坚持“大中小并举”的同时，特别要下苦工夫，千方百计招引世界500强和国内200强企业前来投资大项目和有根产业项目，由此带动大企业先进的技术、人才、管理理念以及为大企业、大项目配套和服务的上、下游企业一并落户，这样可以在较短的时间内迅速提高制造业的水平。

大力发展加工贸易，并以此为突破口，切实推进制造业实现新的跨越。一是积极向国家有关部门申请设立加工贸易区、保税区和保税工厂。二是大力吸引国外和沿海的“一头在外”、“两头在外”企业落户，或与外地企业合作开展加工贸易业务。三是本地制造业企业要大力开展OEM、ODM业务，逐步成为国际著名品牌的生产加工基地。四是进一步完善地方政府鼓励外贸出口的优惠政策和激励措施。



2. 走新型工业化道路，大力发展高新技术产业。欠发达地区建设现代制造业基地，一开始就要注意高起点起步，避免走西方传统工业化的老路，坚持以信息化带动工业化，以工业化促进信息化，不断推进制造业的优化升级。在企业努力推广CAD、CAM、CIMS技术，在大中型企业推广应用ERP管理系统，逐步实现企业制造设备数字化、生产过程自动化、企业管理信息化。坚持用高新技术和先进适用技术对现有的传统制造业进行改造。对外招商不要一味地追求数量的大小，对国外已淘汰或沿海地区能耗高、污染严重、效益低下、技术装备陈旧落后的项目，绝对不能承接其转移或变相转移。

芯片加工

要采取自主发展和大力引进相结合的原则，积极发展高新技术产业，促进制造业不断向高附加值化和高新化方向发展，力争使高新技术成为现代制造业的先导产业，逐步推进制造业的现代化。一是有条件的企业要大力加强核心技术的研发及其产业化。二是要选择行业的关键共性技术，由大企业与科研机构联合进行攻关，并尽快将研究成果转化为现实生产力。三是要更多地选择高新技术产业中某个项目、某个产品的某个关键环节进行集中攻关突破，形成产业化生产并具备强大的生产能力，这样能更快地提升南昌市制造业生产环节的升级。

3. 加大投入，提高产业技术水平，加快技术创新步伐。除招商引资外，要通过大力促进企业国内外上市、最大限度地争取金融单位支持和吸收民间资本投资等，切实加大对制造业投资的密度和强度，特别是加大对重点行业、重点企业的技改投入，实行全面的制造设备更新，达到国际先进的装备水平。各级政府要设立中小企业技改贴息专项基金。对国有企业进口先进设备给予适当的资金补助。大型企业要积极应用快速反应市场需求、高效组织企业资源的现代制造模式。



大力推进企业技术创新，走合作创新之路，积极参与区域经济圈的分工协作，并在此过程中努力积累区域自主创新能力。另外，要重点学习当年日本追赶型的技术创新之路，大力引进专利技术，并在消化、吸收上花大力气，在产品的应用开发上投入更大的人力和物力。有条件的企业要采取各种灵活、有效的方式建立研发中心或虚拟研究所，切实加大经费投入，大力进行创新研究。

4. 建设好各级各类开发区（工业园区），优化产业布局。要以工业园区为主战场，把工业园区做强做大、做特做优，以工业园区的建设与发展带动和促进产业集聚，真正把各级工业园区做成现代制造业发展的重要增长极。要按照“稳固基础，极点开发，错位发展，互为补充，完善功能，一流服务，轴线延伸，网状扩展”的方针，加快各级各类工业园区的建设与发展，尤其要注重特色园区的建设，在大型综合性园区中划分不同产业区块，使各类企业能更好地向园区集中。要高起点推进园区信息化工作，建设园区公共信息平台，为区内企业提供展示、技术、信息、贸易服务。

5. 强力推进企业改革，创新产业组织形式。大力培育并尽快形成产业集聚优势，打造世界级跨国公司，大幅度增强产业配套能力。所谓产业集聚，就是在一定的区域范围内，生产某种产品的若干同类企业以及为这些企业配套的上下游企业和相关的服务业企业高密度地聚集在一起。在经济全球化背景下，产业发展首先要有产业集聚的概念，并且产业集聚程度与一个地方产业国际竞争力的强弱密切相关。培育南昌的产业集聚效应，一是要强力推进企业改革，对本地现有的工业资源进行整合，使各种要素向优势行业和强势企业集中，并以优强企业为核心，组建大规模的制造业集团或公司，形成高度集约化的生产经营市场主体，打造出制造业跨国公司。对企业合并重组达到一定规模的可允许建立企业工业园区，享受相应的优惠政策。二是要大力实施企业股权多元化，特别要舍得优先把本地的制造业优强企业、上市公司与世界500强及国内200强企业进行合资合作，使之成为这些企业全球化、国际化发展战略的一部分。三是要加大外资（含区外资本）购并本地企业的力度，使被购并企业迅速成为外资企业在本地的生产装配基地。

6. 强力开拓国内外市场，培育世界级品牌。本地企业在立足国内市场的同时，要大力开拓国际市场，千方百计把本地产品打出去。要抓紧在国内外建设本地产品的国际采购平台。本土大企业要以自有品牌拓展国际市场，在境外设立生产型、贸易型基地，争取在国外股票市场上市，开展境外资本运营，进行境外广告宣传，打造世界级品牌。



（二）大力提升区域对建设现代制造业基地的支撑能力

要实施“人才＋资本＋环境＋服务”战略，不断升级要素禀赋，优化发展环境，为制造业发展提供层次越来越高的支撑，最终实现全方位的自主支撑，使区域内制造业形成内生性相互促进的良性发展机制。在这方面，重点抓好如下四项工作：

1. 实施人才高地战略。首先是要激发和保护创业家的创业精神，要通过各种形式提高创业家的社会地位，增强创业家的社会荣誉，采取有效办法，吸引创业家多出创业成果。其次是要大力开展企业职工培训工作，走培养与引进相结合之路，全方位提升区域劳动力素质。再次是要坚决落实人才引进的优惠政策，构筑各种人才集聚的高地。

2. 积极发展现代服务业。优先发展现代金融业，不断丰富金融业务品种和服务手段。帮助金融企业增强主动为企业融资服务的意识，切实解决企业贷款难问题。尽可能多地引进国内股份制银行、外资银行或其办事处入驻。建立工业企业贷款担保公司，为工业企业融资提供服务。采取股份制形式，成立民间性质的风险投资基金。运用市场的办法，适度超前发展现代物流业和现代租赁业，尽量降低制造业企业发展的成本。激活房地产业和旅游业的发展，为制造业的发展提供相应的配套服务。

3. 持之以恒地改善城市发展环境。通过硬环境建设，不断增强服务功能和承载能力。优化投资创业的软环境，大力推进社会转型和人们思想观念的更新，营造对外来投资者的容纳力、亲和力、吸引力，为投资者创造安全、文明、诚信、优越的生产和生活环境，使本地真正成为投资者的乐园。

4. 切实转变政府职能，创造一流的政府服务。一是突出依法行政，建设透明政府；二是提高服务水平，建设高效政府；三是加强廉政建设，打造廉洁政府。

## 六、正确处理好四个关系

（一）处理好发展高技术与发展制造业是相辅相成的依存关系

在工业化进程中，欠发达地区面临着完成工业化与信息化的双重挑战。因此，欠发达地区要实现在高技术的重点领域、重大项目的技术跨越，就需要认真考虑制造业如何有效利用高技术，以高技术改造提升制造业，努力提高制造业整体素质，增强制造业竞争力。实际上，随着制造业水平的不断提高，制造业可以为发展高技术提供大部分的资金、市场、基础设施，成为它们发展的物质基础。



（二）处理好劳动密集型、资金密集型和技术密集型产业的关系

制造业结构的变化具有阶段性和连续性，其一般规律是，在工业化初期的轻型结构阶段，以劳动密集型为主；在以原材料工业发展为中心的重化工业阶段，以资金密集型为重点；当工业发展进入高加工度阶段，则以技术密集型发展为主，要加速技术进步，大力发展高技术，扩大技术密集型产品的出口。但欠发达地区不应死守这个规律，可以采用产业的多层次推进策略，立足全局兼顾局部、照顾眼前立足长远，根据不同城乡和领域的具体情况采取相应对策，一方面大力发展劳动密集型产业，以缓解就业难题；另一方面充分利用外资，积极发展资金密集型产业，在有优势领域集中力量有重点地发展技术密集型产业。

（三）处理好承接产业转移与产业结构优化升级的关系

大型装备制造业发展滞后，极大地约束了工业潜力的发挥和经济效益的提高。在过去一个时期，大规模建设的需要和装备制造业落后的矛盾在一定程度上被大量进口产品和生产线的大规模引进掩盖了。落后的装备制造业是产业结构升级的主要制约因素，因此，在承接产业转移过程中，特别是在招商引资项目中，应当十分注意引进世界500强和国内200强重点企业，从而加快产业结构优化升级的步伐。

（四）经济全球化和“本土工业”的关系

在经济全球化发展迅猛的背景下，传统意义上的封闭型的“本土工业”实际已不复存在，而要在经济全球化的大背景下，通过开展全民创业，大力发展非公有制经济，大力发展“本土工业”。

# 科学发展观指导下的城市发展若干问题

没有城市化就没有现代化。加快城市化进程，是实现后来居上的一个重大战略课题。改革开放以来，我国城市发展领域与其他领域一样，经济快速发展，城市迅速变样，人民生活水平不断提高。但是我们也要看到，在城市快速发展过程中，也存在一些问题。这些问题既有世界城市化共性的问题，也有中国城市特有的问题，比如，城市发展片面强调“快”而忽视“好”，城市结构不合理，城市环境恶化，等等。所以，以科学发展观统领我国城市发展，既有重要的现实意义，又有深远的历史意义，需要我们在理论和实践的结合上进一步探索、创新。



## 一、科学发展观指导城市发展具有十分重要的意义

关于城市的定义有很多，概括起来，所谓城市就是人类为满足自身生存和发展需要而创造的一种经济社会活动高度集中的地域空间。这种地域空间的结构、功能和地理尺度在集聚与扩散机制的交互作用下不断发生演进，从而形成了区域性中心城市。从一定意义上说，国家的现代化进程就是城市化过程。我国的城市发展经历了漫长的历史，现代城市真正发展还是新中国成立以后特别是改革开放以后。在经济全球化日益加深的今天，中国的城市化不仅关系我国社会主义现代化建设的成败，而且对世界经济发展也产生日益深刻的影响。诺贝尔经济学奖获得者斯蒂格利茨预言：美国的高科技和中国的城市化将是深刻影响21世纪人类发展的两大主题。因此，在城市发展问题日益成为世界性重要因素的时刻，把一个什么样的城市交给历史，交给人民，是我们这一代共产党人必须回答的一个十分严峻的课题。而要完成好这个历史课题，首要的任务是，必须进一步加深对科学发展观指导城市发展意义的理解。

### （一）科学发展观是指导城市发展的世界观和方法论的集中体现

发展观是关于发展的本质、目的、内涵和要求的总体看法和根本观点。有什么样的发展观，就会有什么样的发展道路、发展模式和发展战略，就会对发展的实践产生根本性、全局性的重大影响。20世纪40年代以后，国际上对于

发展理论的研究经历了从传统的发展理论与战略到新型发展观念与战略的演变，主要表现为三个大的转变：一是从以工业化为目标的“增长第一”的经济发展导向，逐步转到提倡社会的综合协调发展。二是从以物为中心的发展，逐步转到以人为中心的发展。三是从不惜以破坏资源、环境、生态为代价追求经济的一时繁荣，逐步转到主张可持续的发展。

在正确借鉴世界各国发展的经验和教训、吸收人类文明进步新成果的基础上，从我国国情出发，党中央提出了科学发展观，强调以人为本，坚持经济社会全面协调可持续发展，推进社会主义经济、政治、文化和社会“四位一体”的建设，这反映了我们党对社会主义建设规律认识的不断深化，是我们党执政理念在发展问题上的重大创新。

城市化是人类社会进步的历史过程。没有城市化，就没有现代化。根据发达国家城市的发展经验，城市化率每提高一个百分点，国民经济产出可提高1.5～2个百分点。城市化包含着两方面的含义：一是农村城镇化，变乡村社会为城市社会。二是城市自身的发展变化，城市数量增加，规模扩大，城市内部现代化程度提高。在城市化阶段，城市经济不仅在经济总量上一般占全部经济的70%以上，城市更是一个国家经济增长和社会发展的发动机。1993年，联合国东京会议指出，21世纪将是一个新的城市世纪。显然，用科学发展观总揽我国经济和社会发展全局，就必须加强科学发展观对城市发展的指导，科学回答新世纪、新阶段我国城市面临的“为什么发展”、“为谁发展”、“靠谁发展”和“怎样发展”等一系列重大问题。只有深入贯彻和落实科学发展观，才能在我国城市的快速发展中始终坚持尊重人、关心人、理解人、爱护人、发展人，才能通过城市又好又快的发展，达到整个经济社会的全面协调可持续发展。



### （二）科学发展观对当前我国城市发展提出了更高的要求

城市作为人类生活的一种组织形式，作为政治与经济、生产与流通、人口与资本、享乐与需求的集中地，作为人类文明的产物，作为科学技术、文化教育的中心，在中国城市化浪潮的背景下，正在与越来越多的中国人息息相关。进入新世纪以来，我国城市化率每年提高约1.5个百分点，相当于日本等发达国家城市化最快时期的速度。据国家统计局公布的数据，2005年，我国城市化率已经超过43%。按照国际经验，一个国家城市化率处于30%～70%，属于城市化快速发展时期。特别是在全球化和信息化两大趋势的主导下，后发国家实现城市化的时间大为缩短，美国和英国的城市化从30%上升到70%，用了130年的时间，德国用了70年，日本用了20多年。预计中国将在2010年之后达到城市化的基本标准，即城市人口占总人口50%以上，非农劳动力占劳动力总数50%以上。

科学发展观作为发展的基本指导思想，在经济社会发展中不仅强调量的扩张，而且强调质的提高；不仅解决快的问题，而且解决好的问题；不仅注重现实任务，而且注重历史任务。因此，在我国城市化进程持续加快，各城市首先是中心城市面临难得的发展机遇，同时也面临各种风险和挑战的形势下，我们唯有以科学发展观为指导，才能牢牢把握和切实利用好战略机遇期，制定正确的城市发展目标任务和方针政策，转变发展观念，创新发展模式，提高发展质量，努力实现又好又快发展。唯有以科学发展观为指导，才能更好地把握城市发展的内在规律，按照城市产业结构生成与结构升级演变的规律发展城市经济；按照城市综合效益的实现规律促进和谐发展；按照城市投资分配的对立统一规律不断创新城市发展活力。唯有以科学发展观为指导，才能在城市规划、城市建设、城市管理等一系列重大问题中，贯穿以人为本的理念和促进人的全面发展要求，不仅要实现经济的城市化，还要实现社会的城市化，把城市建设成为适合居住、适合创业、适合人全面发展的城市。也唯有以科学发展观为指导，才能更加自觉地统筹解决城市化加快过程中可能造成的难以逆转和纠正的后果，比如，由于大量耕地非正常减少，可能导致我国原本人多地少的矛盾更加突出，可能导致失业增加、淡水和能源供应紧张、交通拥挤、犯罪增加、环境恶化等，还可能导致各种危机风险增加，房地产出现“泡沫化”，甚至酿成经济危机，等等。



### （三）贯彻和落实科学发展观是当前我国城市发展的迫切需要

改革开放以来，我国社会主义现代化建设取得了巨大成就，但是，我国仍是世界上最大的发展中国家的状况没有改变；基础弱，底子薄，人口、资源、环境压力日益增大的状况没有改变。在这样一个特殊状态下，我们进入了既是城市快速发展，又是各种矛盾凸显的特殊阶段。那么，我们应该选择一条什么样的城市化道路，建设一个什么样的城市，是一个全新的任务、紧迫的任务，它直接关系到全面达到小康水平的目标能否实现，关系到中国特色社会主义事业能否成功。

纵观中外城市发展的实践，有值得借鉴的成功经验，也有值得吸取的深刻教训，但是，它们都为我们城市建设朝着更好、更高层次发展提供了可资总结的东西。我国很多城市进行了非常有益的探索，积累了非常好的经验，像大连“不求最好，但求最佳”的发展实践，深圳、厦门建设花园城市和最佳人居城市的经验。特别是中央提出科学发展观的战略思想以来，我国城市发展战略正在经历一次历史性的转型，从“GDP优先”、“重物轻人”向注重以人为本转变。很多城市放弃了“国际化大都市”之类华而不实的口号，将目标转向建设“宜居城市”、“生态城市”、“可持续城市”，涉及城市规划、建设和管理等具体事务时，则加强了政府和民众的互动，民意日益彰显。

但毋庸讳言，目前一些地方城市发展和建设中仍存在不少问题，有的甚至可能严重影响我国城市化健康发展的方向，如果任其下去，不仅会引发日益严重的现实问题，使城市建设难以为继，而且将直接影响着把一个什么样的城市交给历史，从而犯历史性错误。这些问题归纳起来主要是“三轻三重”，即轻存量、重增量，轻内涵、重外延，轻效益、重速度。由此，一些同志列举了不少“城市病”，比较突出的有：一是“软骨病”，城市定位不准。不少城市核心竞争力定位不够准确，产业基础薄弱，但却热衷于拼形象工程，拼标志性项目，拼开发规模，拼建设档次。二是“水肿病”。人为地制造城市化率高指标，但城市产业结构转型缓慢，就业结构并没有得到优化，非农就业岗位严重不足，城市的现代化水准低。三是“不对症”。城市规划陷入盲目性、从众性、临时性的误区，一味地强调技术的前沿性而脱离经济基础，造成大量城市资源的浪费和生态环境的污染。四是准备不足。无论是管理者的观念、市民的素质，还是体制机制等方面，对汹涌而来的我国城市化浪潮都准备不足。城市的规划理念、建设水平、管理能力、文明程度等都亟待提高。五是大肆“克隆”。在建设现代城市的名义下，历史文化遗存遭到大规模破坏，而新城建设则又表现为大肆“克隆”，城市沦为没有记忆的城市和没有个性的城市。



我国城市发展中成功的经验和失误的教训，为我们用科学发展观在更高的层次上认识城市发展规律，保障城市健康发展提供了理论准备、群众基础和实践成果。科学发展观是促进城市全面协调可持续发展的强有力的思想武器。在我国城市化的关键时期，如果我们不能认真贯彻和落实科学发展观，就无法保证城市化不走弯路和少走弯路。

## 二、把“以人为本”充分体现在城市发展之中

任何城市都是由人构成的，人既是城市发展的主体，也是城市发展的目的，城市化与人的全面发展是有机的统一，绝不能偏废。科学发展观的实质是又好又快发展，既快速发展，又协调持续发展；科学发展观在指导城市发展中体现的原则，一是以人为本，从人的活动方式，即生产和生活方式出发，建设和管理好城市。二是正确认识和把握城市发展阶段性的特点、目标和任务，什么阶段做什么事。更不能企望，在你任上把好事一下都做完。现在城市发展过程中出现的种种问题，其根本原因就在这两个方面：一是不从人这个主体需要出发，而是从城市管理者的主观愿望出发去设计城市，比如说，生活在这个城

市中的人，除了工作，人们的大部分活动都是在500米左右范围内进行的。但是，我们在城市规划建设中，往往就不从人的这些生活特征出发，在商业上，重视发展大商场、大商业中心，忽视发展便民的社区商业、商业副中心等，使人感到不方便，人为造成交通压力。一些地方前一段搞开发区建设也是这样，只强调生产集中，整齐划一，而不注意人们的生活特性、工人出行等，导致十几甚至几十平方公里的开发区白天热闹闹，晚上冷清清。二是不重视从城市发展阶段出发，而是超越发展阶段去进行决策。比如，现在全国城市普遍有一个CBD热，中心城市如此，不是中心城市也争着搞，而且以为CBD就是高楼大厦。这就像小孩子走都尚未学会就想跑，其结果可想而知。特别是欠发达内陆城市，基础设施比较薄弱，加上历史欠账往往较多，更需要从经济社会尚处在由内陆型城市向开放型城市、由低消费型城市向产业型城市转变的阶段的特点出发，从人的生产和生活方式出发，坚持“打基础、蓄势能、快追赶”的指导原则。在具体实践中，要注意把握好以下四点：



（一）从不断满足人民群众追求富裕的需要出发，夯实以工业为主导的产业基础

城市发展的根本任务，首先就是满足人民群众不断增长的物质需求，而要做到这一点，就必须有强大的产业支撑。我们认为，后发城市必须先发展产业。特别是要加快与沿海发达地区的产业对接，发展和壮大支柱产业。要遵循市场经济规律，充分发挥自身的比较优势，利用好经济的差异性和互补性，找准区域分工中的产业定位。与先发城市相比，欠发达城市弱就弱在工业上。因此，应抓住全球性产业梯度转移的大好机遇，采取针对性和实效性措施，积极承接海内外制造业的扩散并努力做好配套，迅速形成自己有特色的支柱产业。在这方面，南昌进行了成功的尝试。2000年，南昌规模以上工业增加值仅100多亿元，在全国27个省会城市中排名第18位，在中部6个省会城市中排名第5位。但是，南昌制定了打造现代制造业重要基地的核心战略，通过大开放，吸引资金和项目，积极、主动地承接国内外产业梯度转移。一批支柱性、战略性的产业项目，如江铃年产30万辆汽车，晶湛、富昌年产100万片集成电路，奥克斯、东元等年产500万台空调，以及以微软、中兴为支柱的软件产业，江中、汇仁生物制药等，初步奠定了南昌新型工业化的基础。到2004年，工业增加值三年翻了一番。制造业的迅猛发展，拉动了金融、物流、会展、职教、中介等现代服务业的快速发展；第二、三产业的发展，又反哺农业，增强了农业的发展后劲。随着城市产业基础的夯实，不仅实现了经济的快速发展，而且创造了大量就业岗位，现在南昌仅民营企业（含个体工商户）就超过12万户，从业人员近70万人。据初步统计，南昌市“离土不离乡”、在工厂上班

挣工资的当地农民达22.84万，约占农村富余劳动力的42.3%。就业率的提高，带来了居民收入的大幅度增长。2005年，城市居民人均可支配收入达10301元，农民人均纯收入3879元，全市在岗职工年平均工资17060元，分别比2000年增长79.6%、62.3%和94.8%。夯实产业基础，使南昌从原有的农业生产型城市开始向多功能的综合性城市转变，从结构单一的生产中心向区域性的生产中心、流通中心、信息中心、交通中心和服务中心转变，区域性经济中心城市功能逐步形成并得到发挥。

（二）从不断满足人的生活需求出发，从办好人民群众衣、食、住、行等最需要、最具体的事情入手，打好市政基础

一个城市能否赢得自己应有的地位，关键是看这个城市对外是不是有竞争力、辐射力，对内是不是有凝聚力、向心力，而凝聚力和向心力不仅来源于城市的发展变化，而且决定于市民生活质量的不断改善。水、电、路、气等基础设施，既是老百姓生活质量好坏最基本的要求，也是城市最基本的功能。做好了，老百姓就拥护，做不好，老百姓就会有怨气。一些城市高楼林立，看起来气势恢弘，但缺水少电，就学难，看病难，老百姓并不喜欢。比如，2003年春天，南昌遭遇一场强暴雨袭击，由于老城区基础设施薄弱、排水功能不畅，一些小街小巷变成泱泱泽国，老百姓意见很大。为此，市委、市政府从水、电、路、气这些基础工程建设做起。水，城市供水能力稳步提升，现有水厂8座，城区供水普及率100%，水质检测综合合格率99.9%以上，农村70%的居民喝上了清洁水。排水处污设施日臻完善，集中污水处理率达70%。电，南昌在三年时间里，实施了22座总容量376.3万千伏安的输变电工程，成为近几年少数几个不拉闸限电的大城市，老百姓高兴，外来投资者也冲着这个“品牌”而来。路，在加快城市骨干道路建设的同时，南昌特别重视改造小街小巷，三年投资6亿多元，实施了三轮百路大会战，不仅方便了老百姓的出行，而且结合路的改造，基本建成老城区的污水收集系统。此外，对老百姓就医难、子女上学难、困难居民住房难等问题，都分别采取措施，积极有效地解决。这些年来，市委、市政府在发展中构建和谐，在和谐中谋求崛起，以民为本、珍惜民力、尊重民愿、关注民生，尽管南昌发展中还存在这样和那样的问题，但是，得到了老百姓的理解和拥护。所以，一个城市好不好，最终要老百姓说了算。

（三）从不断满足人的精神需求出发，大力培植创业文化，优化人文基础

人是城市文明的享受主体，又是城市文明的创造主体。这种城市文明需要创业文化的支撑，需要人文精神的滋润。如果少了文化底蕴的支撑，少了人文精神的滋润，城市外观建设得再华丽，也只能是一种缺乏“根基”的存在状

态。国际社会衡量一座城市的发展水平，除了 GDP 指标，还倡导用 HDR 这个人文发展指标。在科教兴国、科教兴市的战略实施中，我们的城市建设必须注入更多的人文关怀和人文理念，大力提升城市人文含量。城市除了经济筹划外，还需有切切实实、卓有远见的文化运作，进行独具创意的人文开掘、发散和创造。因此，在加快经济建设的同时，城市的领导者应当高度重视弘扬奉献精神、创新精神、创业精神，以创业文化来展示城市的价值品位和风貌。在实际操作中，应当把繁荣发展科教文卫体事业作为培植创业文化的载体，把历史上形成的风格独特且底蕴深厚的地域文化加以继承和发展，通过“组织一批有规模的文化活动，推出一批高质量的文化精品，建设一批标志性的文化设施，培养一批优秀的文化人才”，营造一种能够让外部的多种资源、要素顺畅、便捷地进入城市，并在城市尽情地释放创业、创新的热情与能量的文化环境。一些城市成功的做法主要体现在三个方面：一是围绕提高城市文明程度，推动创建文明社区、文明乡镇、文明单位深入发展，把精神文明创建工作渗透到社会的每一个角落，塑造繁荣、文明、开放、创新的新形象。二是围绕提高市民素质，开展“塑造市民新形象”、“做文明使者”和“百名文明市民标兵”评选等活动，推动了《公民道德建设实施纲要》的实施，塑造文明礼貌、团结友爱、勤奋好学、爱岗敬业、遵纪守法、自强不息的市民新形象。三是围绕培养优秀创业人才，普遍确立了“优化存量，引进增量”的方针。在存量上，选送干部分别赴境内外，如新加坡、澳大利亚、香港、澳门的知名学府培训，选派干部赴上级机关和沿海发达城市挂职锻炼，选派干部赴知名高校学习深造。这样，干部们“戴上时代的望远镜”，积极主动地与世界接轨。在增量上，通过“刚性”和“柔性”相济，引进各方面的人才，增加城市人才总量，提升城市人才档次，使大批能人在各条战线奋发作为。



**（四）从不断满足人的发展需求出发，努力创造各尽其能、各得其所而又和谐相处的体制基础**

全面建设小康社会、构建社会主义和谐社会，就是要形成一个“全体人民各尽其能、各得其所而又和谐相处的局面”。人的全面发展是多层次的，一个城市要有魅力，要有亲和力和归属感，最重要的就是满足人的全面发展的需要。而要实现这一点，不能仅凭领导者个人的主张，而起长远作用的是体制基础。比如，在扩大公民有序的政治参与方面，我们就从构建科学决策、民主决策的体制入手，对重大或涉及面比较广的法规、政策、规划，做到了制度性地请专家把关，请市民评论，再根据专家和群众的意见完善后出台。像许多城市的长远发展规划在上人大会讨论前，就通过网络进行了公示，群众大到对城市的发展构想，小到对涉及自身利益的项目安排事先都了如指掌，有不同意见直接反馈。对重大城市基础设施项目的设计方案，都事先摆出模型，公开征求市民意见。对一些重大规划，更是通过全球招标方式请国内外高手过招，直接引进智力。规划就是财富，规划大师们能使一座城市的未来更具现代理念，更具时代特征。同时，应当坚持尊重人、理解人、关心人，充分尊重群众的主体地位和主动精神。尊重差异、包容多样，平等对话、民主协商，引导群众自我教育、自我提高，最广泛、最充分地调动一切积极因素，激发全社会的创造活力。实践证明，把城市发展的决定权交给市民，以此促进各种经济社会要素自由地优化组合与生长，是城市发展的活力之源。

## 三、以科学发展观指导城市发展要做到"五统一"

我国城市发展在近30年的改革开放过程中，取得了突出成就。在全面建设小康社会的新的历史起点上，如何在科学发展观的指导下，克服城市前进中的种种问题，应对可能出现的新挑战，实现又好又快地发展，城市尤其是欠发达城市，当前应当着力实现五个相统一：



### （一）对外开放与对内搞活相统一

在经济全球化日益深入的今天，一座城市发展要实现又好又快，扩大开放是必由之路。其原因就在于现阶段国外发达国家与我国城市经济发展之差所形成的经济势能，是我们城市发展难得的动力。在开放中，我们不但引进资金、技术、人才，也能学习先进的管理理念、方法。当然，开放中要注意为我所用，创新发展。这就要求我们把对外开放与对内搞活协调统一，牢固树立"开放为先"的观念，把大开放作为全市的主战略：第一，在观念上开放。我们实施的大开放，不是局部的开放，而是全方位的整体的开放，是能与周边省份、沿海地区、全国、全世界互动的开放。第二，在环境上开放。就是千方百计营造一种让外界了解你这座城市，让投资者愿意来到你这座城市，并且能留下来投资创业的大开放环境。第三，在改革中开放。开放为改革开辟道路，改革为开放扫清障碍。城市经济要融入全球化，就要遵循国际通行的游戏规则，否则就对接不了国际国内市场，就不能在真正意义上打开城门。第四，在内外互动中开放。在坚持外向带动的同时，切实做好引进内资和激活民资的工作，鼓励和支持全社会发展民营经济，弘扬创业精神，努力营造想创业、敢创业、能创业的氛围，通过"激发民智，挖掘民力"，启动各方面的资金，包括民间资金，用在发展上。外来资金不仅有利于提高本地财富的总量，推进城市的结构调整，而且促使本土经济获得迅速发展，积蓄强大的内生力量。只有这样，才能实现城市健康持续发展。

（二）市场机制与政府调控相统一

在社会主义市场经济体制已经初步建立的情况下，必须自觉地按市场经济规律办事，最大限度地发挥市场在配置资源中的基础性作用，以增进经济社会活力，优化资源配置，提高经济效率。同时，要加强和改善政府调控，以引导和保证经济平稳健康运行。这是实现城市经济又好又快发展的一个重要方面。对于欠发达城市来说，处于经济社会迅速变化的时期，搞好宏观调控尤为重要。但是，政府调控必须服从遵循市场价值规律这个前提，坚持企业创造效益，政府创造环境，做到不越位、不错位、不缺位。所谓“不越位”，也就是说，应由市场解决的问题就让市场去发挥作用，政府的目的就是把市场搞活。所谓“不错位”，就是企业做企业的事，政府做政府的事，各行其道，各尽其责。一些地方委托个体户对市场进行建设管理就容易出问题，该企业办的事政府也不随意插手、指挥。所谓不缺位，就是创造公平公正的法制环境、廉洁高效的政务环境。企业做不到的事，政府必须努力去做，而且要创造性地去做好。比如，这几年，南昌在“无水港”、“海铁联运”建设中，在城市外环等的建设中，政府在遵循市场经济规律的前提下，按照市场需求增强城市的要素集散和配置功能，使生产要素的市场化配置程度达90%以上。实践证明，市场和政府“两股力量”相互作用，相互补充，就能创造出比资本主义更快的发展速度，更高的发展质量。

湖在城中

（三）城市建设与管理相统一

康德说：“永远不要把人类仅仅当作工具，而要把他们当作目的”。坚持以科学发展观为指导，应当确立建管并重的思路。这里有如下两个理念尤为重要：

第一，“富规划，穷建设”的理念。所谓“富规划”，就是要舍得在规划上投入，舍得在规划上花精力；就是规划要面向世界，面向未来，不能“小家子气”，不能眼光短浅。为此，我们强调要用世界眼光、开放式搞好规划，城市规划设计要走向市场，开展对外招标，重点规划要通过国际招标，规划费用计入项目成本。所谓“穷建设”，就是要量力而行，精打细算，稳步推进，一届做不成的事，留给下一届；一代人完成不了，留给下一代完成，留下空间让子孙后代去创造。

第二，“管理前置”的理念。“建设想后，管理思前”，这是现代城市发展的必然要求。过去，建设和管理往往被不合理地看做是前后两个阶段，建设在前，管理在后。实际上，现代城市管理要求我们在建设过程中就需要严格管理。比如，加强城市规划、对施工影响市容等问题的管理，都是城市管理提前介入城市建设的表现。管理前置的一个重要方面是，城市规划以及建设过程中就应充分考虑城市管理的若干问题，这将给建设之后的城市管理带来许多便利之处。随着道路交通的发展，许多城市建双向 6 车道或 8 车道以上的大马路，这对缓解交通堵塞起到了很好的作用，然而，这样的马路建成后，往往产生许多管理方面的问题，比如，行人过马路，尤其是老人、小孩过马路，由于路面太宽造成的难题怎么解决？现代城市管理前置，就是在工程设计、建设环节，就充分考虑这类管理上的“方便”及“易于管理”的问题。

（四）城市共性与个性相统一

现代城市建设的焦点之一，就是如何解决城市共性与个性统一，共性不能埋没个性，把个性蕴含于共性之中的问题。运用矛盾的普遍性和特殊性原理，正确处理城市建设和发展中共性与个性之间的关系，做到城市共性彰显、个性张扬，是城市建设与发展的关键。城市的共性是什么？那就是城市的现代化程度、经济发展程度、社会文明程度。城市的个性则是城市所独有的特色，是城市特定的历史渊源、建筑风格、民俗习惯、地域环境和人文条件诸多因素的综合表现。改革开放以来，我国城市高速发展，利用二十几年的时间走过了西方上百年的历程，取得了辉煌成就，但城市建设中的败笔也实在不少，主要是对自然环境和历史文物的破坏上。英国文物建筑学会指出，就世界而言，20 世纪 70 年代以来进行的旧城改造，所破坏的具有文物性质的建筑比第二次世界大战中被炮火摧毁的还多。现在，大家都想把城市建设成世界知名的城市，这都可以理解，但是，要知道，越是有个性的城市才越能走向世界。在国内外一些大城市出现“特色危机”的情况下，我们要特别注重自然景观与人文景观的维护与延续，历史文脉与时代气息的有机融合。这几年，南昌在城市规划和建设中，十分注重南昌的历史文化与现代经济发展的有机结合，发挥山脉、水脉、人脉、文脉优势，做到“四脉一体”，把南昌建设成山水型、历史型、生态型、文态型城市，凝聚历史之韵、生态之灵、文化之根、人本之气。尽最大努力保护好老建筑特别是能体现南昌历史文化特色的古建筑，延续南昌的历史文脉，保存南昌的历史记忆，体现南昌的历史文化特色。实践证明，在城市发展进程中，要高度重视对城市历史与自然个性的继承，从城市建设与发展的方方面面去体现城市的特定精神，建立城市自身的特色，塑造城市人文精华，提高城市自身的价值。一个富有特色的城市必然具有独特的生命力，成为一个城市的无形资产，为城市发展带来可观的社会与经济效益。

（五）城市与农村发展相统一



统筹城乡发展、缩小城乡差距是当今中国发展的一个战略重点。没有农村的发展和农民的富裕，城市经济必然成为无本之木、无水之源。可以说，城市与农村是“一车两轮”，是一个有机的整体。问题是，在实际工作中，我们能不能找到实现两者统一的结合点？这几年，南昌在城乡协调发展中体验比较深的是，城市与农村互动，发展要抓好“三个结合点”：一是工业进步与农业发展的结合点，是大力发展开发区。开发区实行集约化地利用土地，高强度地投入资金，密集化地吸纳劳动力，而且原则上一个县只能办一个开发区。开发区既是做大工业的平台，又是转移农民的载体，它为从根本上提高农业，尤其是粮食生产能力找到了切入点。二是城市繁荣与农村兴旺的结合点，是加快农村道路和饮水、电网、通信等基础设施建设。农村通了路、通了电，加上农民增了收，这样就启动了农村消费，农民可以买摩托，买家用电器，带动农村社会消费品零售额增长。三是市民增加与农民减少的结合点，是发展科技教育。现代化、城市化过程实质上是市民增加、农民减少的过程。怎样加速这个过程，切入点在于加大对农民非农技能和农业技能的教育，既可以为城市化、工业化提供巨大的劳动力市场，又为农村剩余劳动力转移创造了条件。

## 四、提高以科学发展观指导城市发展的能力

开创城市发展新局面，根本问题在于加强领导，改善领导。现代城市的竞争，在很大程度上是城市领导者素质的竞争，是决策思路的竞争。一个城市领导者的抱负、眼光、水平、能力和实干精神如何，事关一个城市发展的前途和

命运。因此，城市领导者的当务之急，是提高以科学发展观指导城市发展的能力。

（一）在指导思想上，强化“两个负责”的意识

不同的工作指导思想，必然会产生截然不同的工作思路，带来不同的工作状态和工作结果。在领导现代城市发展中，我们的各级领导必须端正指导思想，真正站在对人民、对历史高度负责的立场上，切实把全心全意为人民服务落实到对人民负责、对历史负责之中，一切都要经得起人民的评判，经得起历史的检验。实践告诉我们，城市发展中的任何一个好的设想要变为现实，都不可能一蹴而就，而要靠一任又一任领导持之以恒地努力。因此，城市的领导者、决策者，一是应当始终坚持以人为本的原则。城市是人们工作、生活、学习的共同空间，一个城市的发展不坚持以人为本的原则，离开了人，那它还有什么好。现代人需要什么，眼光是什么，满足人们最大的需要、经得起历史检验的城市，老百姓心目中向往的、追求的城市又是什么，应该很好地把握。比如，城市形态的确定、城市结构的选择，都要体现以人为本的要求。南昌的城市形态、城市结构力求做到这一点，即组团式形态，一江两岸结构。在一核五片中，从人的生活特征出发，发展社区医疗、娱乐、商业副中心等，为人的活动提供方便。二是充分体现最大限度地集聚和扩大本地优势的原则。比如，江、河、湖，是构成城市最重要的内涵。全力打造“现代水城”，繁华的大街旁边是风格各异的桥和水，还有绿树成阴的草坪，人们休闲，放松情绪，陶冶情操，享受自然风光，这种城市是繁华与自然的和谐。三是始终坚持塑造城市的个性和特色的原则。一个城市没有个性，没有魅力，没有特色，那这个城市就不可能给人留下记忆，也没有人向往。四是始终坚持可持续发展与城市建设和谐的原则。城市的可持续发展不仅至关重要，而且要与城市建设相和谐。缺乏可持续发展能力的城市是短命的城市，资源不能持续利用的城市很可能就会走向消亡。



（二）在决策的程序上，着力实现民主化、科学化

所谓决策，一般是指人们确定未来行动目标和从两个以上实现目标的行动方案中选择一个合理的方案的分析、判断过程。要使这个过程民主化、科学化，就必须依靠程序化做保证。总结国内外城市发展中决策的经验教训，就共性来说，决策程序至少可分为七道：

第一，要根据城市化发展规律，由决策层提出未来的城市发展原则性的意见。

第二，职能部门根据决策层提出的构想去丰富完善，提出构思，每个重要的规划和建设要提出两个以上方案，进行比较选择。

第三，请专家学者组成咨询委员会，向各级、各界人士咨询。实际中，一个好的城市规划，往往不仅决定于领导者的眼光，还决定于好的专家所做的丰富完善工作。

第四，公开招标，重大规划和建设项目还应当向国际招标。

第五，召开听证会，通过公开展示和广播、电视、报纸等媒体，公开向社会征求意见，增加透明度，增强群众的参与，增强干部群众的未来责任感。

第六，集体研究决策，对丰富和完善了构思的意见由领导集体来“拍板”。

第七，一旦批准，要由人大制定法令，严格控制和严肃执法。

（三）在工作方法上，必须尊重规律、提高效率

作为城市发展的领导者、组织者，实际上又是群众生活的领导者、组织者。组织城市发展，改善群众生活，是城市领导者的两大任务。在这里，工作方法的问题，就现实地摆在自己的面前。一切工作，如果仅仅提出任务而不注意实行时候的工作方法，那么，什么任务也是不能实现的。特别是在日益剧烈的城市竞争中，城市的领导者不可能慢慢来，必须高效工作，这就更需要尊重客观规律，讲究工作方法。一是全面、统筹。各方面的因素都要考虑周全，防止顾此失彼。城市建设中引起群众上访等问题，不少是因为某些领导干部不讲辩证法，片面性、表层性、绝对化、极端化、形而上学造成的。我们有的领导干部习惯于非此即彼，一说好，就看不到问题，一说问题，就惊慌失措。这种临喜就狂，遇变就惊，轻则给工作带来被动，重则给发展带来危害。因此，提高辩证思维能力，用全面、统筹的方法开展工作，是领导干部队伍建设中的一项重要任务。二是择优方案。城市发展是一门科学，无论是规划、建设和管理，不仅需要自然科学知识，更多地涉及社会科学知识，它不是简单的 $1+1=2$，搞得好是 $1+1>2$，搞不好则是 $1+1<2$。所以，需要多方案中选优。社会科学也是可以建立指标体系加以衡量的，比如，改革的力度要考虑社会可以承受的程度，那么这个力度和程度是有一个指标限度的。最关键是社会多数成员获得的利益要大于或等于失去的利益，这才不至于引起不满。三是重点推进。城市发展牵涉面广，也有一个如何突出重点、相互协调和分阶段实施的问题。在实践中，要根据不同发展时期的需要，不同发展阶段的差异，相对集中地抓好某些方面的推进。四是提高执行力。用科学发展观指导城市发展，最重要的是增强执行力。所谓执行力，是指决策执行者通过建立组织机构，运用各种决策资源，采取解释、宣传、实验、协调与监控等各种行动，将决策的观念形态的内容转化为实际效果，从而实现既定决策目标的活动过程。简而言之，就是保质、保量完成决策提出的目标任务的能力。这种能力的大小，事关决策

的成败。因此，用科学发展观指导城市发展，不能停留于概念化，而要落实到具体化。必须采取经济、行政、思想教育等多种手段，确保决策的贯彻落实。

（四）在制度保证上，关键是要建立长效机制

“城市病”的出现，既有认识问题，也有作风问题，既有操作层面的缺陷，也有体制上的弊端。要防治“城市病”，关键是要从制度上下工夫，从解决体制机制的深层次问题入手，建立确保城市科学发展的长效机制。

1. 建立科学考评机制。正确的政绩观来自于科学的世界观。领导干部应牢固树立科学的世界观、人生观、价值观和正确的权力观、地位观、利益观，坚持用科学发展观武装头脑、指导实践，把对人民负责、对历史负责作为衡量工作和政绩的基本准则。同时，必须建立科学的可以量化的政绩考评机制，用全面的、实践的、群众的观点衡量干部的政绩，不仅看眼前的变化，更看长远的后劲；不但看显形的成绩，更看潜在的积累，从制度上保证领导干部把心思和精力用在城市的科学发展上。



2. 健全选人用人机制。选人用人机制直接影响着发展的方向和质量。应坚持正确的选人用人标准，严格选人用人程序，规范选人用人行为，把那些谋长远、求实效、政绩突出、群众公认的优秀干部选拔进各级领导班子。具体来说，需要做到“三看”：一看“境界”。不仅胸襟要宽、眼界要宽、思路要宽，而且要有奉献的精神，而不是贪图享乐。我们的干部要有严格、严谨、细致的精神，而不能粗枝大叶。细节决定成败，在城市建设上，一着不慎，就会后果严重。我们的干部要有创新的精神，而不是故步自封。创新是后发城市追赶先发城市的强大动力。我们的干部要有实干的精神，而不是搞花架子，要真正形成当实干家光荣，做空谈者羞耻的氛围，使每个干部都在各自的工作岗位上尽心尽责。二看领导发展的稳健程度。稳健，就是要保持路线的连续性，思路的连续性和政策的连续性，承诺了的事，就必须坚决兑现。这样，我们就能实现干群团结和睦，社会稳定和谐。三看发展基础的扎实程度。万丈高楼平地起，基础不断牢固，发展的大厦才能稳如磐石，不断强大。

3. 完善人才支撑机制。城市的发展，离不开强有力的人才支撑。应加强干部队伍建设，把提高各级领导干部的能力作为一项战略性、全局性的大事来抓，着力提高领导干部把握时代发展要求的能力、实施科学发展战略的能力、认识和运用规律的能力、统筹发展的能力、辩证思维的能力、整合发展力量的能力、破解发展难题的能力等。同时，大力加强人才队伍建设，强化组织领导，推进机制创新，吸引、集聚各类优秀人才，切实发挥各类人才特别是高层次人才在实现经济社会又好又快发展中的重要作用。

# 把加快发展县域经济作为战略任务来抓

近年来，我国县域经济发展取得了很大成绩，与城市经济的差距呈现出缩小的趋势，但多数县域经济仍然不够发达。积极推进欠发达地区县域经济发展，有助于促进城乡、区域协调发展，实现全面建设小康社会的整体战略。

## 一、什么是县域经济？

所谓县域经济，就是在县级行政区域上发生的所有经济活动的总称。县域经济是一种区域活动，也是一种产业活动。从理论上讲，县域经济是相对独立的“中观”经济。中观，就是介于宏观和微观之间。在大的经济政策中，县级单位土地面积从几百到几千平方公里，人口从几十万到一百多万，具备足够辽阔的幅员，给生产力组合、空间优化布局提供了可能。在我国，县级行政区从秦始皇开始，作为基本单位已经有两千多年的历史了，人们的认可度比较高，而且组织架构非常健全，城市农村、工农商学兵都有。也可以说有足够的资源进行宏观调控和要素的优化配置。县域经济能够并且应该成为经济的“地域单元”。从差异上讲，县内的地区差异更小。县域经济就是开放型经济、特色经济、民营化经济、城市经济、工业经济、劳务经济。

## 二、为什么要发展县域经济？

### （一）是由县固有的特点决定的

县作为宏观与微观的结合部，其管理手段齐备，在规划制定、产业开发、经营战略重点确立、经济结构调整等一系列问题上，具有相对的自主性和统揽商品经济的功能，能够协调农业和各业之间的关系，统一各部门的力量，兼顾县、乡、村三个层次，提高统筹、协调、组织、服务的功能，做到总揽经济全局。因其资源丰富，投资空间广阔，因而易于形成经济优势。因此，全面发展县域经济，已经成为农业进入商品经济新阶段之后的必然选择。

（二）是世界共同做法

世界各国普遍以县域经济发展来提升整体发展水平。我国县自秦立，汉随秦制。此后，历代兴替，其间典章制度俱皆与时增减，而唯独在行政管理中设县始终不变。新中国成立之后，我国仍保留了县的建制。县作为农村政治、经济、文化的中心，一直承担着组织发展生产、维护农村社会稳定的重要职能。

（三）是实践中提出的问题

城乡分割、部门分割、条块分割的局面，阻碍城乡要素合理流动；长期以来形成的主要以行政手段来指挥生产，把农业和其他产业发展割裂开来的工作方式，难以满足农业经济的需要。服务设施、服务手段、服务方式与农民进行商品生产的要求，都很不适应。这些问题靠农民自身无法解决，单靠村、乡这两个层次也解决不了，出路就在于搞活、强化县这个层次。

综上所述，在城市经济繁荣的同时，县域经济在国民经济所占比重不断提高就成为必然的事情。要发展经济，造福桑梓，不能不重视和关注县域经济的发展，只有如此，才能顺利推进农村工业化、农村城镇化和农业现代化。



## 三、欠发达地区县域经济发展面临的主要困难

其一，产业结构不合理。产业结构直接反映了一个地区资源配置与生产力布局的合理程度。欠发达地区县域经济大都存在比较严重的产业结构不合理问题。一是产业结构层次低。第一产业过重，第二产业薄弱，第三产业发展严重滞后；传统产业多，新兴产业少，技术含量高的产业更少。二是三次产业之间关联度小。县域工业不能有效地支援农业及第三产业的发展；农副产品大多以出卖原始产品或初级产品为主，精深加工处于起步阶段；第三产业无法对第一、二产业的发展形成拉动。三是产业结构趋同，缺乏特色产业。

其二，“三农”问题突出。欠发达地区绝大多数县域经济以农村经济为主体，经济结构单一，发展比较滞后，工业基础薄弱，“三农”问题更为突出。

其三，基础设施落后。欠发达地区一般地理位置较差，交通、通信、电力等基础设施建设落后，吸引投资能力较弱。

其四，建设资金匮乏。由于基础设施建设具有投资强度大、建设周期长的特点，而且受经济发展水平和资金的制约，导致欠发达地区基础设施建设投资回报率远低于发达地区，融资渠道萎缩，甚至出现了因穷困而无法投入、因投入不足而更穷的恶性循环。

## 四、用新的思路加以突破

重视县域经济的发展，不是今天提出来的问题，而是一个老问题，但现在的思路变了，指导县域经济发展的理念也变了。同样是县域经济，但指导思想不同，走的路子不同。以前是在计划经济条件下发展县域经济，现在是在市场经济条件下发展县域经济。后发地区要实现快速崛起，力量不仅仅在省市，同时要把县域力量调动起来；不仅仅城市经济要发挥它特有的作用，县域经济尤其是城市周边的县域经济要发挥更大作用；不仅仅城市经济本身要做强做大，农村经济也要不断地发展，跟上城市经济的发展步伐；不仅仅中心城区要快速发生变化，县域各中心城镇也要相应发生变化。

其一，牢固坚持县域经济是省市经济的重要组成部分的思想。在做大做强城市经济的同时，要切实把县域经济这块蛋糕做大。现在，县域经济规模与崛起的目标要求不相适应。县域经济占省市经济的份额要迅速提升，县域工业园区要迅速成为省级开发区，并和国家级开发区相配套，跟进发展。如果不紧紧抓住这个机会，不采取措施迅速跟进，不奋力改进县域经济的发展状况，就会在新一轮的发展中处于被动，拖区域经济发展的后腿。



其二，毫不动摇地、坚定地走大开放的路子。欠发达地区要加快发展，不能搞以前的小而全、大而全，要跳出县域行政范围，走大开放的路子来谋求发展。县域经济发展有两个基本因素：一是要把所有能用的资源都调动起来为我所用，积极发展外向型经济，着力改善投资环境，大力承接海内外产业梯度转移，大力招商引资，努力培育支柱产业。二是要立足自身的特色、个性，在竞争中明确自己的目标，制定自己的方案，走出自己的发展之路。特色就是优势，特色就是竞争力。应依据资源优势，围绕专业市场，依托现有企业确定特色产业；挖掘潜在优势，培育新的特色产品和产业，使特色经济能够持续发展；提高创新能力，培育发展具有特色和竞争力的高新技术产业。

其三，坚持坚定不移地推动工业化核心战略不动摇。以工业化带动产业结构的优化升级。总体思路是：县域经济要在巩固农业基础地位的同时，紧紧围绕现代制造业的发展、工业化核心战略的实施，结合自己特殊的地位，找准定位，把工业园区办得更好，并围绕制造业和工业化发展好服务业，迅速丰富功能，提升档次，提高第二、三产业的比重，加快由农业主导型的经济向工业主导型经济的转变，加快农业文明向城市文明的转变。具体来说，首先，稳步发展第一产业。第一产业是县域经济的支柱产业，是农民生活的根本保障。应增加农业基础设施建设投入，逐步改善农业生产条件。从实际出发，以市场为导向，在严格保护好耕地特别是保证粮食播种面积的前提下，调整种植结构，加快发展绿色农业、高效农业、优势农业，增强农业的综合发展能力。其次，重点发展第二产业。与发达地区相比，欠发达地区县域经济发展慢，主要慢在工业；经济总量小，主要小在工业；经济实力弱，主要弱在工业。应开阔发展工业的思路和视野，既考虑依托本地优势资源发展工业，又适应经济全球化的新形势，充分利用国内外两种资源、两个市场，积极承接产业转移，迅速壮大工业总量。再次，加速发展第三产业。发展第三产业，是增加农民收入、促进产业结构升级、提高人民生活质量、促进经济社会发展的重要途径。同时，第三产业发展快、层次高，可以带动第二产业素质的提升。

其四，坚持以“三化”解决“三农”问题。解决“三农”问题的根本出路在于实现“三化”，即农业产业化、工业园区化和农村城镇化。一是积极推进农业产业化。引导大宗农产品生产向优势产区集中，着力抓好质量与标准建设，形成基地，创出品牌；大力发展农产品加工业，形成“公司+基地+农户”的发展模式，延长农业产业链，实现农业增效、农民增收，提高农业集约化和市场化水平。二是加快推进工业化。没有工业化就没有现代化。推进工业化应坚持存量优化和增量调整。存量优化，就是引导和鼓励企业进园入区，降低发展成本，提高资源利用效率，获取规模效益。增量调整，就是发挥后发优势，做到信息化与工业化协同发展，工业发展与环境保护同步推进，走新型工业化道路。三是扎实推进农村城镇化。引导民营资本、工商资本等投资城镇建设，增强城镇的带动力和辐射力。同时，提高劳务输出水平，加快农村劳动力向非农产业和城镇转移。



其五，大力发展民营经济。发展民营经济，是做大做强县域经济的关键环节。应解放思想、转变观念，加强宣传和引导，营造有利于民营经济发展的良好舆论氛围，创造有利于民营经济发展的政策环境和体制环境；大力扶持和促进有条件的民营企业逐步从家族经营向现代企业制度转变，从分散的小规模经营逐步向规模化、集约化经营转变，提高民营经济的整体素质。

其六，盘活存量做大增量。一是要认真研究如何进一步盘活存量资产，吸引社会资本，激活民间资本来加快县域经济发展，如何有效地使用土地、金融、财政、税收等多种杠杆来为县域经济发展服务。如财政体制改革要着眼于调动积极性，引导大家把蛋糕做大。二是要认真研究如何尽快做大增量。尽可能把现有的资源充分利用起来，同时又更好地利用外地资源，甚至国外资源，迅速做大县域经济的增量，提升县域经济的发展水平。

其七，注重人力资本的开发利用。世界范围内的新科技革命已经改变了经济增长的要素结构，经济发展的主要约束已经由物的约束向人的约束转变，人力资本的作用空前提高。为此，应当注重人力资源的开发，通过积极整合，把人力资源转化为人力资本，激发全社会创造财富的积极性，真正冷官场、热商场、活市场。一是要大力实施能人带动战略，充分挖掘能人，依托能人，引进能人，从事农业产业化经营，招商引资上项目。二是制定政策，鼓励机关在职干部、职工闯市场，反租农民土地，搞农业规模经营，创办、领办民营经济或外出创业。三是大力发展劳务经济，激活农村富余劳动力。

## 五、完善支持县域经济快速发展的政策措施

其一，加大对县办工业区的支持力度。工业区是县域经济发展新的主动力。要放宽政策，让其享有省级开发区的权限，增强活力，提高办事效率。

其二，要支持个体工商企业的发展。支持县设立中小企业发展扶持专项资金，主要用于增加担保机构的资本金和风险补偿金。

其三，加大对农田水利及村级基础设施建设的支持力度。要支持发展农业产业化企业，提高粮食等农产品的综合生产能力。积极筹措资金，支持和奖励乡村公路建设，大力实施农田水利基本建设、中低产田改造和土地整理，增强县的供电能力建设，进一步扩大县域供电网络容量。



其四，加强对农村科教事业的支持。加大教育扶持力度，增加中小学危房改造财政投入。每年安排专项经费用于农村劳动力特别是失地农民的职业技能培训，切实提高农村劳动者素质。加大对农业科技的投入，不断改善县域科技机构设施条件和装备水平，推进科技体制改革，健全农业科技服务体系。加强农村的改水改厕、血防工程和排污等公共卫生服务体系建设。

其五，逐步健全城乡协调的社会保障体系。大力实施农民转移就业工程，加强和完善城镇居民最低生活保障制度和农村社会保障制度，对符合享受城市最低生活保障条件的失地农民，平稳有序地推行最低生活保障，促进城乡稳定协调发展。要加大工作力度，积极发展新型农村合作医疗，切实解决农民“看病难”的问题。

其六，扩大县（区）经济管理权限。按照“能放权就放权、能少管就少管、能不管就不管”的原则，扩大县在经济和社会发展方面的权限。行政审批事项凡能下放的一律下放到县。对确需上级审批的项目，尽可能简化手续，提高效益。

其七，调整财政收入分配体制。加大对税费改革后的乡村财政转移支付力度，保证乡村基层政权正常运转。县域城镇土地使用税、土地增值税、房产税、其他资源税和印花税增量部分全部留县。耕地占用税全部留县。

其八，调整完善县乡财政管理体制。加快县级公共财政体系建设，积极推行财政国库改革试点，并选择部分乡镇实施乡财县管乡用试点，严格县乡机构编制人事管理，加快事业单位改革步伐，控制财政供给人员增长，鼓励县乡节编减人。认真清理核实债务，严格控制新增负债，逐步化解县乡债务风险。提高建设资金、国债资金用于县乡的比例。

## 六、切实加强组织领导

其一，建立强有力的发展县域经济协调机构。负责县域经济发展的指导、协调和检查督促。

其二，坚持因地制宜，分类指导。从实际出发，科学制定不同类型的县域经济社会发展目标，实行目标责任管理。

其三，提高县乡领导班子的执政能力。深化干部人事制度改革，强化重德才、重政绩、重公论的用人导向，选准配强县乡党政正职，优化县乡班子结构，提高班子熟悉经济工作成员的比例。保持县乡干部队伍的相对稳定。

其四，科学考评，引导县（区）落实科学发展观。制定各有侧重的科学的考核体系和评价指标。实行平时动态管理和年度综合考核相结合，把县域经济社会发展的综合实绩情况作为考察县、区党政主要领导政绩的重要内容，作为对县乡干部使用的重要标准。

# 推进现代农业　促进协调发展

发展现代农业，是欠发达地区农业和农村发展的必由之路。发展现代农业就是用现代物质条件装备农业，用现代科学技术改造农业，用现代产业体系提升农业，用现代经营形式推进农业，用现代发展理念引领农业，用培养新型农民发展农业的经济活动。农业比重大，农业基础条件弱，传统农业占统治地位，是欠发达地区经济社会发展的基本特征，也是欠发达地区农业发展的基本特征。要推动经济社会又好又快发展，必须高度重视农业和农村工作，用现代农业来改造传统农业，加快社会主义新农村建设。



## 一、充分利用有利条件，加快现代农业发展

现代农业发展，是崛起的重要内容。建设现代农业的过程，就是改造传统农业，不断发展农村生产力的过程，就是转变农业增长方式，促进农业又好又快发展的过程。必须把发展现代农业贯穿崛起的全过程。发展现代农业的条件日渐成熟，重在把握机遇。

### （一）现代农业发展的市场潜力不断增大

现在国内外交通日益发达，鲜活农产品运输半径日益增大。中部城市农产品从田头采集到沿海居民餐桌消费可谓是朝发夕至，互为呼应。通关出境速度大为加快。这种空间距离的拉近，为沿海资金、技术、产业向内地梯度转移，为内地农产品进入沿海打开了便捷之门。特别是沿海和港澳地区居民对农产品的现代消费需求，以及沿海省份农业资源的相对贫乏，对作为内地前沿的南昌农业发展和农产品输出提出了更新更高的要求。同时，一大批发达地区的客商也纷纷进入内地投资开发具有现代农业特点和性质的农业项目。这种与沿海相融互补、互惠互利的农业产业合作，为南昌市现代农业发展提供了广阔的市场前景，注入了巨大的发展动力。

### （二）现代农业发展的资源潜力不断增大

随着农业科技应用力度的加大，农民科技文化水平的明显提高，为农业资源的合理、高效开发创造了条件。欠发达地区农业资源不仅数量上有优势，而

且由于污染少，开发强度小，所以，这些地区的农产品具有安全、优质的特点，在市场上很受消费者欢迎。这些年来，南昌市正是凭借着这些得天独厚的生态资源优势，大力实施“无公害行动计划”，建立了绿色、有机食品生产基地55个，面积达成281万亩，无公害蔬菜基地发展到18个。南昌市有230个产品获得了国家绿色和有机产品证书，绿色食品和有机食品年销售收入超过10亿元。一大批利用生态、保护生态的生态农业项目、旅游休闲度假农业项目发展呈现出方兴未艾的势头。优良的生态资源为南昌市现代农业发展、生态旅游观光农业发展，提供了很好的环境。

（三）现代农业发展的开发潜力不断增大

随着这些年来欠发达城市发展，城市综合实力不断增强；城市带动农村、工业反哺农业的能力也不断增强。“十五”期间，南昌市每年整合投入“三农”的资金达到10亿元以上，为现代农业建设和发展提供了强有力的财力支撑；省会城市大专院校云集，农业科研院校众多，农技推广普及网络覆盖全市，为农业的产、学、研对接和新技术、新成果的研发与推广，为用现代科技改造传统农业，提升农业科技含量奠定了坚实的科技基础；这些年来，南昌市各级大力实施农村劳动力转移培训“阳光工程”和“963”计划，积极对农村群众进行现代农业生产知识和务工技能培训，为现代农业的发展提供了良好的人才保证。特别是这些年来，南昌市农业的蓬勃发展势头，更是为今后现代农业的建设和发展积聚了能量。南昌全市正在形成具有区域块状特色的农业产业体系，具有较强实力的农业产业化龙头企业集群，具有坚实后劲的农业综合生产能力。这些年来，南昌市大力开展农村防洪圩堤达标整治、病险水库除险加固、农村机电泵站改造、农村山塘门塘开挖为主要内容的农田水利基本建设，主要外洪圩堤已基本整治达标到位，水利设施排灌能力不断加强，旱涝保收面积不断扩大。农业水利化水平大为提高。大力开展以治理水土流失、改造中低产田、建设标准农田为内容的农业综合开发，使土地产出率大为提高。新技术、新成果的推广普及，使农产品产量、品质和效益大为提高，到2006年，南昌市水稻优质品率达到96%以上，引进推广新的生产增产技术达到96%，优质油菜面积达到71.8万亩，生猪三元杂交品种总量的70%以上，家禽品种良种率达到90%以上。南昌市农业机械总动力达到209.32万千瓦，农业机械化水平大为提高，大大增强了农业综合生产能力。大力推进农村绿化、农村村庄整治和村村通水泥公路建设，使农村的基础设施和农业生产条件大为改善。所有这些，为南昌市现代农业建设和发展打下了坚实的基础。

## 二、发展现代农业必须找准定位 夯实基础

发展现代农业必须定位在发展“五型”农业、构建“四大体系”上，努力使南昌市农业走上经济高效、产品安全、资源节约、环境友好、技术密集、人力资源得到充分发挥的现代农业发展新道路。

（一）积极发展“五型”农业

1. 大力发展城郊型农业。依托省会中心城市，面向海外、面向沿海、面向现代消费需求，以市场为导向，引导农民调整产业结构，大力发展一批优质、安全的农副产品供应基地。重点发展优质稻米、优质畜禽、特种水产、优质水果蔬菜以及蜂业、奶业、花卉苗木等产业。同时，积极引导城市资金、技术进入农村开发经营农业项目，积极拓展农业服务功能，大力发展城郊休闲观光度假农业，做好“都市型”、“城郊型”农业的文章，在依托城市、服务城市、城乡互动上下工夫。



2. 大力发展产业型农业。刷新农业发展理念，突出以工业的理念抓农业，加速农业产业化、农业工业化进程。积极推进农业产业化经营，以经营产业化推动品种特色化、基地规模化、生产标准化和投入科学化。做强做大农业产业化龙头企业，积极引导一批大型龙头企业做大规模，做优品质，做精加工，做强品牌，培植一批年销售收入或交易额超10亿元的大型龙头企业，积极引导中小型龙头企业上档次、上水平。充分依托农业产业化龙头企业带动农户发展专业生产，促进农产品精深加工，提高农产品附加值。

3. 大力发展科技型农业。积极发展农业科技示范园区、农村科技专业村、科技示范户。加强农村科技普及网络建设，加大农业新品种、新技术、新成果的引进、示范和推广力度，推行良种良法，进一步提高农业科技含量。大力发展循环农业，充分利用各种资源，积极发展节地、节水、节肥、节能等节约型农业。

4. 大力发展生态型农业。充分依托南昌市青山绿水和一流的空气、一流的水质等良好生态资源，继续改善农业生态环境，实行山、水、田、林、路综合治理，农、林、牧、副、渔综合开发，积极发展生态农业、有机农业，大力开发“农家乐”旅游等多种形式的生态休闲观光项目，大力发展林果业工程和庭院经济，建设生态新村，打造农村生态家园。凸显农业生态保护、观光休闲、文化传承功能。推行“养殖—沼气—种植”生态发展模式，促进农业清洁生产。推动健康养殖业发展，提高健康养殖水平。加快无公害、绿色、有机农产品发展步伐，2006年新增绿色、有机食品产品标志认证数量100个，使

之累计达到330个。

5. 大力发展效益型农业。着眼农业增效、农民增收，优化产业布局，培植主导产业，向特色要效益；依托基地带动，扩大种养规模，向规模要效益；延伸产业链条，发展农产品精深加工，向加工要效益；发展农产品市场，搞活中介流通，向市场要效益；积极创建品牌，提升品质质量，向品牌要效益。

（二）大力构建“四大”体系

1. 构建高效农业产业体系。改造提升传统产业，培植发展新型产业，积极构筑高效农业产业体系。把粮食产业做成优势产业。促进粮食稳定生产，优化粮食生产品种、品质，提高粮食商品率和加工率，重点发展大米精深加工，提高粮食生产效益。把畜牧业做成强势产业。大力发展畜牧小区和畜禽规模养殖场（户），加快畜禽良种推广，建立健全各级动物疫病防控体系。积极发展三元杂交猪、良种牛、红毛鸭、朗德鹅以及奶牛、禽蛋等畜禽系列产业。特别是要充分利用南昌市远郊县区山地丘陵草洲优良的资源，发展肉牛、奶牛养殖。把水产业做成特色产业。优化水产养殖品种，提升水产养殖规模和效益，重点抓好军山湖大闸蟹、鄱阳湖翘嘴鳜、珍珠和网箱黄鳝等优质特色水产品养殖。把园艺产业做成创汇产业。大力发展蔬菜、水果、茶叶和花卉等园艺产业。优化品种结构，推广实用技术，着力建设高标准生态园艺区，重点提升绿色蔬菜等园艺产品出口创汇能力。把农业产业化经营做成“龙型产业”。强龙头，带基地，促加工，连市场。形成贸工农紧密衔接，产加销融为一体的农业产业化经营组织，提升农业产业的关联度和档次。



2. 构建农产品流通服务体系。重点建设昌南农产品物流中心和南昌绿色农产品综合大市场。加快对现有市场的改扩建，逐步建成一批辐射力强、信息灵敏、交易方式先进、功能齐全的农产品骨干批发市场。加快建设“新农村现代流通网络”、“农村商务信息服务”等工程。加快实施农业“走出去”战略，搞好对农产品出口的信贷、保险和检验检疫服务，加快农产品出口的通关速度。落实鲜活农产品“绿色通道”政策。大力发展农村各类流通服务组织、农产品运销专业户和农村经纪人队伍，支持供销、商贸、邮政、通讯、医药、文化等企业积极开拓农村市场。

3. 构建农产品质量安全体系。贯彻落实好《农产品质量安全法》，提高农产品质量安全监管能力。加快农业标准化建设，建立一批农产品标准化生产示范基地。进一步完善农产品质量安全检验检测体系，加大对农业生产经营和农村食品药品质量安全监管力度。加强农产品质量安全信息化建设，开通南昌市农产品质量安全信息网，逐步建立农产品生产经营动态信息档案，建立农产品质量可追溯制度。加快推进农产品质量安全市场准入制步伐，在城乡农产品批发市场、集贸市场、超市和农产品经营企业实行蔬菜、畜产品、水产品、水果等农产品质量安全市场准入制。

4. 构建农业科技服务体系。按照强化公益性服务、放活经营性服务的要求，充实和加强基层农业技术推广机构，改善服务条件，提高人员素质，确保在一线工作的农技人员不低于本县（区）农业技术人员总编制的2/3，专业农技人员占总编制的比例不低于80%。对农民开展针对性、实用性强的技术指导和服务，推进农业科技进村入户。逐步形成以农技推广人员为纽带、示范户为核心、连接周边农户的技术传播网络。加强同省内涉农院校、科研机构的产、学、研对接，鼓励科研人员直接参与重点技术的推广普及。加强农业技术研发，鼓励涉农企业开展农业技术创新，加快农业科技成果的转化、推广和应用。

## 三、现代农业建设必须抓住关键，重点突破



建设现代农业，是一项长期而艰巨的任务，也是一项涉及多个方面的系统工程。扎实推进现代农业建设，既要有全新的理念，明确的目标，更要有务实的举措、过硬的招数。从当前工作起步和开局时期看，最重要的是要找准工作着力点，选准突破口，抓住现代农业建设的“牛鼻子”，努力使南昌市现代农业建设起好步、开好头，并走上健康快速的发展路子。

### （一）抓住产业布局这个着力点，在规划引导、结构优化上下工夫

认真按照南昌市农业山水自然资源、土壤气候条件、地方传统产业基础以及交通区位状况，因地制宜，科学规划，按照宜种则种、宜养则养的原则，切实搞好农业产业布局。规划引导建立一批优势产业带、优势产业小区，鼓励发展一县一业、一乡一业或几乡一业、一村一品，实行区域化布局、专业化生产、社会化服务，努力构建兼具特色和规模的区域板块产业结构。在继续稳定粮食生产的基础上，加快特种水产、优质蔬菜水果、花卉苗木、生态旅游观光农业发展，为发展高效特色农业奠定基础。

### （二）抓住开放改革这个着力点，在激发活力、开发资源上下工夫

充分挖掘靠近沿海的区位优势，主动承揽沿海地区产业梯度转移，积极推介南昌市农业开发的资源禀赋、优惠政策和发展前景，加大农业招商引资力度，积极引进沿海和港澳地区资金、技术以及先进管理到南昌市投资开发农业项目，既让更多的资金投入南昌市现代农业发展，又切实打造一批具有较高产业档次和先进管理模式的现代农业示范项目。抓住农村各项改革的契机，把林权体制改革、水权体制改革、水利管理体制改革、农垦企业改革等各项工作做

实做细，真正使改革的过程，成为调动广大农民群众和农场职工生产经营积极性的过程，激发广大农民、农场职工和社会力量投资开发农业山水资源的活力，把“山上办绿色银行、水面兴特色养殖”的文章做好做足，变资源优势为现代农业优势和农村经济发展优势。

（三）抓住典型示范这个着力点，在辐射带动、稳步推进上下工夫

发展现代农业，要坚持长远着眼，分步推进。当前最务实的就是要从抓点示范入手，依靠典型引路，带动面上发展。一要抓好一批示范产业。依托特色产业抓示范，依托主导产业抓示范，培植新型产业抓示范。积极发展适合城市和现代消费需求的绿色蔬菜、优质稻米、健康养殖以及休闲观光、农产品流通等具有现代农业特征的新型产业。二要抓好一批示范园区。提升原有农业示范园区和优质农产品生产基地建设，结合小城镇建设与村容镇貌整治，每个县区集中打造一个体现“现代产业、新型村镇、优良生态、文明风尚、民主管理”的现代农业综合示范区，使之成为展示南昌市现代农业和新农村建设的重要窗口和带动面上发展的龙头基地。突出抓好现代农业示范园区、生态农业走廊建设。三要抓好一批示范项目。突出抓“三农”工作的重大项目、重点项目、特色项目建设。农业产业化、小城镇建设、一村一品工程、村庄整治、农村水利、农业综合开发等，都要突出抓好一批重点示范项目。对重点示范项目要加大投入，倾斜支持，使我市现代农业发展和新农村建设重点突出、亮点纷呈。真正发挥示范产业、示范园区、示范项目的榜样激励作用，辐射和带动全市现代农业的发展。



（四）抓住设施建设这个着力点，在夯实基础、提高产能上下工夫

建设现代农业，要从抓基础入手。南昌市当前无论是粮食生产、农田水利、农业综合开发，还是农业机械化建设、农村信息化建设，基础都还不够扎实，旱涝保收、稳产高产的实力还不强，综合生产能力和产业档次还不高。距发展现代农业的要求还有较大差距。所以，在推进现代农业的进程中，我们还要做扎扎实实的打基础、管长远的工作。基本农田的保护、标准农田的建设、水利防洪圩堤的加固达标和沟渠配套的建设、病险水库的整治和机电泵站的改造、农村公路的建设、农业机械化的推广普及、农村信息网络的构建以及新技术、新成果的引进推广，都要做大量艰苦细致的工作。我们将继续推进农村公路、水利、村庄整治等基础设施建设，真正从改善农业生产条件入手，夯实现代农业发展的基础，提升农业综合生产能力，为现代农业发展提供可靠保证。

（五）抓住对接服务这个着力点，在优化环境、提高效益上下工夫

新产业发展的关键就是服务。农业生产的分散经营，尤其需要各级政府部门和各种社会中介组织提供产前、产中、产后的系列服务。搞好对接服务，重

点是要加强对现代农业发展的金融信贷、科技推广、市场对接等相关服务。信贷服务要通过深化农村信用社改革，创评农村“文明信用农户”，改进和扩大农村小额贷款和扶贫贷款发放，帮助龙头企业和示范项目贴息等办法，加大对新产业、新项目的信贷投入。科技服务要进一步强化农业科研机构、乡镇农业站、所建设，广泛开展科技、文化下乡活动，大力开展农民创业培训，实行技术人员与基地、村组和农民个人“一帮一”结“对子”等活动，切实强化农业科技推广。市场对接服务，要进一步加强农村商品经纪人队伍建设和农村信息服务网络建设，大力发展农业专业合作经济组织，创建农产品商标品牌，搞活农产品流通和市场对接，不断提高农业的市场效益，增加农民收入。

（六）抓住工程推进这个着力点，在凝聚合力、致富农民上下工夫

这些年来，南昌市坚持实施农民致富系统工程，实践证明，效果很好。今后要进一步抓巩固、抓深化、抓提高。村党支部书记“双带”致富工程，要努力培植一批现代农业发展和农民增收致富的领军人物；农业产业化龙头企业裂变扩张工程，要突出抓好一批农业产业化龙头企业的发展壮大；“小城镇建设”工程，要突出抓好城镇经济的发展和农村劳动力的转移与就业；“扶贫开发”工程要在增强贫困村造血机能、实现自我发展上下工夫。“一村一品”工程要突出打造一批专业村、特色村。真正拓宽南昌市农民增收致富的渠道和领域，创新现代农业建设的工作载体。要做好建设新农村、培训新农民、发展新产业的文章，引导和带动广大农民投身“全民创业”，增强农村基层自身发展的活力，切实加快南昌市现代农业发展和农民增收致富的步伐。

# 增强战略素质　保障崛起实现

战略素质，是指进行战略思维、战略谋划和战略运筹的能力，包括应对和驾驭复杂局面的能力等。战略问题始终是关系事业发展的关键问题。领导干部进行决策和谋划，必须高度重视战略问题，不断提高战略素质。

## 一、为什么要增强战略素质



战略，乃为将之道。毛泽东在《中国革命战争的战略问题》阐释："研究带全局性的战争指导规律，是战略学的任务。研究带局部性的战争指导规律，是战役学和战术学的任务。"克劳塞维茨在《战争论》中对战略的定义是："为了达到战争的目的而对战斗的运用"。

实现快速和谐崛起，和战争有类似的地方，但崛起和战争最大的不同就在于：战争是为消灭战争本身而进行的，战争的战略问题是为结束战争而规划的；而崛起是为延续发展而进行的，希望能够永远延续下去。从战争的战略定义"对战争全局的筹划和谋略"延伸开来，崛起战略是后发地区为了永续发展、实现后来居上并使之保持下去所做的筹划和谋略。

制定或重建一个清晰的战略，在很大程度上取决于组织的领导者。领导者的核心任务应该是制定战略。找对正确战略的能力越强，就越能够趋利避害，并有效化解和避免在竞争中遇到的各种麻烦。

对于增强战略素质问题，有些同志不是很重视，认为这是相当一级领导的事情，似乎与自己关系不大，没有必要在战略思维上动太多的脑筋。这其实是一种认识误区。诚然，领导干部职务越高，战略思维愈加重要，但这并不意味着战略思维就是高级领导干部的"专利"。战略思维作为一种着眼全局和长远发展观察、思考、处理问题的科学思维方式，是各级领导干部必备的素质和能力。大到一个国家，小到一个单位，也都有其战略性问题。领导干部只有善于进行战略思维，从各项工作要素的内在联系上把握规律，才能处理好局部与大局的关系、重点工作与一般工作的关系，从而提纲挈领，抓住关键，增强指导工作的科学性和有效性。实践证明，有没有战略头脑，对领导干部来说至关重要。多一点战略头脑，就能站得高些，看得远些，使各项工作体现时代性，把握规律性，富于创造性。

战略素质事关大业的成败。要想取胜，必先谋略。先谋后事者昌，先事后谋者亡。自古不谋全局者，不足以谋一域；不谋万事者，不足以谋一时。早在革命战争年代，毛泽东同志就提出了战役和战术指挥员要懂战略的问题。他指出："要求战役指挥员和战术指挥员了解基本程度的战略上的规律，何以成为必要呢？因为懂得了全局性的东西，就更会使用局部性的东西，因为局部性的东西是隶属于全局性的东西的。"毛泽东同志认为，如果全局和各阶段的关照有了重要的缺点或错误，那个战争是一定要失败的。他用下棋做比喻，说这就是"一着不慎，满盘皆输"。战役特别是战术指挥员，主要就是中层、基层干部，正因为贯彻了这一精神，我军才能从上到下在战略关系上形成相互配合的一盘棋，才能协调动作、形成合力，才有了中国革命战争的辉煌胜利。

今天，后发地区所面临的新形势、新任务和肩负的历史使命，对各级领导干部的战略素质提出了更高的要求。随着经济国际化、社会信息化，局部与全局、个体与整体的关系更密切，对站在战略层面思考问题的要求更普遍，在实现崛起过程中，经济、政治、文化、社会、法律等方面的联系更紧密，战略层面上的相关性、整体性日益增强，其谋划、组织、协调、指挥之复杂，是以往任何发展所无法比拟的。各级领导干部只有学会战略思维，"了解某种程序的战略上的规律"，才能照顾好大局和局部的关系、上级和本单位的关系，在"谋全局"中"谋"好"一域"。



## 二、如何增强战略素质

### （一）从培养理论素质入手

战略素质是以理论素质为基础的。要善于战略思维，就要从培养理论思维的能力入手。所谓理论思维能力，就是对客观事物进行抽象概括的能力，即把握事物内部矛盾的能力。领导干部的职责在于把方向、抓大事、谋全局，必须把工作中的各种要素在思维中连成一个具有内在联系的整体。哪些是重点，哪些是一般，眼前抓什么，今后怎么办，都要心中有数，做到既高屋建瓴、总揽全局，又深入细致、善抓落实，使自己领导的单位的各项工作有条不紊，高效运转。从这个意义上讲，理论思维能力就是工作能力。为什么有的同志走上领导岗位后，工作领域一拓宽，责任一增大，就有力不从心之感？一个重要原因在于，理论思维能力跟不上蓬勃发展的实践要求。恩格斯早就告诫我们：一个民族要想登上科学的高峰，就一刻也不能没有理论思维。同样，一个领导干部要在一个波澜壮阔的时代担当重任，就不能不把提高理论思维能力作为一门必修课。

（二）多注意和关心大局

要增强战略素质，就要多注意和关心大局。各级领导干部处于不同层次、部门和单位，平时注意力大都放在本级管辖内的工作上。同时，也要善于把本单位、本部门工作放到实现崛起的大背景下来考虑，看看自己的工作与大局是一种什么关系，紧要程度如何，影响大小怎样，以便更好地指导和安排好自己的工作。这就是一种整体性素质，是战略素质的具体体现，也是战略素质的一种标志性要求。

（三）通过学习，提升层次

要增强战略素质，就要加强学习，不断提升战略素质的层次。战略素质的形成和提高，依赖于相关知识的学习，理论水平高，知识面广，视野开阔，战略思维才能有深度和广度。提高战略素质，就要坚持刻苦学习。领导干部的学习领域要比别人宽，不仅要加强党的基本理论、基本路线和方针政策的学习，而且要加强政治、经济、文化、科技、历史、法律等方面知识的学习，加强对一切反映当今世界文明进步的新知识的学习，最重要的是深入学习领会邓小平理论、“三个代表”重要思想和科学发展观。通过学习，形成深厚的理论功底、广博的知识结构、敏锐的观察能力、娴熟的领导技艺，科学地筹划和推进崛起的宏伟事业。



## 三、战略素质要体现到领导能力上

领导干部是做领导工作的，因此，领导干部的战略素质，必须通过领导能力体现出来。

（一）体现在把握战略机遇上

提高领导干部的战略素质，是把握和用好重要战略机遇期的客观需要。本世纪头20年，是我们必须紧紧抓住并且可以大有作为的重要战略机遇期。能否抓住和用好这一重要战略机遇期，实现后来居上，对于各级领导干部来说是一个重大考验。把握和用好重要战略机遇期的过程，是一个自觉地从战略上观察、分析和处理问题，不断开拓新局面的过程。各级领导干部只有具备良好的战略素质，善于应对世界多极化、经济全球化、社会信息化所带来的深刻变化，才能牢牢掌握抓住机遇、促进发展的战略主动权；只有具备良好的战略素质，善于应对社会生活的多样化和社会构成的新变化，正确、有效地协调各种社会利益关系，才能把方方面面的积极因素凝聚到加快发展、推进崛起大业上来；只有具备良好的战略素质，善于驾驭“矛盾凸显期”容易出现的复杂局面，最大限度地消除各种不稳定因素，才能不断优化“聚精会神搞建设，一心一意谋发展”的社会环境。

（二）体现在促进科学发展的能力上

以人为本、全面协调可持续的科学发展观，是我国经济社会发展必须长期坚持的重要指导思想。坚持以人为本，要求各级领导干部把握和协调好各种社会利益关系，切实保障广大人民群众的经济、政治、文化权益，使发展成果惠及全体人民；坚持全面发展，要求各级领导干部下好经济建设、政治建设、文化建设、社会建设“一盘棋”，努力实现物质文明、政治文明、精神文明的整体推进和全面进步，不断推动社会主义和谐社会建设；坚持协调发展，要求各级领导干部做好统筹兼顾的工作，使经济社会发展的各个方面、各个区位、各个环节协调一致地运转，形成良性互动机制；坚持可持续发展，要求各级领导干部正确处理经济发展与人口、资源、环境的关系，把当前发展与长远发展统一起来，坚持走生产发展、生活富裕、生态良好的文明发展道路。所有这些，都离不开战略眼光、战略思维、战略素质。



（三）体现在构建和谐社会上

提高领导干部的战略素质，是构建社会主义和谐社会的客观需要。社会主义和谐社会的民主法治、公平正义、诚信友爱、充满活力、安定有序、人与自然和谐相处六大基本特征，具有战略层面上的依存性、贯通性和整体性，需要我们用战略眼光来理解、把握和加以贯彻。其中体现的民主与法治的统一、公平与效率的统一、活力与秩序的统一、科学与人文的统一、人与自然的统一，无不需要通过各级领导干部的战略运筹来实现。各级领导干部应从战略的高度，不断提高激发社会创造活力的本领、管理社会事务的本领、协调利益关系的本领、处理人民内部矛盾的本领、开展群众工作的本领、维护社会稳定的本领，把构建社会主义和谐社会的各项要求落到实处。

（四）体现在决策能力上

导致一个地方全局上的错误，往往不是方法上的失误或管理上的不足，而是决策上的失误。一个领导干部有没有决策能力，就是看他能不能做到虑之贵详，谋之贵众，断之贵明，行之贵力；能不能发挥智囊群体的作用；能不能分辨各种方案的优劣，进行准确的取舍；能不能善于利用资源、组合资源、优化资源，对有限的资源进行最有效的配置。由此，领导干部应当做到，每一项决策都要在决策前搞好调查研究，决策中进行科学比较，决策后关注效果。

（五）体现在规划能力上

能不能做到“运筹于帷幄之中，决胜于千里之外”，就是看领导干部是否具备超群的规划能力。一个领导干部，在规划能力方面，一是要超前，就是能准确地预见未来发展趋势。二是要严谨，即规划不能顾此失彼，不能互相矛盾，要相互协调，彼此衔接，形成一个有机整体。三是要稳中求变，形成独特的规划风格，领先于竞争对手。

（六）体现在创造能力上

预见力、判断力是创造能力的基础，见人所未见，观人所未察，是创新能力的重要体现。当桅杆刚刚露出地平线时，就能看出这是要发展成为硕大而有前途的东西，并能掌握住它，这才是具有高超的预见能力。领导干部的战略思维，就是要能够敏锐观察旧事物的缺陷，准确捕捉新事物的萌芽，在困难和矛盾面前，能提出大胆的、新颖的构思和设想，并进行周密论证，拿出可行的方案付诸实施，做到“人无我有”、“出奇制胜”。一个人有没有创造能力，关键是看思想观念。观念新，思路宽，就能创造性地工作；观念旧，思路窄，就易因循守旧，工作难有起色。



（七）体现在应变能力上

要充分认识市场环境的新特点、新变化。当今市场，竞争更加剧烈，变化无常；变化突然，无感已临。事业的成功者在应变能力上，一要永不满足；二要充满热情、自信；三要坚持正确选择；四要因势利导。在“水无常形、兵无定势”面前，必须擅长“随机应变”。

（八）体现在驾驭人才的能力上

每个领导干部都应当懂得，一个领导者无论多么出色，都不是全才，都需要有一批优秀的人才担当助手，这些人才是否配合得好，是否能发挥作用，关键在于领导者对人才的驾驭能力。如果人才不能选拔出来，不能知人善任，用其所长，尽其所能，就会造成人才的浪费。作为一个领导者，要善于融洽人际关系，学会欣赏人、鼓励人，特别是要真诚地欣赏和赞扬。对品质好、有本事的人，我们要高度信任，委以重任。要注意发挥方方面面的积极性，使其汇聚到崛起的事业中去。

## 四、增强战略素质的落脚点

就后发地区而言，增强战略素质尤为重要。这是因为，后发地区已经掉队，要实现崛起，就必须赶队。赶队就不能出现大的波折，本来就落后的地方，如果一波三折，就永远跟不上。所以，折腾不起，失误不得，历史不允许走弯路，也没有时间再回头“补课”。由此，后发地区领导干部增强战略素质的落脚点，就是要确立清晰的发展战略，选择正确的战略途径，来实现崛起的战略目标。结合后发地区的实际，在战略选择上，最重要的是坚持大开放为主战略，坚持现代制造业为核心战略，坚持城镇化发展战略，坚持县域经济发展战略，坚持提升人的整体素质战略等。在推进这些战略中，关键要做到五个结合。

（一）对外开放与对内搞活相结合

邓小平同志早就指出，发展要有新的局面，要有新的突破，就必须坚持对内搞活，对外开放，二者协调发展。许多地区后来居上的实践已经充分证明了这一科学论断。因此，后发地区必须坚持对外开放与对内搞活并重，既要毫不动摇地实施大开放主战略，加大招商引资力度；又要不遗余力地调动本地民营企业和民间资本的投资积极性，两者不可偏废。要深入研究新情况、新形势，积极转变思路，拓宽渠道，创新办法，真正把招商引资与调整产业结构、改造传统产业、提升产业层次、增强核心竞争力结合起来，不断提高利用外资的质量和水平，特别是要更多地去研究、思考引进战略投资者。在坚持外向带动的同时，我们要切实做好引进内资和激活民资的工作。要鼓励和支持全社会发展民营经济，弘扬创业精神，努力营造想创业、敢创业、能创业的氛围，通过“激发民智，挖掘民力”，启动各方面的资金，包括民间资金，积极上项目、谋发展，形成强大而持久的内在动力。只有把对外开放与对内搞活结合起来，努力借助外力，依靠内力，才能形成对外开放、对内搞活、全方位加快发展的强大合力。



（二）增强中心城市综合实力与完善城市功能相结合

城市综合实力是一个城市经济、管理、功能的综合反映，城市功能又是城市综合实力的具体体现，城市服务功能的完善对增强城市经济实力起着关键作用，城市要实现可持续发展必须进一步完善城市功能。可以说，城市综合实力与城市功能相互依存、相互促进。一是要继续提升城市管理水平。积极探索科学、高效的城市建设、经营、管理模式，按照“两级政府、三级管理、六级网络”的城市管理体制和建设网络化、数字化、信息化、人性化的街道社区工作要求，扎实推进城市管理体制改革，确保完成改革任务。二是要加强城市基础设施建设。抓住制约城市发展的关键环节和关键领域，规划实施一批城市基础设施项目。三是要加快与现代制造业发展相配套的现代服务业建设，使本地区成为便利、舒适、安全、适宜人居住与创业的地区。

（三）中心城市建设与县域经济发展相结合

后发地区要快速和谐崛起，就必须把发展壮大县域经济与加快中心城市建设、推进城市化进程有机地结合起来，形成城乡竞相发展、优势互补、良性互动的新局面。一是要统筹城乡规划建设。二是要以工建农，以城带农，城乡互动。要特别注重抓好农村劳动力的创业培训工作，以解决城市初级技术劳务短缺、农村劳动力过剩的双重矛盾。三是要加快传统农业向产业化经营转变。把培育壮大龙头企业、深化农产品加工作为农村一件带全局性、方向性的大事来抓，运用工业理念发展农业；大力扶持农村民间流通服务合作组织，使之成为农村服务业的主力军；积极开辟农业产业化加工园区和具有地方特色、市场优势的特色产业基地，形成规模化、基地化、企业化经营格局。四是要在丰富农民群众精神文化生活上，在引导农民群众养成科学文明健康的生活方式上，取得新的进展。

（四）加快经济发展与提高人的素质相结合

人是经济发展的决定因素，全面提高人的素质，是推进全民创业，实现经济快速、协调、持续发展的最基础性的工作和最可靠的保证。要通过引进、提高、带动来迅速提升创业人才的素质。一要积极引进外部创业力量。坚持引资与引智相结合，加强对重点国家、地区和企业的招商引资，在吸引更多的外部资本来南昌投资的同时，吸引更多的外地人才前来创业。二要加快壮大本土创业队伍。要采取一系列措施，通过鼓励支持各类人才与市场结合，创办、领办企业、经济实体和社会中介组织，使更多的劳动者转变为创业者。三要着力培养创业人才。要将培养创业理念纳入国民教育体系，大力培养市场经济开拓者。要大力发展职业技术教育，培养各类适应创新创业和产业集聚的高技能劳动者。要加大对有创业意愿人员的创业培训和辅导力度，促进全民创业能力的提高。要着力培育和引进一批具有现代经营理念、国际眼光的优秀企业家，培养和引进一批具有国际先进水平、国内领先水平的学科带头人和技术带头人，培养一批高素质、高技能、专业化的实用型人才，培养一批农村致富的带头人，造就一批有眼光、有作为的创业型干部。

（五）加快速度与提升效益相结合

经济发展的速度与效益是辩证统一体，没有一定的速度，也就无所谓效益，没有效益的速度，注定是难以持久的。后发地区尤其要在保持较快的速度的同时，注重提高经济效益，注重有效益的速度。要大力推动生态经济、节约型经济、循环经济的发展，用最少的资源消耗、最小的环境污染来实现最大最快的速度。

# 第二部分

## 策略篇

# 关于工作策略

欠发达地区的根本任务是充分发挥后发优势，努力缩小与发达地区的差距，实现经济社会的全面崛起。进入21世纪，欠发达地区面临的形势却是纷繁复杂、竞争日趋激烈，在这种情况下，需要解决的一个十分重要的问题，就是工作策略问题。

## 一、什么是工作策略

所谓工作策略，就是推进全局性战略所需要解决的工作方针和工作艺术问题。策略和战略是紧密相连的。策略是战略的一部分，它服从于战略，为实现战略目标任务服务；而战略目标任务又必须通过策略来一步一步地完成。战略在一定时期内具有相对稳定性，在达到这一历史时期所规定的主要目标以前基本上是不变的；而策略则具有较大的灵活性，在战略原则规定的范围内，它随着形势、时间、地点和工作进程等方面的变化而相应地变化。实践证明，战略目标任务确定后，策略问题就成为事关成败的事情，解决得好，工作就能开创新局面，既能推动发展又能促进稳定，最终能够达成战略目标的实现；策略问题解决得不好，或者说工作方针发生了偏差，局面就难以打开，甚至要捅大娄子。所以，后发地区的各级领导干部。特别是在处于后进状态，力图由劣势变为优势的情况下，解决好工作方针和工作艺术问题，显得尤为急迫和重要。

我们党历来都十分重视策略问题的研究，十分重视制定科学求实的策略，解决中国前进道路上的困难和问题，推动中国革命和建设不断从胜利走向胜利。翻开《毛泽东选集》一至四卷，专门论述战略和策略的文章就有十几篇之多，比如，《中国革命战争的战略问题》、《论反对日本帝国主义的策略》、《目前抗日统一战线中的策略问题》、《在不同地区实施土地法的不同策略》、《新解放区农村工作的策略问题》等。正是因为毛泽东同志集中了全党的智慧，制定了正确的战略策略，才使我们党在极其复杂的环境下，建立起最广泛的统一战线，最大限度地凝聚了人心，最有效地化解了各种矛盾，调动一切有利因素，从而带领我们党从小到大，从弱到强，夺取了政权，建立了新中国。

党的十一届三中全会以后，中国改革开放的总设计师邓小平同志，不仅率领全党制定了切合中国实际的“三步走”发展战略，而且制定了实施这一发展战略的科学策略，即实施战略的基本纲领、政策、步骤，从而使我国走上了建设有中国特色社会主义的道路。党的十三届四中全会后，以江泽民同志为核心的第三代中央领导集体，纵览国际国内风云，冷静分析复杂形势，沉着应对各种局面，审时度势，科学判断，显示出了卓越的领导艺术、领导才能和驾驭各种复杂局面的高超策略，使我国现代化建设取得了辉煌的成就，中国的国际地位进一步提高。党的十六大以后，以胡锦涛同志为总书记的党中央提出了科学发展观，构建社会主义和谐社会等一系列创新性的战略策略，推动了我国社会主义现代化建设的健康全面发展。

回顾我们党的历史可以看出，什么时候我们采取了正确的战略和达成战略目标的灵活策略，工作方针符合客观实际，党的事业就顺利发展；什么时候忽视战略和策略，就会导致工作上的盲目，党的事业就会遭受损失甚至挫折。



## 二、后发地区发展面临的新形势、新任务、新要求，迫切要求研究解决加快发展的策略问题

当前，后发地区发展面临的新形势、新任务、新要求，迫切要求其领导干部认真研究解决加快发展的策略问题，认真地、科学地制定正确的工作方针，提高工作艺术。只有这样，才能顺利地完成好肩负的光荣而艰巨的历史任务。

### （一）后发地区面临的新任务，迫切需要领导干部研究解决加快发展的策略问题

进入新世纪，后发地区发展正面临着千载难逢的历史性机遇，为实现崛起的目标和任务提供了十分有利的条件。经济全球化促进了新一轮产业大转移，为后发地区承接产业大转移创造了千载难逢的历史机遇，只要经过自身的努力，有正确的战略，然后工作策略跟上去，奋斗若干年，实现后来居上是完全有可能的。

### （二）后发地区要实施新路线，迫切需要研究解决加快发展的策略问题

后发地区要由封闭型的思想观念转向开放型的思想观念，由僵化的工作方式转向市场经济的工作方式，需要有相应的正确的策略去予以推动、予以落实，需要各地结合各自的实际制定出正确的工作方针，提高工作艺术。

### （三）后发地区所遇到的新情况，迫切需要研究解决加快发展的策略问题

后发地区经济要由平稳增长转向快速增长，就意味着经济结构需要迅速发

生变化，更意味着改革需要不断深入。改革是什么？简而言之，就是对既有利益格局的一种革命，是为了发展的一种革命。改革必然使得利益主体发生变化，利益结构发生变化，利益的结合方式也发生变化。这三个变化最终的结果肯定是使我们的社会不断进步，使人民群众的利益得到更好的实现。但是，在变化过程中，也很可能会引发一系列的社会矛盾。在这种情况下，如果我们不能制定正确的工作方针，掌握科学的工作艺术，就可能使一些社会矛盾趋向激化，或者火上浇油，使一些已经激化的矛盾进一步激化。所以，在新时期、新路线、新任务面前，我们必须制定科学、灵活、务实的工作策略，制定科学的工作方针，提高工作的艺术。

## 三、制定正确的策略需要把握的几个基本原则

新形势、新任务、新要求需要认真研究、制定加快发展的正确策略。怎么制定？需要切实把握好以下几个原则：

### （一）要把过程性和阶段性有机地统一起来

战略是一个全局的、较长的过程。崛起不是一年两年就能完成的，需要付出长期不懈的努力，需要这一代人甚至几代人的努力。所以，我们必须要意志坚定，要保持清醒的头脑，要认识到我们在进步，人家也在进步。当然，整个过程是由不同的阶段组成的。当前这个阶段我们面临的形势和任务是什么？当前面临的形势和任务对我们的工作提出了什么要求？都是在每个阶段必须明确的东西。只有这样，才能为顺利地推进全过程战略提供保障，才能够达到我们的最高目标。历史上，我们在建设和发展过程中为什么会犯“左”的错误？一个重要的原因，就是因为不注意当时的特点，不注意当时的条件，一味地想一步到达共产主义，所以才会出现“人有多大胆，地有多大产”，“十年赶超英国，十五年赶超美国”等脱离实际的幻想。比如，对南昌而言，最高目标就是要做好建设现代区域经济中心城市和现代文明花园英雄城市“两篇文章”，实现人民富裕。但现在才刚刚起步。这个起步阶段所面临的一系列问题，又决定了南昌必须保持清醒的头脑，制定好这一阶段的工作策略。

### （二）要把全局性与局部性有机地统一起来

有些同志在工作中往往不去研究局部的情况，往往不能结合实际创造性地做好本地、本部门及本职的工作，这就犯了形而上学的错误；有的研究局部情况又往往只考虑了局部的特殊利益、特殊形势、特殊条件，而不去管其他东西，不去管上级的指示精神，这就犯了本位主义错误；还有的同志是犯了官僚主义或者说是主观主义的错误。中央、省委都制定了方针政策，各地、各部门

如果只知道生搬硬套，而不是结合实际创造性地工作，拿不出具体的可操作性的措施，解决问题就只能是隔靴搔痒。我们要研究当地的具体情况，把上级的指示精神、大的战略与本地的具体情况有机地结合起来，要认清一般性和特殊性的区别，否则，就会出问题甚至出大问题。我们很多材料大而化之，没有自己个性的东西，这就是主观主义、官僚主义在文风上的反映。如果一个一般干部有这种主观主义的东西，就害了自己；如果一个部门的分管领导有这种主观主义的东西，就影响了他所分管的这个方面；如果一个部门的主要领导有这种主观主义的东西，就会害了这个部门和这个部门的干部；如果一个地方的领导有这种主观主义的东西，就会害了这个地方和这个地方的干部。这种主观主义的东西就个人而言，是害己；拿到大的场合，不仅要害己，还要害民。因此，我们在围绕总目标和战略任务制定工作策略的过程中，必须要和主观主义、官僚主义作斗争，必须要旗帜鲜明地克服和反对大而化之、不研究本地区、部门的情况而制定工作策略的主观主义、官僚主义作风，否则，我们的事业难以有成。



### （三）要把中心工作与其他工作有机地统一起来

一个地方、一个部门，要贯彻上级的指示精神来推动这个地方、这个部门的工作，要使改革有新突破，开放有新局面，各项工作有新举措，就必须紧扣中心工作，加快发展。只有快速发展，那些阻碍我们快速发展的困难和问题才能迎刃而解。我国改革和发展的基本经验之一，就是在发展中解决前进中的问题。如果让经济社会停滞下来再来解决问题，原有的矛盾和问题就会更加暴露出来。现在的形势是不进则退，慢进也是退，一定要紧扣中心工作，快速前进。但同时，一个地方是一个大的系统，在计划经济时期，各地、各部门的领导开展工作相对好一些，相对单纯一些。抓农业有政策，工业有计划，工厂的生产由上级下单子。但现在不一样，领导必须要有丰富的知识，不仅要抓农业，更多的是要抓开放，要把工业经济发展和城市建设搞上去，要抓金融、市场、城建、工业园区建设等，这些都需要有全新的知识。就整体而言，不仅发展的问题要下决心解决，开放的问题要力求突破，社会稳定的问题也不能有丝毫的含糊和放松。所以说，要制定一个正确的工作策略，必须突出把中心工作和其他工作有机地结合起来。我们的领导干部不要当“独奏家”，要当“指挥家”，不仅要当小合唱的“指挥家”，还要当中合唱、大合唱、交响乐的“指挥家”。也就是说，要按照我们党历来的工作方针：总揽全局，协调各方，突出重点，兼顾一般。我们的同志是不是做到了这一条，是不是总揽全局，把各方都协调起来了？把各方的积极性都调动起来？或者只是突出了重点，抓住了一个东西，而不计其余了？是不是只抓了发展，而把稳定丢掉了，稳定一出问题，发展也影响了，开放也影响了？一个领导者要领导好一个地方、一个部门的工作，如果没有制定好正确的策略，摆布好方方面面的工作，就会顾此失彼，就是总揽全局的能力不行的表现，就是中心工作不突出的表现。如果我们说一个人驾驭全局的能力很好，条理很清楚，策略很到位，那就是说他有一套好的工作策略、工作艺术。按照唯物主义的观点，就是从实际出发，处理好了中心工作和其他各项工作的关系，把两者有机地统一了，而不是分离了。

（四）要把尊重经济规律与发挥主观能动性有机统一起来

后发地区都在想发展、谋发展、干发展，有条件的上，没有条件的创造条件上，主观能动性得到了充分的发挥，这种积极性一定要保护好、激发好。但是，在加快经济发展过程中，一定要把尊重经济规律与发挥主观能动性有机地统一起来，尤其是要防止违背经济规律、凭长官意志办事的现象发生。邓小平同志指出："经济工作要按经济规律办事，不能弄虚作假，不能空喊口号，要有一套科学的办法。"在传统的计划经济体制下，我国在相当长的一段时期内，经济建设的指导思想严重失误，在生产关系的调整上超越生产力发展水平，比如，搞"大跃进"、"放卫星"，结果不仅没有促进生产力的发展，反而极大地阻碍了生产力的发展。现在，我们搞社会主义市场经济，要特别强调遵循市场经济的客观规律，遵循资源配置市场化的规律，提高资源的配置效率。但在现实中，我们确实有一些同志，头脑中缺乏按经济规律办事的意识，有的搞表面上的"政绩工程"，实质上的"虚假繁荣"，甚至"急躁冒进"，喊一些不切实际的口号；有的"上报成绩掺水分"、"沽名钓誉骗上级"，给经济工作带来损失。这种人往往主观能动性越高，危害越大。因此，我们必须旗帜鲜明地提出，各级领导一定要把尊重经济规律与发挥主观能动性有机地结合起来。在充分发挥主观能动性的同时，切实增强按经济规律办事的能力和水平。只有这样，我们才能鼓实劲，工作才能扎扎实实，效果才能实实在在。

至少以上四个方面，是我们制定正确的工作策略所必须遵循的原则。当然肯定还要考虑其他方面的问题。总之，各级领导干部应当开动脑筋，认真的思考，从而使自己的工作策略更加科学、更加符合当地发展的实际。

## 四、实现后来居上，应制定什么样的工作策略

策略是战略的操作性部分，策略要服从战略。我们每个人哪怕干一件具体的事也有个策略的问题，也要讲究工作的艺术。就后发地区而言，必须把握好以下五点：

（一）开放为先

开放是带动经济发展的主战略，开放是后发地区做好一切工作的出发点、突破口；开放是纲，纲举目张。发展是执政兴国的第一要事，开放又是发展的第一要事。这一条必须毫不动摇，必须坚定不移地以大开放来推动快速发展，坚定不移地把发展开放型经济摆在优先的位置。但是，从工作策略上讲，主要应当做好以下几点：一是重大的客户，主要领导要亲自去见，亲自去接。二是一些大项目要亲自去跑，宏观上的开放、发展战略要亲自去研究、去制定。三是领导者要从自身的职责出发，深入调查研究，不断拿出办法。比如，围绕如何强化开放功能而不是萎缩开放功能，围绕本地、本部门在推进开放主战略中应尽到什么样的责任，以及工业园区如何招商、如何发展等进行认真的思考、研究，进行过细的、有实效的操作。如何把开放为先这篇文章做得更透，由此来带动和促进全局的发展，这里面还大有文章可做，需要认真研究，认真谋划。开放型经济工作做得好，全局都活了，整个经济在短时间内就能迅速发生可喜的变化。



（二）改革跟进

改革跃进又是加快发展的工作策略的一个重要方面。我们原有的体制还带有较多的计划经济色彩，原有的观念还有较多的计划经济观念。比如说融资问题，我们现在在一定程度上还存在有钱不敢用、不会用的问题，靠上面，上面没给，就等着。很多地方遍地是财富，就是不具备驾驭市场经济的本领，不懂得用市场的办法去运作，只会强调本地条件很差、财政很困难，发展不起来，这当然不行。其实，只要我们始终坚持市场取向的改革，牢固树立“吃饭靠财政，建设找市场”的理念，不断提高驾驭市场的本领，在加快发展的过程中往往会迅速点石成金。所以说，改革的文章太大了，我们一定要转变观念、更新观念，用市场经济的理念来推动我们的发展。

（三）城建加速

城镇化问题是一个战略问题。欠发达地区与其他地区横向比，经济总量小，全社会固定资产投资上不去，财政盘子小，人民群众生活水平改善不快，一个重要的原因就是城市规模太小。为此，必须加速城镇化进程，做大中心城市规模，创造投资机会，拓展城市发展的空间和领域。这个战略性问题已成共识，现在的关键是采取什么策略，来保证这个战略目标的实现。在这方面，政府需要做三件事：一是创造兴奋点。二是引导投资热点。三是培植经济增长点。总的思路就是“规划先行，拉开框架，打好基础，组团开发，滚动推进，政府引导，市区联动，市场运作，多元投入，互为补充，丰富功能，协调配套”。在充分发挥中心城市加快推进城市建设的积极性的同时，还要采取一切行之有效的办法和举措，充分调动县区在这方面的积极性，通过调动和发挥多个积极性，使城镇建设的进程明显加快，为经济社会发展创造更多的兴奋点、投资热点和经济增长点。

（四）稳定保障

稳定保障很重要，这是基础性工作，应当一丝不苟，常抓不懈。有的地方、有的部门稳定出了问题，一个重要原因是工作策略不到位，就是没有掌握十个指头弹钢琴的本领，没有学会当“指挥家”的本领，只顾一头，不计其余。高明的领导者在突出开放、加快发展的同时，又时刻不忘稳定。而有的同志认为，稳定似乎只是分管领导的事，似乎只是有关部门的事，其实不是这么一回事。一个地方如果稳定出了事，就将影响全局。所以，要想真开放、真发展，就要真心实意地、大事必躬地去抓稳定问题。稳定问题有几大类：治安稳定、社区稳定、消防稳定、下岗职工的稳定、生产安全的稳定，等等。主要领导要时时刻刻把这些问题放在心上。在工作方法上也要注意，实施一个项目，不能只考虑经济成本，还要考虑社会成本。一些不稳定因素看上去是一个点、一个县或区的事，但实际上这些事情很容易放大，会对全局产生影响。这就要求各级、各部门的主要领导始终要有正确的工作策略，要理得清楚，整得明白。这样，我们各级、各部门领导者的工作艺术才会在实践中不断提高，地方经济才会快速发展，开放也会有新局面，社会稳定才会有扎实的经济基础。



（五）协调发展

适应新形势、新任务、新条件的要求，顺利实施各项工作策略，都需要我们协调发展。不仅发展要快，而且质量要好，各方面的关系要协调，发展的后劲要不断加强。每个时代的干部都有每个时代的烙印，我们这个时代的干部应该留下的烙印是开放、发展、务实、创新。各级党委、政府应该用发展的眼光去衡量干部，要大胆地使用想干、愿干、会干、能干，并干成了事的干部。要在实干中考察干部，在实干中培养干部，在实干中发现干部，在实干中使用干部。这就是我们加快发展的策略在组织路线上的体现。

# 把握阶段性发展的客观规律

正确的策略来自于对事物发展不同阶段的特点、规律的把握，并由此制定相应的办法、措施。这是顺利推进各项事业，并取得成功的基本保证。

## 一、问题的提出

欠发达地区实现崛起，是一个在不断竞争中变后进为先进的长期过程，这个过程绝非一日之功，也不可能一蹴而就。为此，欠发达地区必须充分认识和把握发展的阶段性问题。之所以提出阶段性问题，是因为欠发达地区的经济社会发展，肩负着既要从纵向上把本地区推入加速发展时期，又要从横向上迎头赶上先发地区的双重任务。要完成这双重任务，必须经过长期的有步骤分阶段的努力奋斗。之所以需要深刻认识和把握阶段性问题，是因为这是欠发达地区认识现阶段为什么必须实行这样的方针策略而不能实行别样的方针策略的基本根据，也是在理论上和思想上避免忽冷忽热、左右摇摆倾向的关键所在，从而增强追赶先发地区的耐力，保持实现快速和谐崛起的持续力。



## 二、深刻认识和把握阶段性的主要特征

唯物辩证法告诉我们，事物发展是一种过程。在从量变到质变发展的过程中，必然表现为不同的阶段，不同的发展阶段有不同的时代特征。阶段性特征是由客观事物矛盾的特殊性决定的。只有深入研究和准确认识不同历史阶段的矛盾特殊性，才能使我们的思想认识和工作部署符合客观实际，才能取得一个又一个胜利。

列宁同志从革命的阶段论出发，认为当时世界社会主义革命力量还是脆弱的，但在某一个国家革命力量则是强大的，可以把力量集中起来，在一个国家率先革命，结果取得了十月革命的胜利。毛泽东同志指出：对一国国情的认识，和在此基础上做出的社会性质与社会发展阶段的判断，是党制定和执行正确路线的基本出发点。我们之所以取得了抗日战争的伟大胜利，是因为党对中

国国情有了科学的认识和把握，将持久的抗日战争划分为战略防御阶段、战略相持阶段和战略反攻阶段，制定了正确的战略策略。党的十一届三中全会以后，邓小平同志将我国现代化建设的战略部署大体分三步走，为我们正确认识现阶段的主要矛盾和中心任务提供了理论基础。这就告诉我们，欠发达地区要实现后来居上，必须用阶段论思想来指导，以利工作中增强自觉性，保持坚韧性。

分析国内外许多地区后来居上走过的道路，我们对实现崛起规律的认识就会深化。一般来说，欠发达地区要实现后来居上，大都需要经过“追赶”、“互动”、“超越”三个阶段。“追赶”阶段包括四层含义。第一，奋斗的目标是明确的，“互动”和“超越”阶段的到来是无疑的，但这要一个过程，必须经过“追赶”阶段的锲而不舍的奋斗，前景是光明的，奋斗是艰苦的。第二，“追赶”阶段是经济起飞的“发动”阶段，是迈向“互动”和“超越”阶段的前奏，而“互动”和“超越”阶段则是“追赶”阶段的必然结果。第三，基本形成了积累效益，储存了“追赶”的能量，正在发力追赶先进，关键是看追赶的速度和质量，速度加快，质量提高，“追赶”的时间就短。第四，与先发地区比，还实实在在存在着差距，有些差距还是比较大的。欠发达地区应该从这个实际出发，制定追赶的方针策略，来保持奋力追赶、艰苦奋斗的昂扬精神和沉着苦干、埋头实干的精神状态。在具体历史条件下，不承认差距，是发展问题上出现盲目乐观论的重要认识根源；认为差距太大，再努力也无法“赶超”，则是发展问题上的悲观主义的重要认识根源。



从现实情况来看，在阶段性问题上因为认识不清，缺乏理性的思考，使得一些同志的思想上确确实实存在模糊的观点。比如说优势，尽管先发地区优势多，但也是相对的，是竞争性的。在一定条件下，劣势可以转化为优势，优势也可能转化为劣势。现实之中，存在两种片面认识，一是有些同志认为欠发达地区无优势可言，这明显是站不住脚的。如果没有优势，欠发达地区怎么可能吸引这么多外资，经济怎么能出现快速发展的势头？二是有的同志盲目地夸夸其谈自身的优势，于是坐等外商来投资，自己不想去奋斗，这更是要不得的。之所以出现这两种片面而模糊的认识，就是因为他们对于自身所处的阶段没有完整的把握。欠发达地区应当对发展的阶段性特征有足够的认识，看清自身的优势是什么，劣势在哪里，而且这种优势是一种相对的优势，需要硬件不足软件补，使优势更优；劣势也是相对的，而且是可变的，只要路子对头、工作努力、创新创造，就可以使劣势变优势，形成综合性优势。比如，南昌这个内陆城市没有海港，进出口很不方便，客观上会增加客商的商务成本。但是，这几年，南昌市采取强有力措施，大力建设“无水港”，连续开通了与宁波、厦门、深圳的海铁联运，使这三个地方的港口都成了南昌的“港口”，实现了沿海海港优势内移，从而降低了南昌企业产品出关的商务成本，改善了南昌的贸易环境和投资环境，提升了南昌对外开放的形象。由此可见，劣势中蕴藏着优势，关键是人们要善于去发现、去组合这些优势。

处在全面发展、快速追赶的历史阶段的地区，关键是要把已经取得的成绩保持下去，推动下去，只有这样，才能实现第一阶段“追赶”的目标，才能进到第二、第三阶段。要做到这一点，就必须从纵向和横向两个方面深化对阶段性特征的认识。

以南昌市为例，从自身发展的“纵向上”把握好本地区发展阶段性特征。“十五”期间，南昌自身发展阶段基本特征表现在如下：第一，工业化开始向深度加工化阶段转换。工业作为强劲的发动机正在推动整个城市的发展，也增添了南昌市上下进一步加快发展的信心。第二，城市化继续快速推进，各种生产要素加速向城市集聚。与此同时，城市的发展又为农业、农村的发展创造了条件，为和谐、协调的发展奠定了比较好的基础。第三，市场化改革取得新的进展，各项改革尤其是市场经济体制改革进一步完善，进一步激活了发展的热情，在市场竞争中人的操作能力不断提高。第四，经济国际化水平继续提高，对外影响力日益增强。第五，生活方式转型升级和社会结构发生变化，社会利益关系更加复杂多样，统筹兼顾各方面利益的难度也会加大。在“追赶”的阶段发生的这几个深刻的变化，既有积极的影响，也有消极的影响。就社会发展来说，一方面在发展，另一方面因为群体间收入差距拉大带来的社会矛盾更加激烈。所以，在抓经济发展的同时，要进一步注重社会的协调发展。



从与先发地区的“纵向”比较来看，南昌经济增长速度虽然在全国同等城市排名在前5位，但由于历史不同、起点不同、基础不同、条件不同，南昌仍处于欠发达省会城市之列，经济社会发展中还存在许多困难和问题。当前，南昌与国内沿海发达城市的差距是明显的，与中部其他省会城市的差距也是客观存在的，这种差距的特征，表现在经济发展上，一是起步晚，起点低。二是基础差，底子薄。三是获取资源能力差，竞争力弱。表现在思想观念上，主要是风险意识、创新意识、破难意识、拼争意识等有差距。

尤其重要的是，事物是运动的，而不是静止的。南昌在全力“追赶”，而发达地区并不会裹足不前。在南昌经济快速增长的同时，东部沿海地区在已经领先的情况下仍然保持较快发展，西部地区和东北地区在国家西部大开发战略和振兴东北老工业基地战略的扶持下，也正在日渐缩小与其他地区的差距。如果南昌不加快发展，不仅会更加拉大同东部沿海地区的发展差距，而且还有可能会在西部地区部分城市的快速追赶中处于落后地位。再从中部地区来看，中部各省凭借各自优势，纷纷提出了各自的发展战略。各省会城市更是承担着各自省份率先崛起的重任，纷纷争当成为中部崛起战略的首发城市，形成了你追我赶、高招迭出、亮点纷呈的竞争格局。所以，在当今竞争的时代，欠发达地区认识机遇，抓住机遇，用好机遇，就显得十分重要。

## 三、正确实施阶段性的发展战略

不同的发展阶段有不同的发展战略。在追赶阶段，后发地区要快步向前，不仅要与发达地区比规模、比总量，而且比包括经济增长、资源环境、自主创新、社会发展、改革开放、人民生活和民主法制等方面的综合实力，在综合竞争力上跃上新高度。为实现这些目标，没有正确的战略和策略是不行的。研究和比较欠发达地区的实际，在追赶阶段应确立这样的总体战略构想：以邓小平理论和“三个代表”重要思想为指导，全面落实科学发展观，大力推进和谐创业，坚持以人为本，转变发展观念，创新发展模式，提高发展质量，坚定不移地实施大开放主战略、现代制造业重要基地核心战略、城市化发展战略、科教兴市战略，实现经济社会又好又快发展。



第一，坚定不移地实施大开放主战略。当代国际经济关系越来越密切，任何国家、任何城市都不可能在封闭状态下求得发展。在相对落后基础上实现崛起，尤其要坚持依靠大开放战略的实施，逐步缩小同发达城市的差距。

第二，坚定不移地实施以制造业为龙头的工业化战略。制造业是带动整个经济快速发展的“火车头”。因此，在经济起飞的“发动”阶段，必须把制造业作为“发动机”带动整个经济迸发活力。

第三，注重城乡协调发展，大力实施城镇化战略。城镇化是指乡村人口向都市人口转化、生产方式与生活方式由乡村型向城市型转化的一个社会历史进程。这种进程标志着一个地区现代文明的历史性变化。城镇化进程加快孕育着机遇。农村人口加快向城镇转移，城镇消费群体迅速扩大，生产方式、消费方式的变革将为经济增长开辟更广阔的需求空间。

第四，大力实施科教发展战略。要推进教育优先发展，大力发展职业技术教育，建立健全与市场需求和劳动力就业相适应、结构合理、独具特色的现代职业教育体系。有条件的地方，应当跟随全球科学技术革命步伐，以百倍的努力提高自主创新能力。在具体实施过程中，有五个重点需要把握：一是加快建立以企业为主体、市场为导向、产学研相结合的技术创新体系。二是改善技术创新的市场环境，加快发展创业风险投资，加强技术咨询、技术转让等中介服务。三是实行支持自主创新的财税、金融和政府采购等政策，完善自主创新的激励机制。四是利用好国内外科技资源，继续引进国外先进技术，积极参与国际科技交流与合作。五是加强知识产权保护。建立健全知识产权保护体系，加大保护知识产权的执法力度。要建立知识产权评估体系，完善产权交易市场。

第五，“三驾马车”共同出力战略。对欠发达地区而言，农业现代化、工业化、城镇化的任务还很重，各项基础设施还不适应经济社会快速发展的要求，经济结构调整的任务很艰巨，消费和出口对经济增长的带动作用短时期内不可能成为主导。在这种情况下，增加基础性投资，适当扩大投资规模，对经济社会发展将起着决定性作用，这不仅是保持经济快速增长、追赶进位的必然选择，而且是坚持从实际出发，实现区域差别化发展的客观要求。在实际操作中，应以扩大有效益的投资为重点，特别是加强对相对薄弱的交通、市政、文化等基础设施的建设，为崛起打下良好基础，从这个意义上说，抓项目就是抓发展、抓后劲。一方面，要抓紧抓好基础性、全局性的重大项目建设；另一方面，要高度重视并切实抓好项目的包装和开发储备，加快规划、开发和选择一批对当前和长远发展有重大影响的大项目，积极支持国内外战略投资者单独或联合投资新建基础设施和公共服务项目。要在市场经济体制下通过市场需求拉动，依靠市场主体的投资来发展。在扩大投资的同时，要认真研究、正确处理好投资、出口、消费这“三驾马车”之间的关系，注意调整投资和消费的比例关系，努力避免投资率过高、消费率过低的情况，逐步理顺分配关系，着力提高人民群众特别是低收入者的收入水平，扩大居民消费能力；进一步改善消费环境，消除体制障碍，规范市场秩序，维护消费者权益，创造良好的消费预期，真正使“三驾马车”齐头并进，拉动经济快速协调持续增长。



## 四、实现阶段性目标事在人为

欠发达地区要实现阶段性目标，需要具备多方面的条件，但决定性的条件是“三看”：

第一，看人的精神状态。一是要有奉献精神，要深刻认识历史的责任，追赶阶段的这代人是吃苦、奉献的一代人，是白天加班加点、晚上干过零点、节假日照常到点的一代人。二是要有严格、严谨、细致的精神，而不能粗枝大叶。细节决定成败，在竞争场上，一着不慎，就会全盘皆输。三是要有创新精神，而不是故步自封。创新是追赶的强大动力，创新不仅要推进技术创新，更重要的是推进制度创新。四是要有实干精神，而不是搞花架子，要真正形成当实干家光荣，做空谈者羞耻的氛围，使每个领导者都在各自的工作岗位上尽心尽责。

第二，看持之以恒的态度。要保持路线的连续性，不断提高决策的执行力；要保持思路的连续性，在坚持正确思路的同时，不断加以完善和提升；要保持政策的连续性，一任接着一任干，绝不能政策多变。承诺了的事，就必须坚决兑现。这样，就能实现干群团结和睦，社会稳定和谐。

第三，看崛起基础的扎实程度。万丈高楼平地起，基础不断牢固，崛起的大厦才能稳如磐石，不断强大。

# 全力实施“打基础、蓄势能、快追赶”的策略

欠发达地区最大的制约“瓶颈”就是基础差，底子薄。只有正视自身的发展条件，迅速改变“基础差”的状况，使快速、协调、持续发展建立在牢固基础上，才能最终实现崛起。后发地区应当坚持以科学发展观为指导，鼓干劲、争时间、打基础。用九个字加以概括，就是：“打基础，蓄势能，快追赶”。

## 一、为什么要打牢基础



不同的发展阶段，应当确立不同的工作指导思想。不同的工作指导思想，必然会产生的工作思路，带来不同的工作状态和结果。为此，欠发达地区在谋求快速发展的阶段，必须在打牢基础这个关键问题上统一思想，统一认识。

基础之所以重要，在于事关长远，事关可持续发展。无论是企业的竞争，还是城市的竞争，无论是地区竞争，还是国家的竞争，最终的胜利取决于谁的基础更扎实。打基础难，打基础苦。打基础的时候，往往是任务最艰巨、矛盾最复杂、变化最多端的时候，也是检验领导者的能力和水平的时候。为此，欠发达地区的领导者应当卧薪尝胆，埋头苦干，一切工作围绕着打基础，落实到打基础，一切工作以基础打好与否来检验。

打牢发展基础，是遵循事物发展内在规律的客观要求，是弘扬求真务实精神的具体体现。万丈高楼平地起，基础越稳固，高楼就越牢靠。用哲学的语言说，也就是“九层之台，起于垒土”；“基础不牢，地动山摇”；“厚积方能薄发”。做任何工作都应该尊重事物发展的客观规律，不能揠苗助长。忽视或违反事物发展的客观规律，如果不把基础打扎实，一味求快，不仅达不到预期效果，更可能适得其反。如果不重视这些规律，一味求速度、要成果，不仅会在经济活动中带来浮躁情绪，有时甚至会出现弄虚作假行为。

打牢发展基础，是欠发达地区加快发展的现实需要。在加快发展的进程中，欠发达地区一般都存在诸多不足，比如，经济基础比较薄弱，结构性矛盾比较突出，经济增长方式比较粗放，体制机制性弊端比较严重，需要解决的深层次问题也比较多。同时，加快发展所必需具备的思想、观念、作风、环境等

要素，以及加强班子建设和基层基础建设等方面，也都有很多事情需要从基础做起，都需要坚持从大处着眼，从小处入手，一步一个脚印地打牢基础。

打牢发展基础，做大发展平台，是共产党人应有的思想境界。今天的发展是建立在前人所打下的基础之上的，今天所打的基础，则是为今后更大的发展打好基础，为子孙后代的发展打好基础。所以，今天绝不能干“吃祖宗饭，害子孙业”的蠢事，要“扬上代业，造后人福”；不图虚名，多做实功；不含近利，多谋远功。

打牢发展基础，应该把各项实际工作做得更具体、更细致、更扎实。为此，就需要投入时间和精力。“大巧若拙”，“慢工出细活”。有时候工作看似进度不快，却每一步都走得踏实、走得放心，不用走回头路，不用做无用功，反而完成得“又好又快”。基础建设来得慢，但扎扎实实打好基础却影响长远，不易快出成绩，但却可以出大成绩。德国的工程师很受人青睐，就因为他们在工作中严谨细致、精益求精、一丝不苟，看起来似显慢慢吞吞、机械古板，但工程质量却是一流的。看来，只有以理性的态度、平和的心境打牢基础，才能有又好又快的发展局面，使经济社会发展经得起历史和实践的检验。



打牢基础，最终要落实到加快发展上。打基础与快发展紧密相连、相互促进、相辅相成，是辩证的统一。打牢基础是关键，加快发展是目的；打牢基础源自本地实情，加快发展则是根本出路；打牢基础是长远大计，加快发展是现实抉择；打牢基础注重通过培植后劲，优化结构，实现更快更好和可持续发展；加快发展侧重通过扩张总量，提高效益，促进经济社会和谐发展，协调共进。要坚持加快发展和打牢基础相统一，在加快发展中不断打牢基础，通过打牢基础进一步加快发展。

## 二、关键是打牢思想基础、物质基础、体制基础和组织基础

基础的深度决定了未来崛起大厦的高度。打基础不是单打一，而是要全方位。总的来说，要沿着对经济结构进行战略性调整这条主线，围绕工业发展打基础，围绕城镇建设打基础，围绕现代农业发展打基础，围绕县域经济发展打基础；在社会发展方面，要坚持以人为本，抓住科技教育打基础，抓住人才培养打基础，抓住城乡公共卫生体系建设打基础，抓住文化事业和文化产业发展打基础，抓住环境保护打基础，为全面发展各项社会事业创造条件；在党的建设和基层政权建设方面，要扭住解放思想、转变观念打基础，扭住政治思想理论建设打基础，扭住真抓实干、干部作风打基础，扭住加强农村和城镇基层组织建设打基础。重点来说，关键是打牢思想基础、物质基础、体制基础和组织

基础。

（一）打牢思想基础

思想是行动的先导，伟大的事业只有建立在共同的思想基础之上，才能万众一心，无坚不摧。为此，欠发达地区必须用科学发展观统一意志，用“实现崛起”的目标激励斗志，用全球视野、开放思维更新观念，引导干部群众打破陈旧思想观念的束缚，创新理念，创新思路，敢为人先，善于突破，积极探索发展新模式、新路子、新方式。尤其是要强化五种意识。一是强化机遇意识。机遇易失不易得，能否抓住机遇，用好机遇，是对领导者的严峻考验。机遇只会给那些思想解放、勇于开拓的人，只会给那些不怕困难、迎难而上的人，只会给那些踏踏实实、埋头苦干的人。二是强化创新意识。要崛起就要创新，没有创新就不可能追赶，更不可能超越。三是强化创业意识，让一切有利于群众创业的思想活跃起来，让一切有能力创业的人才脱颖出来，让一切领域的创业热情充分发挥出来，使本地区成为新时代人才价值能够充分体现、各类人才竞相涌现、创业人才容易成功的创业基地。四是强化风险意识。数千年以小生产为基础的自然经济，形成了一种因循守旧、怕担风险的社会心理，束缚着人们的创新力。因此，所有的领导者都应当做先进文化的传播者，带头摆脱农耕文化影响，带头树立敢闯敢为、敢担风险的意识。没有敢担风险的意识，就休想成就一番事业。五是强化全局意识。全局要顾及局部，局部要服从全局。没有全局的鼎新就没有局部的活力，没有局部的发展就没有全局的兴旺。所以，各级都要正确处理全局与局部的关系，干好局部，谋好全局，绝不能以局部利益而影响全局利益。



（二）打牢物质基础

其一，夯实产业基础。大力培植产业集群和支柱产业，把组织工业生产的着眼点转到优化产业结构、做大支柱产业、提高产业集中度上来，转到完善产业布局、壮大高新技术产业上来；要把发展现代服务业摆在更加重要的战略地位，不断增强城市的服务功能。

其二，夯实市政基础。加快城镇基础设施建设，实施好一批对经济社会发展具有深远影响的重大市政项目，增强城镇的辐射和带动作用，不断提高城镇管理水平，提升城镇形象和品位。

其三，夯实生态基础。切实加强生态建设，大力发展循环经济，大力推进节能、节水、节地、节材，突出强化土地集约化管理，大力发掘本地区的生态资源，凸显本地区的生态优势，努力变生态优势为发展优势。

其四，夯实农村经济基础。坚持以发展农村经济为中心，协调推进农村基础设施建设和农业现代化、农业产业化、农村城镇化，不断提高农民收入水平，扎扎实实把社会主义新农村建设推向前进。

建设中的新区



（三）打牢体制基础

深化市场取向改革，清除体制性障碍，充分调动一切有利发展与和谐的积极因素，激活一切有利发展与和谐的社会细胞，形成更具活力、更加开放、经济社会发展更加协调、政府与企业有序互动的体制环境，这是全面贯彻落实科学发展观，实现经济社会又好又快发展的必然要求。欠发达地区应当积极稳妥地推进改革，重点是：深化国有企业改革，解决国有企业改革的主要障碍，加速国有企业产权制度的建立，大力发展混合所有制经济，大力发展个私民营经济，实现产权主体多元化；完善公共财政体系，创新财政动力机制，优化财政支出结构，创新财政管理体制；完善现代市场体系，建设以商品市场为基础、要素市场为核心的区域性市场体系，完善商品大市场、大贸易、大流通体系，规范发展要素市场体系，完善商品和要素价格形成机制，建立健全统一开放、竞争有序的市场格局。深化行政管理体制改革，着力建设“责任政府”、“法制政府”、“服务政府”，真正把政府职能转到经济调节、市场监管、社会管理和公共服务上来，重点放在为市场主体服务和创造良好发展环境上。

这里特别需要指出的是，在快速追赶阶段，处于经济社会迅速变化的时期，应当坚持政府调控与市场机制相结合，建立起政府与市场、企业、社会的互动关系，实现政府这只“有形的手”和市场这只“无形的手”相互作用。通过加强和改善政府调控，引导和保证经济平稳健康运行，防止土地等要素资源低价格的恶性竞争，控制房地产的失衡，及时制止城乡发展中的乱搭乱建。要学会发挥市场这只“无形的手”的巨大作用。政府这只“有形的手”只能伸到管辖的区域之内，而市场这只“无形的手”则可以伸到全球各个角落去配置资源。不能只盯着“碗里的肉”，而要用市场这只“无形的手”去抓“碗外”的“食物”，这就是说，有了这两只手，就可以更好地利用国际国内两个市场、两种资源，加快发展。

(四) 打牢组织基础

组织基础是发展的基石，是全部工作和战斗力的基础。加快发展，实现崛起，必须固本强基。重点是：把各级领导班子建设成为政治优、能力强、团结好的领导集体；建设一支水平高、作风实、眼界宽、勇创新、能办成事的高素质的干部队伍；把党的基层组织建设成为真抓实干、能带领群众致富、善于协调利益关系、坚决贯彻落实党的方针政策的坚强的战斗堡垒；大力推进人才战略的实施，着重抓好党政人才、企业经营管理人才、专业技术人才、技能人才和实用人才五支队伍建设，努力把各方面优秀人才集聚到南昌崛起的伟大事业中来，集聚到实现又好又快发展上来。



## 三、关键是领导者要在增强坚韧性、开拓性、操作性、针对性上狠下工夫

基础靠谁去打？最根本的还要靠“人”这个因素。打好基础为了什么？最终是为了人的全面发展需要。打基础不是一朝一夕就可完成，这就需要领导者在增强坚韧性、开拓性、操作性、针对性上狠下工夫。

(一) 增强坚韧性

坚韧性是领导者重要的意志品质。快速发展比常规发展有更大的风险和困难，需要用坚定的信心、顽强的毅力、持久的恒心和足够的耐力去化解风险，突破难点。增强坚韧性，首先，要坚定不移地推进既定目标，任尔东西南北风，咬定发展不放松。其次，要具有强烈的机遇意识，在总体上处于弱势的现实条件下务必抢抓机遇，一鼓作气。特别是沿海地区受到土地、能源带来的影响比较大，更要乘机扩大本地这方面的优势，要有强烈的时效意识。时光如逝水，一去不复返。成就任何事业都需要时间，人不会因为才华出众而延长生

命，但人可以用事业的成功使时间增值。因此，必须十分珍惜光阴，珍惜机遇，分分秒秒不放过，时时刻刻不懈怠，让有限的工作时间创造出最大的工作价值。再次，要始终树立全局一盘棋的思想，无论情况如何变化，坚持发展这个第一要务始终不能变，一切都要致力于发展。宏观调控不是人为地限制经济发展，而是及时消除经济发展中不稳定、不健康的因素，把各方面加快发展的积极性保护好、引导好、发挥好，促进国民经济又好又快地发展。因此，要防止借国家宏观调控之名，为基层、企业该办的事也不办，该快办的事也拖几天，该一次性解决的事也要让基层、企业跑几次。欠发达地区尤其要坚持一条，就是对企业、对基层要求办的事，不能简单说“不行”，而应该在遵守国家法律、政策的前提下，提出“怎么行”。

（二）增强开拓性

打基础需要一股“牛”劲，但这种“牛”不是一般的“老黄牛”，而是深圳的“拓荒牛”。“拓荒牛”就要有开拓性，就是先人一步，超前行动，打破常规，闯出新路，实现突破。开拓是崛起的内在要求，没有开拓就没有崛起，按部就班、亦步亦趋，成就不了大事业。市场经济是充满竞争的经济，强者胜，弱者败，要想在竞争中获胜，只有靠开拓前进。开拓需要创新的思维、创新的精神和创新的人才做保证；创新的思维最关键，创新的精神最宝贵，创新的人才最值得敬佩。一是要以解放思想为先导。在解放思想中统一思想，统一了思想才能步调一致去开拓。与发达地区对接，与世界接轨，首先必须是思想观念的“对接”，发展理念的“接轨”。二是要充分发挥主观能动性。要把尊重客观规律与发挥主观能动性结合起来，防止和反对遇到事情等等看，碰到矛盾往上交的错误倾向。如果什么都有现成的，什么都等上级来，那还要我们干什么？只有善于把上级的指示精神与本地实际有机地结合、创造性地工作的干部，才是开拓性的干部。三是要在扎实奋斗中提高发展水平。开拓前进的过程，是把蓝图变成现实的过程，来不得半点虚假，任何取巧的奢望、浮躁的作风都是有害的。因此，必须把开拓前进与盲目蛮干区别开来，一切开拓性活动，都必须出实招、干实事、求实效。



（三）增强操作性

崛起大厦的基础，不能停留在图纸上，而要操作到施工上。，这就需要增强操作性，离开操作性，一切都会落空。增强操作性，归根到底就是要把基础打牢。大的方针政策确定之后，关键就是组织力量进行操作。衡量一个领导者工作能力的大小，一是看他的战略思维能力，另一个就是看他的实际操作能力，看他破解前进中难题的能力。领导者能力水平的差异，往往也就在这两个方面显现出来。现实表明，一个地方领导干部战略思维能力和实际操作能力的高低，决定着一个地方的兴衰。可以说，操作出生产力。高明的操作，可以将宏观调控转化为发展的机遇和动力，操作得不好，就可能在“简单点刹”中将机遇丧失。增强操作性，一是要吃透上级的精神，明了本地的实情，然后把两者有机地结合，制订出各方面都能行得通的方案。二是要有求真务实的精神，深入实际，深入群众中调查研究，先当群众的学生，后当群众的先生。情况明了，方法对了，就能做到心中有数。三是要深入细致、考虑周全。目前，有一种不良的倾向值得注意，这就是碰到问题只会谈看法，不会拿办法；还有的从概念到概念，不针对具体情况做具体分析，每项事情如何去操作，从哪几个方面去操作，不知其然。应当坚决制止这种现象。人们在新问题面前，不仅要“谈看法”，更要“拿办法”。如果只会讲空话、套话，拿不出管用的办法，就不是合格的领导，也是工作的失职。四是要牢固树立细节决定成败的观念。宏观决策总揽全局，细节操作决定成败。重大战略决策必须落实在细节操作上，“天下大事，必做于细；天下难事，必成于易”。只有踏踏实实做好、做细一切工作，才能充分实现战略目标。



（四）增强针对性

打基础不可盲目，基础差的地方，经不起浪费，切不可粗心大意，而需要增强针对性，把有限的资源用好用足。最关键的是要以科学发展观为指导，遵循目标，统筹发展，着力找准并紧紧抓住各个时期、各个阶段经济社会生活中突出的问题，对重点领域、重点环节、重点项目，务必采取重点措施强力推进，以带动全局的发展。为此，一要突出抓好重点领域。比如，牢牢抓住开放型经济发展这个主战场。二要突出重点环节。比如，土地问题、规划问题，都必须紧抓不放。三要突出重点项目。各级主要领导要抓一批重点项目，亲自督促、亲自协调，亲自解决问题。四要突出抓好大企业。无论是现有的国有大型企业，还是引进的大企业，都要有专门领导、专门工作组和专门人员进行重点服务，尤其是企业刚刚启动时需要帮一把。要及时跟踪了解，做好服务和配套工作，要重点调度，重点确保，必要时采取一些政策性的扶持措施。

# 创造条件 使优势更优劣势变优

后发优势，是欠发达地区赶超发达地区的重要的也是最有效的武器。纵观日本和亚洲“四小龙”及国内众多城市的成功经验，无一不是恰到好处地发挥了后发优势的作用，从而在不长的时间内，跃入先进行列。作为欠发达地区，如何充分发挥后发优势，避免后发劣势，尽快实现崛起的战略目标，是应当着力谋划的重大课题。

## 一、获取后发优势的条件



所谓“后发效应”，是指在发达地区与欠发达地区并存的情况下，欠发达地区所具有的内在的、客观的有利和不利的条件。发达地区起步较早，较好的初始条件、先发机遇、相对充裕的发展时间与空间为其提供了巨大的占先优势。当欠发达地区开始起步时，发达地区已经达到了较高的发展水平，欠发达地区发展经济的初始条件、环境发生变迁，各方面都处于落后状况，由此出现一系列负面和正面效应、不利或有利的影响及发展模式。其有利因素即为所谓后发优势，其不利因素即为所谓后发劣势。经济发展之所以有后发效应，来自于经济发展的不平衡。

对欠发达地区来说，发挥后发优势是追赶发达地区的必然选择。但是，落后是客观存在，要做到优势更优、劣势变优，还必须具备一定的条件。一是发达地区面临重大的产业结构调整、升级，产业梯度转移趋势形成。二是欠发达地区确立了正确的发展战略和定位，形成一整套适应本地经济发展的思路和对策。三是欠发达地区经济发展初具规模，基础设施基本完善，具备了吸纳先进产业的物质条件。四是欠发达地区人的素质有了提高，具备吸收先进技术与制度的人文条件。如果具备这些条件，欠发达地区就处于发挥后发优势的最佳时期。

## 二、欠发达地区面临的后发优势

### （一）可用较低的成本获取相对先进的技术

欠发达地区与发达地区技术落差很大，在加快发展中，可以通过学习、模仿，甚至直接引进的方法，运用较低的成本、较少的时间掌握相对先进的技术，实现技术的跨越，缩短差距，而不必进行成本很高、风险很大、耗时很多的“原始性创新”。美国IBM、摩托罗拉公司2000财年的研发投资分别高达43.45亿和44.37亿美元。研究表明，研发项目的95%不能产生任何结果，只有5%的项目最后才能成为可申请专利的技术。在申请专利的技术中又只有10%～20%能最终投入商业生产。通常情况下，欠发达地区只需付出大约新技术发明成本的1/3，就可以引进该项成功技术。至于超过专利保护期的技术引进，则不需要花费任何成本。至于引进，那就更快了。因此，后发地区应当充分享受后发优势的“溢出效应”所带来的好处。



### （二）较易于获取发展的资本

欠发达地区发展存在资本较稀缺的“瓶颈”，但资本收益率却相对较高。发达地区资本较丰富，如南京存贷款余额2005年末已分别达到5300亿元和4700亿元。杭州市2004年存贷款余额已分别达到5522亿元和4651亿元。广州市2004年存贷款余额已分别达到10322亿元和7203亿元。但是，随着这些地区商务成本的持续上升，其资本收益率的增速呈下降趋势。而作为欠发达地区，商务成本相对较低，按照资本收益最大化原则，资金必将从发达地区流向欠发达地区。如果能够抓住机遇，强力推进招商引资，则可缓解投资严重不足的局面，为本地经济的快速增长注入强大动力。

### （三）劳动力成本低，提高素质快

就工资水平来说，同样的素质，欠发达地区工资水平要比发达地区低30%左右。2003年，北京、上海、广州在岗职工平均工资水平分别达25312元、27304元、28806元。而同期的中部某城市仅为13914元，分别低45%、49%、52%。同时，由于全球化、信息化和教育的国际化，欠发达地区学习先进的专业知识、科学技术知识和企业管理知识更为容易和便利，提高劳动者素质的步伐比较发达地区更快，成本也更低，从而能在较短时间内缩小与发达地区在人力资本上的差距。

### （四）可用较少时间和成本移植先进制度

一种有效制度的形成，往往需要支付高额成本，历经长时间，甚至不断试错、反复、动荡。一旦这种制度形成并行之有效，后发地区就可以通过模仿和创新，直接移植，避免了种种因经验不足、考虑不周而产生挫折，用不着付出高额的金钱、时间甚至道义的代价，就能取得相对较大的发展收益。这几年，南昌市与"长珠闽"的全面对接，特别在借鉴发达地区行之有效的制度和政策，如建立现代企业制度，完善宏观调控，建设法制与服务政府，实施大开放主战略，改革审批制度，制定加快经济发展政策等等，都收到了明显成效。制度（体制、机制、法制和政策）是经济活动中内在的核心要素，是经济活动中内生变量的核心。经济发展的活力、成长的动力很大程度上来自并且十分依赖制度的创新，用低成本获取最为先进的制度，从而较快提高区域经济竞争力，是欠发达地区赶上发达地区的最大优势。

（五）结构重塑空间大，成本低

经济结构的不平衡，是欠发达地区的重要特征。而加快结构重塑的过程，就是经济高速增长的过程。具体来说，一是欠发达地区经济增长的基数较低，易于实现比发达地区更高的经济增长率。二是欠发达发地区工业薄弱，易于加快工业化进程。通过加快工业化，将投资报酬率较低的农业部门资本和资源向投资报酬率较高的工业部门转移，从而提高整个社会的资源配置效率，促进经济更快地增长。三是欠发达地区城市化空间巨大，可以发挥城市"发展极"的推动作用，带动周边地区发展。据估计，城市化水平每提高 1 个百分点，带来国民经济 1 ~ 2 个百分点的增长。尤其是房地产，其产生的财政收入增收，可占全部财政收入增收部分的 1/3 以上。四是制造业的快速发展，为三产发展腾出空间。通过加快第三产业发展并提高其比重，可对经济的发展产生较明显的拉动效应。据统计，服务业比重每提高一个百分点，可带来 GDP 近一个百分点的增长。

（六）资源相对丰富，生态保持良好

由于过度开发、不重视环境保护，发达地区普遍面临极为严重的缺水、缺地、缺资源的困扰。土地资源随经济的无序发展消耗殆尽。这些沉重的教训，已引起欠发达地区的高度重视。既要金山银山，更要绿水青山，已成为全面共识。欠发达地区一开始就极为重视生态与资源保护，始终保持良好的生态环境和丰富的土地资源。长此以往，必将形成持续发展的重大动力和强大的竞争优势。

## 三、欠发达地区面临的后发劣势

（一）后发地位是最大劣势

发达地区凭借捷足先登的优势，促进经济高速增长，经济社会发生了翻天覆地的变化，聚集了强大的财力、人力、物力资源，占据了极大的优势。现代化进程是一种竞争的游戏，谁占得先机，谁就取得莫大的优势。产业水平、经济实力、市场占有、设施完备、配套能力、政策享有，等等，都非欠发达地区可比。欠发达地区的后发劣势，决定了存在的其他劣势。

(二) 社会文明程度，社会观念相对滞后

经济发展决定社会文化，同时又在很大程度上受到社会文化思想的影响。由于经济落后、市场机制不完善，欠发达地区社会成员整体上存在思想观念相对落后、缺乏诚信、保守封闭、目光狭窄、缺乏创新氛围等问题，对现代化进程形成不小的阻力。尤其在一个长期以小农经济为基础的地方，社会文化思想也往往打下深刻的小农经济思想的烙印。农耕文化太多，商业文化太少；官本文化太多，民本文化太少；守旧文化太多，创新文化太少；封闭文化太多，开放文化太少；文化事业落后，优秀文化产品很少，产业化程度很低，这些都是欠发达地区必须认真转化的劣势。



(三) 城镇品牌形象上与发达地区存在落差

发达地区通过长期的发展和培育，形成了比较稳定、良好的城镇品牌形象，对经济品牌、技术品牌、文化品牌、市场占有等都形成有力的支持，而欠发达地区的城镇则知名度不高，知名品牌少，甚至一些产品，往往要贴牌才能卖出价。欠发达地区要改变这种形象，还需要更长时间，付出更大的努力和代价。

(四) 技术与人才极为短缺

发达地区凭借其先机优势，抢占技术制高点，而掌握技术的人才受工资、环境、创新条件等因素的影响，不断由欠发达地区流向发达地区。欠发达地区科技与人才匮乏，必将严重困扰发展的进程。

(五) 财力单薄，缺乏投入

发达地区财力相对雄厚，以此为支撑，基础设施建设、技术引进与开发、人才引进和培养、居民生活条件改善都易于办到，在此基础上形成巨大吸聚力和良好的投资环境。而欠发达地区则相反，甚至连教育、卫生、安全等公共投入也不足。

## 四、优势更优劣势变优的基本途径

综上所述，欠发达地区既有后发优势，也有后发劣势。摆在欠发达地区面前的是任务是，最大限度地发挥好后发优势，避免后发劣势的副作用，促进快速发展。高明的办法则是扬长避短，创造条件，使优势更优，劣势变优。面对新形势新任务，欠发达地区应当认真研究新特点，探索新规律，采取新对策。后发优势作为一种外源性潜在优势，作为一种源于落后的相对优势，能否得到有效利用和发挥，归根结底取决于欠发达地区能否不断提升自身的社会能力（技术能力 + 制度能力）。

### （一）采取比较优势策略，将发挥后发优势与发挥比较优势有机地结合起来

欠发达地区的经济社会发展，其启动要靠发挥比较优势，通过比较优势的发挥，实现经济社会的初步发展，为后发优势的发挥积累、创造条件。比较优势发挥得越好，发挥后发优势的基础就越牢，能力就越强。比较优势策略在本质上是着眼于在国际国内经济分工中找到自己的位置，建立起与自己要素禀赋结构相匹配的有竞争优势的产业。后发优势策略的着眼点则在于通过引进、模仿和创新来实现后来居上。两种优势是相互依赖，相互支持，共同作用，成为推动经济的重要动力。发挥比较优势和后发优势，最重要的就是依托现有基础，全力以赴培育有特色、有竞争优势的产业集群。一是认真研究发达地区的经验，制定扶持优势产业、发展产业集群的政策措施，实行优势资源向优势产业倾斜，劣势产业或退出，或转向优势产业，尽快培育出若干个关联密切、协作配套、充满活力的产业集群。二是实施大企业、大集团、大品牌战略和产业链招商。坚持招大引强，鼓励重组兼并，培植优势品牌，积极引进产业配套企业和上下左右关联配套项目，突出对投资额超亿美元以上大项目的上下游配套产业招商，促进产业链各环节的对接，尤其是核心配套产业，要千方百计引进，努力壮大优势产业集群。三是着力促进产业集聚。加强开发区招商引资工作的统一协调，完善政策，完善产业分工，积极发展有竞争力的特色园区和特色板块经济，促进相关产业集聚。一定要在优势产业集群形成的基础上，缩短技术、物质资本、人力资本和市场制度等方面与发达地区的差距，以后发优势带动比较优势的提升，促进产业结构优化升级，达到后来居上。

### （二）不断提升环境建设平台，丰富环境建设内涵，全面提高环境建设的整体水平

提升环境竞争力是提高核心竞争力的重要手段。进入新世纪，通过优惠政策来优化环境的空间已经很小。欠发达地区应当从制度体系建设、保障体系建设、服务体系建设、市场体系建设、社会人文环境建设等方面入手，全面推进，不断提升环境建设的平台，丰富环境建设的内涵，提高环境建设水平。一是培育和完善资本、土地、技术、人才等要素市场体系。欠发达地区要素市场

体系很不发达，应加紧研究发达地区的经验，通过健全法律法规、完善市场机制、培育市场主体、优化市场结构、规范市场秩序，促进要素资源的优化配置，增强城市服务功能。特别是要积极发展地区性资金市场、外汇市场；加快引进和发展金融机构，发展和完善非银行金融机构，如金融租赁公司、证券及信托公司、资信评估、投资基金管理公司、保险公司等；规范发展土地市场，促进土地有序流转；培育现代产权交易市场体系，发展技术市场体系；健全人才市场，着力培育企业经理人市场。二是以政府信用、企业信用、社会中介信用和个人信用等为重点，建立健全社会信用体系。信用是市场经济的重要基石，是市场经济的“生命”所在，一定意义上市场经济也是信用经济。要通过政府强有力的引导和扶持，培育和发展社会信用中介机构，包括信用评估公司、调查公司、信用担保公司等。同时，加强法规建设，加快建立信用记录制度、信用警示制度、信用评估制度、信用公示制度、信用缺失责任追究制度等信用制度体系。三是建立健全维护公平公正、竞争有序的制度体系。进一步加快立法进程，完善与国家法规相配套的、与本地发展战略相适应的地方法规体系建设。加强政府市场监管职能，加大市场执法力度，打击制假售假、商业欺诈等行为，规范市场秩序，保护投资者利益，保障消费者权益，形成平等开放、竞争有序的现代市场体系。规范执法，完善和强化执法责任机制，杜绝违规执法，惩处以执法为名实谋个人和小团体利益的行为。



（三）在发挥后发优势的同时，稳步推进自主创新，促进后发优势升级

从主要依赖低层次后发优势转变为主要依赖高层次的后发优势，这也是经济持续发展所面临的一个严峻问题。欠发达地区的产业的发展，主要依靠开放型经济的壮大。而进入欠发达地区的资本，其根本目的在于赚取相对利润，它们可以从世界各地转移过来，也可以从这里转移出去，抽走资金、技术、市场等基本要素，然后留下废弃的厂房、过时的设备和失业的员工，这就是南美曾经遇到的境况。因此，欠发达地区要把外源性的后发优势转化为自身社会能力，提升后发优势，就必须不懈地努力打好技术基础、产业组织基础、体制基础，不断增强自主创新能力。一是积极推进创新型地区建设。创新是一项系统工程，光靠科技创新一项突破很难实现。作为一个创新不足的地区，创新的内涵应当要更丰富些。不但是工业的创新，还要有农业、服务业的创新；不但有科技的创新，还要有品牌、管理、组织、体制的创新；不但有经济的创新，还要有文化教育、城镇建设等方面的创新。二是建立健全城镇创新体系。重点建设产业创新工程、创新服务工程、创新平台建设工程、创新人才支持工程、创新示范工程，实现创新由点向面、由个体向群体、由局部向全局推进。三是完善创新机制。完善激励机制，设立“创新奖”，重奖创新有功企业和人员，同

时对提高南昌知名度也有极大好处；完善保障机制，加大知识产权保护力度，确保创新者的合法权益；培育创新主体，从政策上、资金上、服务上给予创新型机构、创新型企业更大的扶持。四是加大创新投入。加大政府对创新的投入，鼓励社会多元投入，鼓励风险投资。五是培养和引进创新人才，突出对经理人才和中高级科技人才的引进和培养。六是营造创新氛围。加大创新型企业和人才的宣传力度，使创新成为人人尊敬、羡慕、向往的崇高事业。

# 城市规划　功在当代　利在千秋

城市要发展，规划须先行。随着经济主体市场化、投资主体多元化，城市领导者的一个重要职责就是规划好、建设好、管理好、经营好城市，提高城市的综合竞争力。如果规划工作跟不上，规划不符合社会发展规律，不符合可持续发展要求，则必然造成城市建设资金的巨大浪费，甚至形成破坏性建设，带来不可弥补的损失，给历史留下遗憾，给人民留下遗憾。



## 一、充分认识规划的“龙头”作用，高起点、高水平搞好城市规划工作，大力推进城市化进程

（一）规划是一个城市未来的蓝图，决定一个城市未来的地位

规划的水平高，城市的风格、品位、水平就高。以什么样的眼光、气魄、水平来规划城市，折射出城市管理者的水平和境界。欠发达地区更应当树立“富规划、穷建设”的理念，资金再困难，也要舍得在规划上进行投入，舍得在规划上花精力。应当高度重视对规划战略问题的研究和探讨，善于吸收国际上发达城市规划建设的经验和教训。应当站在城市群的高度，从区域经济发展着眼，跳出自身框框，以更广泛、更宏观的视角，研究城市发展形态、结构布局和功能设置，拓展城市空间，为城市构筑今后的发展蓝图。

（二）规划是巨大的财富，是重要的生产力

一个好的规划，能够使城市形成合理的功能定位、结构布局和发展形态，不断增强城市发展的生机和活力；能够体现人民群众的根本利益，为人民群众造福，不断增强城市的向心力、凝聚力和创造力；能够使城市的土地、空间、自然山水等各类资源得到统筹安排、合理利用，使城市的建设和发展形成良性互动；能够发挥城市优势，体现城市特色，塑造城市形象，营造一流的投资环境，增加对国内外投资者的吸引力。所以，城市规划不能有半点马虎。速度一定要服从质量，建设一定要服从规划。

（三）规划要经得起历史、人民和子孙的检验

这些年来，许多城市认识到规划的重要性，适应经济社会快速发展的客观

要求，在城市规划建设方面取得了很大的成绩，规划的严肃性、权威性得到加强。但也应该清醒地看到，一些城市在规划方面仍然存在不足，集中表现在：一是存在随意肢解城市规划的现象。二是总体规划中确定的一些构想难以实现。三是各城市的城市特点在规划中还有待进一步体现，尤其是区规、详规要进一步彰显城市的特点，还未能把它们有机地结合到城市规划中。四是城市交通、城市环境等问题日益突出。五是城郊结合部建设杂乱无章，违章建设屡禁不止。六是“人情”规划还没有从根本上杜绝，存在个别领导对项目批条子、打招呼的现象，城市规划的严肃性和权威性没有得到很好的维护，“一张图纸管到底”没有得到坚决的执行。存在上述问题的原因，从根本上讲，是认识不到位的产物，是工作制度存在问题的产物。对于这些问题，城市规划管理者们应当高度重视，认真解决。始终本着对历史、对人民、对子孙后代高度负责的精神，主动搞好规划工作，努力开创城市规划工作的新局面。



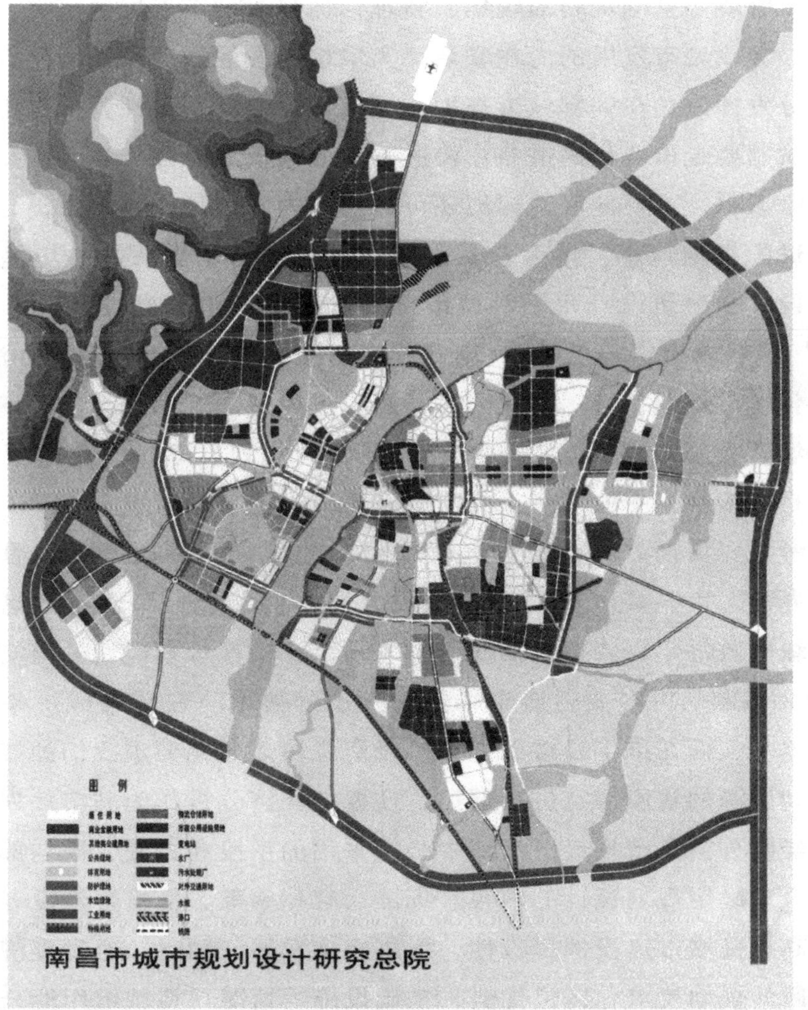


南昌市城市总体规划（2003～2020）

## 二、按照市场经济方式，不断提高城市规划水平

在社会主义市场经济条件下，城市建设也应进入市场经济运行轨道，要由计划经济的工作模式转向市场经济的工作模式，用市场经济理念和手段把城市作为一种资源进行经营。城市规划工作要提高水平，必须进一步转变观念，牢固树立市场经济的理念，通过有序的市场竞争，实现优胜劣汰，使政府少花钱、多办事、办好事。

### （一）按照市场经济方式搞好规划

1. 要按照市场经济方式转变规划编制方式。在市场经济条件下，一方面要加强规划的基础性研究。一个城市的建立、发展是一个连续不断的动态过程，有其自身的发展规律。做好城市规划要加强对城市地形、地质、水文、气象、市政、管线等基础资料的收集、整理，加强对城市发展的研究，科学预测这些变化，寻找城市发展的内在联系，为城市的发展制定长远的规划。另一方面，要充分发挥市场在编制城市规划、城市设计中的基础性调配作用。一些地区的规划编制要走市场化的道路，要进一步放开规划设计市场，提高规划设计单位的竞争意识，重要地区的规划还可以向国内、国际征集规划设计方案，引进国外先进的规划理念，博采众长。要通过有序的竞争，进一步提高详细规划、城市设计和建筑设计水平。城市规划部门本身也要转变职能，由直接当“运动员”转变成当“裁判员”，用开放的思路、市场经济的运作办法来管理、指导、监督城市规划工作。与此同时，要引进先进的规划理念，聘请国内外著名专家、学者当规划顾问，对一些较大范围的规划方案、一些重要的规划项目，特别是城市规划中的一些重大问题，要请专家、学者进行点评，为科学决策提供参考。要贯彻好城市建设经营项目“先规划，后招商”的思想，改革资金使用办法，市、县（区）可由城投公司提供资金，保证项目规划设计的需要，各级财政每年也要把规划费用纳入预算，确保规划经费的落实。



2. 规划编制的内容要适应市场经济发展的要求。在计划经济条件下，规划的职能单一，而在市场经济条件下，投资主体多元化要求我们的规划不仅要对城市空间资源的物质形态进行调控，还要把经济分析作为城市规划的一项重要内容。经济分析是市场经济活动中必须采用的手段和方法，规划部门通过经济分析，合理确定规划设计的内容、标准、容积率等，使投资建设者获取合理利润，提高投资城市建设的积极性，促进经济发展。同时，通过经济分析，根据建设地区的规划要求、区位优势、基础设施等情况，将城市用地分成若干等级，达到合理使用土地，变土地资源为土地资产，实现经营城市的目的，使城

市建设能够健康、有序地发展。

3. 要进一步增强市场意识，改进规划管理方式。在市场经济条件下，城市建设和发展，是多元化投资和开发建设的活动的结果。如果对市场因素考虑不足，就可能造成规划方案缺乏实施的可能性，或者落后于经济发展实际，不得不频繁变更。要使城市规划既能保护公共利益，又能适应市场需求，就必须根据不同的目标及特点，区分为规划强制性指标和非强制性指标两个组成部分，要把那些保证资源共享和有效配置、维护公共利益和生态环境的规划内容，确定为强制性指标，作为城市各投资主体从事城市开发建设的行动准则。规划管理的重点也是要加强对强制性指标的宏观管理，逐步弱化不涉及公共利益的微观事项的管理和审批。

4. 规划要为培育经济增长点、兴奋点做好服务。越是在快速发展的时期，规划工作者的头脑越要冷静，要使每个建设项目都符合规划的基本要求。

（二）牢固树立四种意识



1. 群众意识。城市规划必须以大多数市民的公共利益为出发点，任何与市民公共利益相冲突的规划都应让位于公共利益。这不仅要体现在规划要公开招投标上，而且要体现在规划要让公众参与上，包括对项目的取舍，都要以市民的利益为主，做到个人服从集体、局部服从全局、眼前服从长远。那些虽然从眼前看牺牲了一些利益，但从长远、从全局、从市民的利益看是正确的规划，就必须坚决地执行。

2. 特色意识。城市特色是城市的生命，是城市的形象。我们做规划既要充分体现历史文化和传统，又要很好地发挥自然环境优势，充分挖掘城市的特色。一个城市的发展，不求最大，但要最有特色。

3. 精品意识。在整个城市的规划和建设中，无论是区域规划，还是概念规划、详细规划，以及每一个项目的设计、把关，都要树立精品意识。精品意识要体现到每一个区域、每一条街道、每一栋建筑上。有一位规划大师说过，做城市规划要像带小孩一样，要倾注满腔的热情。没有最好，但要有追求最好的激情。

4. 生态意识。要用“天人合一”的理念统率我们的城市规划、城市建设和城市管理，最后体现出生态化、人文化、个性化的特色，这样才能形成南昌城市的竞争力。

5. 要牢固树立超前意识。城市规划必须管长远，必须融入现代化、城市化的历史进程中。人们的眼界有多开阔，胸怀有多宽广，规划水平就有多高。不能说眼前就只有这么点钱，就将就着建，过了五年、十年又炸掉重来。城市规划一旦确定，要历经十年、百年甚至几百年。西欧的一些建筑保存和使用了上千年、几千年，具有越来越厚重的历史。

（三）突出坚持四个原则

1. 突出人性化原则，体现以人为本。规划建设城市的目的，就是要不断改善人民的生活质量。所以，城市规划建设，包括具体项目、区片规划，都要始终把对人的关怀放在第一位。目前，国内有些城市建设盲目学习西方一些国家，如意大利广场、法国巴黎大街、美国摩天大楼，但意大利广场不体现人性化，法国巴黎大街不强调交通功能，美国摩天大楼不考虑和周边建筑物的关系。如此简单的模仿和缺乏人性化的所谓“规划”，是得不到人民认可的，更无从谈改善人民的生活质量了。

2. 突出个性化原则，体现城市的个性、特色和魅力。城市必须有自己的个性和魅力，这是城市的生命力、竞争力的重要来源。这要求我们准确把握本城市的个性，找出本城市的独特战略地位，同时，跳出规划看规划，把城市的个性、特色融入规划中，不断深入研究和把握，这也是搞好城市规划的一把基本“钥匙”。



3. 突出灵性化原则，把协调和谐和资源环境保护放在突出位置。所谓灵性，就是山、水、田、林、路的有机统一。任何时候都不能搞破坏性建设，不能只追求一时的效益，而必须对历史负责，对人民负责，把山、水、田、林、路等有机地统一起来。在城市规划和建设上，特别是招商引资项目的建设上，一定要符合和谐山水灵性的要求，绝不能因一个项目的建设，把我们和谐山水灵性的城市规划、城市格局打破了。要切实防止“建了一幢房子，破坏一片风景”的现象发生。

4. 突出预期化原则。规划工作体现了一代人的胸怀、一代人的水平。比如，重庆市20世纪50年代城市规划时预留了一块地建国际航空港，40年后这个规划体现了它的价值，不仅使重庆市争得了建国际航空港的资格，后来也成为重庆市作为直辖市的一个重要条件。城市规划就是要有这样的胸怀、这样的水平、这样的眼光。

## 三、严格规划实施，切实维护规划的严肃性

一个城市的规划工作水平，所反映的不但是城市发展本身，而且还反映了这个城市的领导特别是主要领导的水平和境界。一个城市领导特别是主要领导能力的强弱，一个重要的标志就是看他的规划执行能力怎么样。所以，在做好城市规划的同时，还要严格规划实施，切实保证城市的各项建设依据规划进行。一是各级领导要带头坚持规划。要正确处理好经济发展和维护统一规划的

关系，提高执行规划的自觉性，不要因求局部、短期或某个单位、部门的利益而影响、破坏规划。二是要进一步加强法规建设。在规划法的指导下，应结合城市实际，制定相应的规划管理办法和其他规定，将城市各项建设活动纳入法制化轨道，做到有法可依。三是要强化规划管理对城市建设的调控作用。对符合规划要求的项目，要积极支持和引导；对不符合城市功能分区和发展方向的建设项目，坚决不予批准；经营性的招商项目必须先取得规划许可，并严格按规划签订项目协议，否则不得招商。四是要加大规划执法力度，坚决依法查处违法建设。要有一套严格的制度，尤其是对藐视城市规划，制而不止，顶风搞违法建设的，要采取坚决措施予以拆除，做到执法必严，违法必究。同时，规划局要切实加强对规划实施的监督和监理，及时发现问题，切实防止图纸在实施过程过程中走样，确保每个项目都严格按审批的规划执行。五是要健全责任制，提高城市规划行政管理水平。要依照法定程序组织编制、审批、实施和变更规划，完善规划管理行政审批程序。要具体落实规划强制性内容贯彻实施的法律责任，明确规定详细规划在建设项目立项管理中的先决地位，建立健全规划管理行政过错追究制度。六是要建立城乡规划社会监督制约机制，推行规划审批的公示制度，使规划方案得以在各方利益充分协调的基础上进行实施。

规划工作是一项事关当代、泽及子孙的重要工作。做好规划工作，任务艰巨，责任重大。我们应该不断学习规划知识，总结规划经验，提高规划水平，为城市的发展做出更大的贡献。

# 环境是实现崛起的基础工程

当今世界，无论是决定全球资本流向的跨国公司，还是国内日益发展壮大的民营资本，都把发展环境作为选择投资地区的重要依据。事实上，随着市场对资源配置的作用日趋明显，区域之间竞争的核心就是发展环境的竞争，是综合素质、效率、诚信水平的竞争，发展环境已越来越成为决定资金、技术、人才、信息等要素流向的主要因素。机遇选择环境，环境带来机遇，谁能抢先创造良好的发展环境，谁就能吸引更多的资源，就能掌握发展的主动权。



## 一、着力治理和优化发展环境，是实现崛起的基础工程

环境是最大的品牌。欠发达地区要深刻认识加强投资环境建设的紧迫性。欠发达地区都属于经济基础比较薄弱的地区，是典型的投资拉动型经济，吸引外部资金扩大投资是欠发达地区经济加快发展的主要途径。多年来，欠发达地区由于全社会固定资产投资规模偏小，投资率和投资增速低，导致工业化水平、城镇化水平、城乡居民收水平偏低和经济总量偏小。制约外来资本进入和妨碍本地资本发挥活力的根本原因是投资环境存在一些亟待解决的问题。一是思想解放不够，视野不开阔，改革步子不大，外来资本进入存在体制机制性障碍。二是政府职能转变滞后，服务意识差，服务水平和办事效率不能满足投资者参与激烈的市场竞争的要求。三是优惠政策的稳定性、连续性不够，重制定，轻落实。四是社会信用制度不健全，司法领域存在不公正，社会治安事件干扰、破坏生产经营的现象时有发生，对投资者合法权益保护不够有力，尊重投资者、尊重纳税人的人文环境尚未形成。面对日益激烈的投资环境竞争态势，欠发达地区只有创造比其他地区更有利于资金大规模流入的环境条件，才能充分发挥江西的资源优势和后发优势，争取更大的发展空间。因此，务必增强加快发展的紧迫感和使命感，以“铁心硬手”治理环境，齐心协力改善投资环境。

## 二、着力打造“环境品牌”，营造投资创业优势

欠发达地区环境建设的重要任务就是打造“环境”品牌。第一是“投资成本低”，核心是要站在投资者的角度，千方百计降低投资成本，不是一般意义上的让利，而是从综合商务成本上营造优势。第二是“效率高”，要求政府公开、公正、廉洁、高效，办事依法依规，“立等可取”。第三是“信誉好”，统一开放、公开竞争、信守承诺，即使政府赔本也要兑现约定。第四是“回报快”，就是使投资者和当地政府、百姓都得到快速回报，投资者利润丰厚，地方财政迅速增长，百姓就业岗位增加。“环境”品牌体现的就是一个城市综合服务水平，打造的是为经济社会发展提供增长与支撑的服务平台。

“环境”品牌不能概念化，而要具体落实到每个职能部门、每个工作环节、每个工作人员，并测算到每个数据之中。重点研究解决审批制改登记制过程中出现的新情况、新问题，着力研究解决制约企业发展的供用电、信贷融资以及土地证发放、规划允许条件确定的时效等问题，同时积极推动公共保税仓库、国际空港等重大项目建设。尤其是对技术含量高、产业链式化、集聚效应大、新创造就业机会多的项目，采取灵活的政策，给予特殊扶持。探索建立社会信用体系，重点是建立对企业的信用等级评价机制。



## 三、明确重点内容，全力抓好六大环境建设

发展环境蕴含着强烈的时代性，随着市场经济发展的不断深入，市场化程度不断提高，企业家经营企业，政府工作的重心主要是经营环境，在行政效率、法制环境、社会信用、经济秩序等方面发挥作用，环境建设的内涵也已深入到政务、生态、市场、社会和人的发展等各个层面。欠发达地区必须致力于打造优质高效的政务环境、亲商安商的服务环境、优美和谐的生态环境、公平公正的市场环境、安全稳定的社会环境、诚信求变的人文环境。

### （一）优质高效的政务环境

一般应当抓好七个环节：

1. 推行政务公开，让权力在阳光下运行。把信息化纳入国民经济发展计划，进行“电子政务”建设，积极建立方便快捷、面向全社会的信息披露、查询、征询和投诉制度。不仅将经济运行状况、政府重大决策等事项向企业和市民公开，而且对诸如出租车调价，水、气调价，这些事关老百姓切身利益的大事以及市政府重大决策的出台等都推行听证或质询制度、重大事项公示制

度，广泛采纳企业和市民的建议和意见。推行政务公开，使政府权力在阳光下运行，让企业和市民看到政府部门到底在办哪些事、怎样办事，享有充分的知情权和监督权。

2. 开展“高效优质服务”活动。在政府机关全面开展以“三转变两提高”（转变政府职能、转变工作方式、转变工作作风，提高工作效率、提高服务水平）为主要内容的“高效优质服务”活动，推动政府各项工作的全面加速。

3. 规范政务行为。重点是规范行政审批工作，严格按照法律法规规定，制定地方性法规、政府规章和行政规范性文件；政府部门、执法单位严格按照法律法规公正、文明执行公务；纪检、监察部门及时处理有关违法行政的投诉。

4. 推行行政问责制。目的在于促使行政机关的权责关系更加明晰，责任机制更加有力，行政效能大大提高。特别是要推行优化经济发展环境的重大投资项目服务效率跟踪、监督和黄牌警告等问责制度，对政务公开不到位，该公开的不公开或假公开、虚公开，行政审批“暗箱操作、体外循环”的行为，按照行政问责制的要求，对责任人严格予以责任追究。



5. 建立办证中心。实行“超市”服务。办证中心必须坚持按照“一站式办公、一条龙服务、并联式审批、规范化管理”的方式运行，对不同类型的许可项目实行分类办理，即简单项目当即办理、复杂项目承诺办理、特殊项目特殊办理、多家审批联合办理、规模项目全程代办、重大项目跟踪服务办理，让企业和市民在这里办事如同在超市购物一样称心如意。

6. 纳入法治轨道，做到有法可依。比如，南昌市 2004 年 5 月 1 日出台了《南昌市优化投资环境条例》，这也宣告我国首部规范投资环境的地方性法规出台，从而标志着南昌市投资环境进入法制化的轨道。

7. 抓好环境评议评价。每年开展一次评议评价活动。对前 10 名给予奖励，对最后一名要通报批评。

（二）亲商安商的服务环境

1. 要有亲商的勇气，敢于、善于广泛结交海内外客商朋友；要有亲商的热情，大力营造尊商、亲商、扶商的社会舆论；要有亲商的诚信，保持政策的连续性、稳定性，把诚信政府的建设融入招商引资的实际工作中。

2. 要建立健全安商服务体系。按照国际通行规则办事，提高行政效率和公共服务水平，形成全民安商、齐心协力抓开放型经济发展的合力；建立集中的外商投诉中心，及时处理外商投诉，解决企业设立、投资建设、生产经营过程中遇到的困难和矛盾；建立和完善中介服务机构，及时为外商提供服务；建立重点企业跟踪服务卡，将重点对外商的前期服务改为全过程服务，对外商在生产经营中碰到的一些始料未及的问题，分级协调、分级负责，一月一总协调，遇到难题及时加以解决。

3. 有富商的胸怀和举措。要积极扶持现有企业的成长，推进企业按期投产达标，鼓励、支持企业增资扩股，使投资者有丰厚的回报。建立外来投资者“把心留住”的机制。就是对投资实行“一条龙”服务，减少办事环节，简化办事程序，提高办事效率，形成高效运作的服务机制，体现合作者的素质、能力、水平。

同时，亲商安商富商，包括为本土创业者提供优质服务。要根据创业的实际情况，提高小额贷款额度；非正规就业组织、再就业基地、劳动密集型企业申请小额贷款，视其安置人数、经营状况、还贷能力等情况，设立最高贷款额度；建立提供创业培训、经办银行、担保中心“一条龙”服务体系，为申请小额贷款的广大创业者提供更直接、快捷的服务，使小额担保贷款成为百姓创家业的“助推器”。



（三）优美和谐的生态环境

1. 要充分认识生态环境的重要性。优美和谐的生态环境是一个无形品牌，有利于招商引资。“既要金山银山，更要绿水青山”。有了绿水青山，才有向金山银山迈进的资本。所以说，保护好自然环境、生态环境非常重要。我们在讲经济发展和优化环境时，千万不要忘记自然环境、生态环境。政府不仅要不断加大环保投入，支持环保部门依法治理。有钱并不是经济发展的一切条件，发展经济的目的，是为了人自身的发展。如果经济发展了，生态恶化了，影响了人类自身长远的发展，则是得不偿失。保护环境是发展过程中一项非常重要的任务，一定要牢记“得不偿失”这个词，先污染后治理就是“得不偿失”。同时，我们还要记住另一个词，就是“后悔莫及”，把环境污染了，把生态破坏了，我们迟早会“后悔莫及”。所以，我们千万不要干“后悔莫及”的事情。同时，强化公民的环保意识，鼓励群众抵制污染企业进入本地。

生米大桥

秋水广场

2. 要处理好加快发展与保护生态的关系。经济上去了，生态恶化了，这似乎是一些地方难以逃脱的怪圈。欠发达地区就是要设法打破这个怪圈，创造出“实现经济与环保双赢”的健康发展之路。经济快速增长的时期，往往也是同保护生态环境矛盾比较突出的时期。怎么处理好这对矛盾呢？就是要把保护资源、保护环境放在工作的突出位置，在发展工业中，绝不走先污染后治理的老路。从污染源上来讲，就是加快传统企业的改革步伐，积极探索出一条科技含量高、经济效益好、资源消耗低、环境污染少、人力资源优势得到充分发挥的新型工业化路子。一个好的自然环境、生态环境破坏它很容易，但要恢复它却要花很大的力气，付出很大的代价。有时候即使如此也很难恢复。有时候发展某种产品可能会给我们带来一定的效益，有的效益还很明显。但是，从长远来看，它会带来很大的污染，造成生态环境的破坏。生产这样的产品到头来有什么意义呢？



3. 要为永保青山绿水建立长效机制。一是环境保护领导责任制、目标责任制、实绩考核制和奖惩制。二是建立和完善多元化环保投入机制。三是健全经济社会环境综合决策机制。四是完善环境保护的社会监督机制。五是建立环境保护的科技支撑体系。六是强化常态管理机制。七是普及生态文化。八是加强队伍和能力建设。

（四）公平公正的市场环境

建立公平公正的市场经济秩序，说起来容易，但做起来艰难。一是要着力搭建好公共服务平台，提供导向性的服务和帮助，逐步使市场主体形成公平公正的竞争意识，使企业得到长足发展。二是大力发展资本、土地、技术、人才和劳务等市场，建立和完善市场准入制度。三是切实加强有形建筑市场、土地招投标市场、政府采购市场、产权交易市场的法制化、规范化建设。四是对市场加强监管，制止不正当竞争，促进各类生产要素自由流动。五是引导各创业主体诚实守信。在公平竞争中实现做大做强，形成“诚实守信”为荣，“背信弃义”为耻的社会氛围。

（五）安全稳定的社会环境

安全稳定的社会环境在现代经济交往中，是维护投资者合法权益不受侵害的护身器，是一项重要的投资环境。如果一个地方不注重完善立法、司法、监察，不去加强投资者权益的保护，没有安全稳定的社会环境作保证，也是不能吸引投资者安心前往及乐于投资的。所以，一是在招商引资工作中，始终牢固树立“法制环境也是投资环境”的理念，依法保护投资者的合法权益，减少投资风险，搞好治安环境，确保社会稳定，使投资者投资放心，工作宽心，生活安定，财产安全，并且能够获得预期回报。二是要以化解社会矛盾、打击刑事犯罪、维护社会治安为目的，按照统一领导、统一指挥、分级负责的原则，构建防控网，建立多警种联动、反应灵敏的防控工作机制。与此同时，牢牢把握处理好群众利益的特殊规律性，如变化可能带来不安、群众利益的趋上性和群众利益的平衡性，时刻牢记群众利益无小事，时刻挂念群众的冷暖安危，时刻从人民群众最现实、最关心、最直接的利益着手，真心诚意为群众排忧解难，下大力气抓好就业再就业、社会保障、失地农民安置、城乡扶贫、农民工工资清欠等涉及人民群众切身利益的工作，使得维护社会稳定工作的基础进一步得到夯实。



（六）诚信求变的人文环境

国际社会衡量一个地区的发展水平，除了GDP指标，还倡导用HDR这个人文发展指标。人文，即有关人的文化和文明。人文环境，就是创业所需要的文化环境、文明环境和思想环境。在一个优良的人文环境里，民风淳厚、诚实守信、求新创业、老有所养、少有所育、弱有所恤、政通人和，人们文明礼貌、和睦和谐，每个人的业绩都能得到社会的认可，才能得到尊重，聪明才智得到充分发挥。相反，如果少了人文环境的滋润，少了文化底蕴的支撑，就会成为一种缺乏“根基”的状态。人文环境中最本质的东西应该是人的价值观念、行为方式、道德规范等人性文明。在崛起过程中，应当坚持从提高人性文明做起，把培育创业文化、培植创业理念作为一项经常性的、长期坚持的工作抓紧抓好。在城乡建设中，注入更多的人文关怀和人文理念，大力提升人文含量。除了经济筹划外，还要有切切实实、卓有远见的文化运作，进行独具创意的人文开掘、发散和创造。

## 四、既要抓硬环境，更要抓软环境

一个国家、一个地区的崛起，从根本上说，在于其综合力量的全面提升。“硬环境”是看得见的物质力量。诸如资源、经济、科技力量，基础设施等，其本质特征是可以直接支配。“软环境”则是一种潜在的长效的精神力量，诸如凝聚力和影响力。“硬环境”和“软环境”是综合实力的两种表现形态，两者相互依存，不可分割。“硬环境”是“软环境”的有形载体，而“软环境”是“硬环境”的无形延伸。

欠发达地区的“硬环境”的提升，重点应是加快基础设施建设。一是实施交通、水利、能源、通信、环保等基础设施重点建设项目的规划和建设，以改善客货运输条件，满足可持续发展的工程性用水需要，确保电力供应和供电安全，实现垃圾和污水集中处理。二是加快重点开发园区基础设施建设。按照高起点规划、高水平建设、高效能管理的要求，坚持配套设施适度超前的原则和政府组织、市场运作的模式，集中财力，重点抓好开发园区的道路、港口建设，提高物流水平，完善供水、供电、供气、通信、排污等基础设施建设，统筹规划与开发园区和项目相配套的医院、学校、商店、住宅小区，为企业创造良好的项目建设和生产经营条件。三是积极扩大社会资本参与基础设施建设。对投资数额大、投资回报周期长的基础建设项目，可由项目单位对投资者的投资收益采用多种形式给予综合性补偿和合理回报。项目建成后实行“转让—运营—移交”经营方式的，可按生产性企业享受相关优惠政策。对全省国民经济有积极影响的特别重大项目，实行“个案政策”，给予特殊优惠，实行特事特办。鼓励采用“建设—运营—移交”方式吸引国外、省外投资建设。选择一批已建成的具有良好经济效益的基础设施项目，采取转让股权、转让经营权等方式，筹集资金滚动开发新的重点基础设施项目。积极推行特许经营制度，理顺公共产品和服务的价格，全面推进新建基础设施项目建设运营的市场化。



硬环境的改善是有限的，而软环境的改善却是无限的。改善软环境非常重要的方面，就是要在全社会营造一个和谐的人文环境、创业环境，这不是很容易的。根据南昌的实践，就是在全社会大力倡导与人为善、和衷共济、关爱宽容、团结和谐的社会风尚，大力营造“创业富民、和谐崛起”的文化氛围，大力倡导见贤思齐，宽容大度，心地光明，同心同德，使各类人才有用武之地而无后顾之忧，有苦练“内功”的动力而无应付“内耗”的压力，有专心谋事的成就感而无分心谋人的疲惫感，不断激活全社会的创造细胞，促进全社会创造活力的持续迸发，让一切群众的创业思想活跃起来。

提升软环境，一个很重要的方面，就是政府与企业要建立一种信任互动、共生共荣的关系。没有这种关系，要有强大的竞争力、要实现崛起是不可能的。政企互动关系的建立是后发优势之所在，是不断兴旺发达的重要标志。企业是一个地区经济的核心，企业家是一个地区经济社会发展的宝贵财富。全社会要进一步形成尊重企业家、尊重企业家智慧、尊重企业家创造的浓厚氛围；要努力形成支持企业、支持企业家依法创业、发展的浓厚氛围，使企业在本地区这块热土上不断发展、不断壮大。各级政府、各有关部门要进一步提高服务水平，进一步畅通服务渠道，为企业提供一流的服务。作为企业家来说，也要在激烈的市场竞争中，不断学习、不断提高、不断历练自己；作为企业来说，也要防骄破满，永不满足，不懈努力。竞争是无情的，今天你是成功者，明天你可能就是失败者，越是快速发展，风险越大。这就要靠企业家清醒的头脑、宽广的胸怀和正确的决策判断能力，更重要的是要建立科学的企业决策制度，因为个人的智慧总是有限的。企业家只有非常重视人才、重视决策、重视跳出家族式企业的发展模式，才能不断在发展中提升自己的素质，提升自己的境界，为"百年企业、百年老店"而奋斗。一个地区如果有这样一批有作为、有境界、有后劲的企业家不断地成长，这个地区就一定会有更好更快的发展。



## 五、建立保障监督机制，形成齐抓共管工作格局

加强领导，精心组织，形成各级、各部门、各单位齐抓共管的工作格局。一是要提高认识，健全组织。加强投资环境建设，不仅是一个地区党委、政府的重大决策，也是全社会共同的责任，各部门要各司其职，各负其责，紧密配合，真抓实干，形成党委领导，人大、政府、政协齐抓共管，各部门、各行业和广大干部和群众共同行动的投资环境建设新格局。可成立投资环境建设领导小组，对投资环境建设进行总体部署和安排。各级党委、政府在投资环境建设中要有大作为，党政"一把手"要亲自抓，分管领导要切实负责。二是要建立投资环境投诉中心和投诉处理快速反应机制。在监察部门设立投资环境投诉中心，制定投资环境投诉处理办法，在媒体上公布投诉热线电话。凡被投诉的单位或个人，单位负责人和当事人要按规定时间到投资环境投诉中心做出说明，经调查核实后，视情节轻重给予相应处理。三是建立投资环境监督评议评价制度。可在投资环境建设领导小组下设投资环境监督评议评价工作组，成员由党委、人大、政府、政协的部门负责人和中介机构、人民团体的负责人组成，负责制定和实施投资环境评议评价工作方案。组织企业界对党委各部门、政府各职能部门、司法机关、涉外服务各部门和公用事业服务各部门为投资者、企业服务的情况开展评议。评议采取调查问卷、公开投票等多种方式。评议结果向党委、政府和主管单位上级管理部门报告，并通过新闻媒体向社会公布。四是实行投资环境评议评价问责。五是营造浓厚的投资环境建设社会氛围。组织报纸、广播电视、互联网等一切新闻媒体和形式多样的文化活动，深

入开展投资环境建设的大讨论，大力宣传加强投资环境建设的好办法、好经验，提高发展意识、服务意识和法制意识。加强对广大群众的思想和法制教育，帮助群众树立靠诚实劳动致富、靠合法门路致富的观念，杜绝敲诈勒索、排斥外来投资建设者的一切行为，做到在为外来投资者服务中获得更多的发展和致富机会。加强新闻舆论监督。设立新闻监督热线电话，开辟投资环境专栏，对影响投资环境的人和事及时曝光，形成强大的舆论压力和社会压力。

# 坚持用先进文化引领快速和谐崛起

改革开放特别是新世纪以来，欠发达地区经济在快速发展，社会在不断进步，崛起的势头日益显现。在总结经济社会发展经验的时候，有一句共同的话，就是观念是最大的财富。因此，欠发达地区要想获得更大的发展，一定要从解放思想入手，把更新观念贯穿于崛起发展的全过程，坚持用先进文化引领快速和谐崛起。



## 一、实现崛起必须加强先进文化建设

"文化"是一个群体或者一个社区、一个民族、一个国家的思维定式、看问题的着眼点和处理事情的共同方法。每个人都在不知不觉中受到所属文化的巨大影响。文化作为人类创造的物质财富和精神财富的总和，是人类遵循真理尺度和价值尺度改造世界的结果，而文化一经产生，就作为人类实践的环境，通过对实践的构成要素的影响，对实践产生促进或阻碍作用。

历史告诉我们，任何一个创业活跃、经济繁荣的时代，都会有重大的文化创新引导，需要有文化的繁荣。西方是这样，我国也是如此。在我国，最有说服力的例子莫过于改革开放以来所发生的变化。改革开放以来，我国经济获得飞速发展，主要应归功于真理标准问题的大讨论，归功于解放思想、实事求是思想路线的重新确立。历史与现实都提示我们，经济社会要取得巨大进步，创业创新要有丰硕成果，就必须大力发展先进文化，使有利于其成长的文化土壤肥沃起来。

崛起作为一种实践活动，与文化有着密切的关系。实现崛起是一项艰苦卓绝的工作，它不仅需要一定的物质基础，更需要精神力量的支撑。先进文化理念是崛起事业的灵魂。有了先进文化，才能形成上下同心谋发展的氛围，才能为经济社会发展提供引导和动力。

崛起既需要内在文化，又需要外在文化。内在文化就是观念文化，外在文化则是制度文化和器物文化。两类文化从不同的方向作用于崛起活动。能够崛起的主体必然有其相应的文化特质，这种文化特质我们称之为崛起的内在文化，主要包括适于崛起的价值观和创业者的心理素质、认知品质和行为模式等。崛起要展示自己的活力，也需要有合适的环境，即外在文化。一个保证崛起的宽松环境首先是由制度文化提供的。制度中的体制对不对、机制灵活不灵活、管理好不好，决定了这种制度文化是否有利于崛起。崛起活动不仅仅是技术活动，也不是少数人的行为，它更主要地表现为朝着崛起目标奋进的群体的社会活动。这个群体所处的社会环境，如政策、法规、五大流（物流、人流、资金流、信息流、知识流）的渠道、市场等，必然会对崛起活动产生影响，有时甚至是决定性的影响。另外，外在文化还包括器物文化，即崛起所需要的物质生活条件，这是崛起能够发生的基础。观念文化、制度文化和器物文化构成了崛起文化的基本内容，崛起文化建设也就是观念文化、制度文化和器物文化的建设。

滕王阁

崛起是一个动态过程，崛起的任务没有止境，思想解放的任务也没有止境，观念更新的任务也不会完结。欠发达地区一定要用先进文化来武装干部和群众，为整个地区的持续发展创造核心动力。随着形势任务的变化和发展，文化也需要不断发展，崛起的进程会不断地对思想观念提出新的课题。欠发达地区应当着力找出在思想观念方面到底有哪些东西阻碍了本地的国际化、市场化进程，阻碍了快速和谐崛起？找出和谐文化、创业文化在实现崛起过程中的思维方式表现在哪里？还有哪些与创业文化格格不入的传统习惯？等等。一个问题、一个问题加以解决，为快速和谐崛起提供不竭的动力。

## 二、倡导先进文化理念的基本任务

不容否认的是，欠发达地区的文化中还包含着一些因循守旧、不利于创新的因素，对崛起起着抑制和阻碍作用。培育先进文化，就是要克服这些因素，弘扬文化中推陈出新、革故鼎新的传统。对于欠发达地区来说，有六种文化理念是应当进一步倡导的。第一，要进一步倡导开明开放的文化理念。第二，要进一步倡导诚实守信的文化理念。第三，要进一步倡导创新创业的文化理念。第四，要进一步倡导精心精细的文化理念。第五，要进一步倡导善谋实干的文化理念。第六，要进一步倡导大度奉献的文化理念。

倡导开明开放的文化理念，就是要冲破狭隘封闭、目光短浅的小农思想意识，把本地区放在全国乃至世界的大趋势、大格局中去思考、去谋划，博采众长，海纳百川；倡导诚实守信的文化理念，就是要克服和防止不讲信誉、不守信用的不良现象，做到言而有信，说到做到，与人为善，坦诚相待；倡导创业创新的文化理念，就是要摒弃“官本位”文化，努力营造鼓励、支持创业创新的良好环境；倡导精心精细的文化理念，就应当“正德厚生，臻于至善”，形成“精细意识、精细作风、精细理念、精细质量”的文化氛围；倡导善谋实干的文化理念，就是要摒弃浮躁、埋怨、等待的心态，想干事、肯干事、敢干事、能干事；倡导大度奉献的文化理念，就是要为人友善，对事业有忠诚度、使命感，大度宽容，乐于助人，把奉献作为共同的价值观。



## 三、怎样推动先进文化建设

推动先进文化建设，不仅要提高认识，明确发展先进文化的意义和重要性，更为重要的是要在抓经济、社会、政治建设的过程中，高度重视先进文化建设，不断变革传统观念，促进快速和谐崛起。

### （一）要重视新理念的确立工作

先进文化建设的一个重要任务，就是老的习惯逐步淡出，新的习惯逐步确立，就是从原有的思维方式、规则转化为新的符合国际通行规则的方式、规则。比如，关于城市规划问题，为什么有些地方有规划，但没人去执行，为什么有些工程搞个四五年，甚至两三年就要拆？这里，很重要的就是一些地方传统文化中“不管三七二十一，先做了再说”的观念的影响，避重就轻、凡事将就，不计后果、不计成本，最后导致建了拆、拆了建的恶性循环。相反，许多城市由于树立了“城市规划就是城市宪法”的理念，讲究科学的论证，不能做的事情坚决不做，要做的事情就一定要高标准地做好。这样，情况就不一样了，城市变得越来越漂亮、越来越大气。所以，观念问题、理念问题，它是活生生的，体现在现实生活的每一个方面，这就要求每个人特别是担负领导责任的同志，用新的思维规则来代替老的思维规则，好事就可以办好。否则好事也会办坏。

（二）要加大对先进文化的宣传工作

只有大家解放思想，才能真正统一思想。一个地方如果仅有领导干部的思想解放不行，光有专家、学者的思想解放也不行，必须要有广大干部、群众在整体上推动思想解放，才能真正统一思想。有了新的思维规则、新的观念和理念的出现，不等于这些观念、理念就得到了确立，要使干部、群众都能在日常生活中自觉地按这些观念、理念来生活、来行动，还必须进行艰苦细致的工作。观念问题是一个群众性问题。我们讲春风化雨，润物无声，你不可能是急风暴雨、运动式的。试图用运动式的方法来解决观念问题，结果往往是对社会震撼太大，收效甚微。因此，应当加大对新观念的宣传工作，让干部、群众潜移默化地接受新观念。报纸、电台、电视台也好，理论战线的同志也好，在宣传先进文化、促进思想解放方面，应当发挥不可替代的先行性作用，随着这种作用的持续发挥，观念更新就会日益深刻，就会推动一个地区快速和谐持续发展。

（三）要密切协作，通力配合

先进文化、先进理念的教育工作是一项艰巨性的工作，需要各个部门通力配合，整合资源，系统研究，形成合力。先进理念的教育工作也是一项长期性的工作，需要一两代人甚至几代人的努力。所以，必须持之以恒，制定长期的发展规划，明确什么阶段该做好什么工作。同时，还要看到先进文化教育工作的现实性，经济社会的发展迫切要求把这项工作做好、做实，使之渗透到干部、群众日常的行为理念、思维方式里。仓廪足而知礼义。经济发展了，社会进步了，人们的生活方式、思维方式也在不断地发展变化，但我们不能任其自然发展，应当因势利导，循循善诱，创新方式，让社会主义先进文化逐步为广大干部、群众所接受、所遵循，成为促进欠发达地区崛起的强大的精神动力。

# 深化改革　为扩大开放开辟新的道路

深化改革是实现崛起的动力和源泉。机制体制创新是一个地区内在的竞争优势和发展后劲。实践证明，改革开放是强国富民之路。坚定不移地推进改革开放，既是形成更具活力、更加开放的体制机制，从根本上解决制约发展的诸多矛盾和问题的必由之路，也是适应日趋激烈的国际经济技术竞争的迫切需要。无论是欠发达地区，还是发达地区，都应当坚持解放思想、实事求是，坚持用改革的办法、发展的办法解决前进中的问题，不断把改革开放推向前进。欠发达地区的改革不仅具有历史必然性，而且应当始终坚持以大开放牵引，开放为改革提出课题，改革为开放开辟道路，共同促进，推动崛起。



## 一、欠发达地区的改革一定要基于自身特点

为适应生产关系适应生产力的变化、上层建筑适应经济基础变化的要求，必须不断地深化改革。我国是一个幅员广大的国家，尽管改革开放以来全国经济体制改革取得了很大成就，社会主义市场经济体制基本确立，但是，由于各地的经济发展水平不同，市场经济体制的发育程度不同，以及人们的思想观念、行为方式等存在的差异，这就决定了各地改革的任务、措施、路子也不相同。欠发达地区要深化改革，促进发展，不能照搬照抄发达地区的改革模式，而必须从自身特点出发，探索适应自身特色的改革之路。欠发达地区经济体制改革取得了很大成就，但与发达地区相比，有一个明显差距，就是经济开放度不够，市场发育程度不够，这就严重制约了欠发达地区融入经济全球化和全国统一市场的步伐，从而极大地限制了这些地区经济更大更快地发展。从这一特点出发，经济欠发达地区发展要加大改革力度，围绕经济全球化、市场化，在开放中深化改革，在改革中扩大开放，使自身的机制体制符合社会主义市场经济体制的要求，符合参与全球经济竞争的要求，为经济发展不断地注入新的活力。

从欠发达地区的实际出发，在改革为开放开辟道路的过程中，通常应把握

以下几个基点：

其一，把促进生产力的解放和发展作为首要任务。把是否有利于生产力的发展看做衡量各种体制机制创新长短优劣的根本标准。通过改革，创造新的制度和政策，使生产关系符合生产力发展的要求。一种体制、一项政策只要是有利于发展社会主义社会生产力，有利于增强地区综合实力，有利于提高人民的生活水平，就应当坚决地、毫不犹豫地加以制定和执行。

其二，抓住所有制结构这个关键。实现公有制为主体、多种经济成分共存共荣，努力形成国有经济、开放型经济、非公有制经济三足鼎立之势。在发展生产和共同富裕两个方面，努力实现一部分人、一部分地区先富起来与社会困难群体得到充分保障相统一。

其三，坚持市场取向。核心问题是以市场手段为基础来配置稀缺的经济资源。用什么方法才能更有力地发展社会生产力？欠发达地区，尤需坚持市场取向的改革，树立市场经济理念，把凡是能由市场办的事情都充分地让市场去办，才能创出一片“穷”财政办大事业的新天地。



其四，在策略上采取“渐进主义”。不要指望短期内就把所有问题改革到位，而要逐步深入。“渐进”减少了摩擦，创造了和谐，少走了弯路。改革要突出重点，一般不宜在各地区、各部门同时展开，而是在某些地区和部门进行试点，随后再把成功经验推广到其他地区和部门。

其五，改革必须“胆子要大、步子要稳”。所谓“胆子要大”，就是制约生产力发展的一切障碍，必须坚决加以革除。所谓“步子要稳”，就是充分学习和借鉴发达地区的经验，每走一步，都兢兢业业，大胆细心，及时总结经验，发现问题及时调整，使之符合实际情况。

其六，要坚定改革的决心和信心。既要切实加大改革力度，又要注重变化可能带来的不安，增强改革的科学性、协调性，使改革兼顾到各方面利益，照顾到各方面关系，更加注重社会公平和正义，促进社会和谐，维护社会稳定，让改革发展的成果惠及全体人民。

## 二、选准改革的突破口，充分运用市场经济杠杆撬动经济快速发展

做任何事情都必须选准突破口，突破口选得对，全盘皆活。欠发达地区的改革应当按照“坚持社会主义市场经济的改革方向，使市场在国家宏观调控下对资源配置起基础性作用”原则，以及“放手让一切劳动、知识、技术、管理和资本的活力竞相迸发，让一切创造社会财富的源泉充分涌流”的总要

求，用市场经济理念，突出推进资源配置市场化、工业项目园区化、市场主体企业化，以“三化”促进工业化、城市化和农业产业化目标的实现，具体说：

（一）坚持资源配置市场化原则，迅速做大城市规模

计划经济和市场经济相比，一个本质的区别在于：前者使经济资源凝固起来，后者使经济资源流动起来，从而实现增值。它们体现在城市建设上，前者强调财政投入，而财政又要按照一要吃饭，二要建设的顺序安排；后者强调吃饭靠财政，建设找市场，而开放的市场为城市建设带来巨大的资本。因此，要加快城市化，迅速做大城市规模，必须通过改革，走市场化路子，按照规划先行，拉开框架，打好基础，组团开发，政府引导，市区联动，市场运作，多元投入，互为补充，丰富功能，协调配套的要求进行。一是开放式搞好规划，形成规划市场化、国际化，集全球规划资源为我所用。二是用市场办法加快推进基础设施建设。主要是创新城市建设投资机制，政府通过创造兴奋点、激活投资热点、培植经济增长点的思路，积极推动社会资金、金融资金、民间资金参与城市基础设施建设。尤其是金融市场的潜力很大。三是把城市一切可以经营的资产推向市场。特别是要积极吸引国内外资金以 BOT、TOT 等方式，投资到城市基础设施和生态保护项目之中，不断开发新的投资领域。四是全面繁荣房地产市场。搞活房地产市场的总体思路，就是垄断一级市场，调控二级市场，放活三级市场，全面持续繁荣房地产市场。



（二）加快工业领域的改革步伐，做大做强工业经济

工业化水平低，GDP 中输出域外的产品和服务价值低，是欠发达地区不发达的根本原因。欠发达地区工业不发达，既有自然原因，如交通不便、物流成本高、人力资本缺乏，等等；也有体制原因，如产权改革缺乏力度、市场经济相对不发达等。随着经济全球化和国内产业退沿（海）进中（西部）的趋势日显，给欠发达地区深化改革，扩大开放，加速产业经济尤其是工业经济的发展提供了难得的机会。要以对接沿海、融入全球的理念，深化体制改革，创新发展模式，为做大做强工业经济创造体制优势。一是加大工业园区发展规模和水平。发挥园区资金、人才集约、管理优良、服务一流的优势，积极引进更多企业入驻；进一步优化体制，提高园区办事效率和管理水平；切实加快园区的公共创新服务体系建设，为入园企业提供更加优质、高效、有针对性的服务。重点突破国际国内知名企业入驻发展。开辟新的工业园区，提升县级工业园区，形成特色园区。二是切实提高产业的配套能力。制定行之有效的政策，引导、鼓励本地的中小企业主动为大企业加工配套，有针对性地组建、培育各类专业市场为企业提供原材料和中间产品。三是切实提高服务能力。主要是建设现代金融服务、进出关服务、现代物流服务、信息服务和人才供应五大体

系，完善服务功能，提高开放水平。采取有力措施，力争国内股份制银行尽可能多地入驻，引进外资银行或办事处。四是切实提高中心城市的辐射能力。加快城市至周边地区的公路建设和联通，构筑起以中心城市为圆心的经济圈，将周边的生产要素更好地纳入到城市经济发展的配套半径之内。五是加大企业上市工作组织能力，支持做大做强企业。六是在确保社会稳定，保持和创造税收，保持和创造就业岗位，使企业活力和后劲得到加强的“三保一加强”原则下，加快推进工业企业的改制。

（三）坚持市场主体企业化原则，增强产业活力

现代服务业等新兴产业方兴未艾，如非义务教育、卫生、文化、物流产业等，有的地方是蛋糕越做越大，形成了发展的良性循环。欠发达地区在推进发展过程中，在这些方面应该说具有巨大的发展潜力。最根本的途径，就是在开放的条件下，遵循市场经济规律，用市场经济的办法激活这些产业的发展潜力，一切可用市场的办法解决的问题都通过市场机制来解决。比如，在发展卫



生事业方面，要把政府和企业、社会的积极性调动起来，探索各尽其责、各扬其长、相互补充的体制。在发展物流产业方面，突出加快物流市场的建设和培育，发展辐射型物流系统，强化物流标准化体系建设，加快物流人才的培养，推进物流的信息化与物流装备的现代化。农业则要按照工业的理念，推进企业化经营，以推动农业产业化的发展。

## 三、既要推进宏观层面的政府改革，又要构筑充满活力的微观经济基础

在宏观层面推动政府改革的主要任务，一是转变政府职能，纠正政府职能的“越位”、“缺位”和“错位”现象，使政府管理职能和管理水平与沿海乃至国际的通行规则相衔接，与当地经济社会发展相适应。二是着力建设“责任政府”、“服务政府”，真正把政府职能转到经济调节、市场监管、社会管理和公共服务上来，重点放在为市场主体服务和创造良好发展环境上，加快形成行为规范、运转协调、公正透明、廉洁高效的行政管理体制。三是完善政府重大经济社会问题的科学化、民主化、规范化决策程序，充分利用社会智力资源和现代化信息技术，增强决策透明度和公众参与度。大力推进依法行政，严格按照法定权限和程序行使权力，履行职责。建立科学、规范、严格的行政审批运行机制和有效的监督制约机制，消除部门权力利益化。四是推进行政审批制度改革，对可以用市场机制代替的行政审批，通过市场机制运作；对能够由社会中介组织承担的事项，逐步转到社会中介组织，政府不再直接参与具体经济

事务。五是明确各级政府在经济社会事务上的管理责权，完善基层群众性自治组织，发挥城乡社区自我管理、自我服务的功能。推进事业单位改革，增强事业单位活力。

一个地区经济的发展，最终取决于企业这些微观经济基础的活力。改革的目的就是要在构筑微观经济基础方面，把工夫下在企业。企业之所以能充当市场经济的“微观经济基础”，不仅因为它是经济的细胞，而且还因为它有自主的经济行为和独立的经济利益。所以，只有在有内在经济活力的微观经济基础上，才能在国民经济范围内建立由各种商品、资本、证券交易关系组成的宏观经济，从而建立有效运转的市场经济。在实际工作中，一是要着力发展混合所有制经济，实现投资主体多元化。二是积极建立现代产权制度。产权是经济体制改革绕不过去的问题。应按照归属清晰、权责明确、保护严格、流转顺畅的要求，使公有制和其他所有制经济都能按照现代产权制度来运作，包括产权界定、产权配置、产权运营和产权保护。这样的改革，不仅企业的财产关系明晰化，而且整个社会的财产关系也出现明晰化趋势；不仅促进了整个社会各类资本的流动和重组，而且增强了企业和公众创业创新的动力。三是切实放宽民营资本的市场准入。在指导思想上，要牢固树立“鼓励、支持和引导非公有制经济发展”的理念，并且“必须毫不动摇”。在政策上，放宽民间资本的市场准入领域，清除各种歧视性规定，使其在诸如投融资、税收、土地使用以及进出口等方面与其他企业享有同等待遇。在法律上，完善具体法律制度，为各类所有制经济的发展提供公平竞争的环境。



## 四、坚持与时俱进，把改革不断引向深入

欠发达地区的发展水平是不断上升的，改革不仅要巩固已有的成果，而且要根据形势的发展变化和本地的经济社会发展，以及社会的承受能力，适时推进改革的“战略提升”。

### （一）坚持以人为本，建立公共服务体制

以人为本，不仅是新的发展观，而且是新的改革观。这里的“人”，从横向说，不是“某一部分人”，而是“全体人民”；从纵向说，不仅是“当代人”，也包括“后代人”；从内核分析，也不只是“单一需求”的人，而是“多元需求”的人。既要“经济发展”、“生活殷实”，也需要“民主健全”和“社会和谐”，因而必须基于“促进人自身发展”的理念，从更高层面来审视、构思和实施经济体制创新。为什么要确立这个理念？因为随着经济的快速发展，广大社会成员公共需求也会全面快速上升，理应由各级政府和公共部门提

供的公共服务不到位、公共产品短缺且配置失当就日益形成较为突出的矛盾。这就需要通过改革，消除无法适应人民群众新要求的旧有体制、机制的障碍，防止公共服务及公共品管理运作过程中的权力寻租。基于此，要重点抓两条：一是力克腐败。这是解决这一矛盾的根本性措施。二是确保民生。把各级政府由“市场主体”向“公共服务主体”转变。具体来说，就是在劳动者就业、收入分配过程、社会保障、基本医疗和义务教育等方面建立有效的公共服务体系，逐步实现“基本公共服务部分”的平等化。

（二）瞄准资源、环境与可持续发展提升创新层面

不仅注重在经济增长方式的结构和技术方面做文章，更注重在制度创新上找出路。也就是在改革过程中，把为可持续发展提供制度保障纳入新体制的基本框架之中。基于促进资源的合理利用和环境保护的考虑，探索建立“现代资源产权制度”和“现代环境产权制度”。包括资源环境的产权界定、产权配置、产权流转、产权保护制度。在保障低收入群体的利益的基础上，探索推进资源的价格制度改革，使各种资源的价格能够充分反映资源、环境和生态的真实成本和供求关系。



（三）参与并应对经济全球化、促进内外经济关系协调发展

面对经济全球化和国际经济旧秩序交织的复杂情况，注意处理好参与经济全球化与推进工业化、城镇化、市场化之间的关系。按照“互利双赢”的开放战略要求，主动改革相关方面体制，克服“过度依赖症”的体制因素；并围绕本土企业“立起来”和有条件的企业“走出去”进行制度变革。把握国际规则的主动权，建立相应的应对机制，包括产业安全应对机制、贸易摩擦应对机制、资本并购应对机制等，从宏观角度建立一套既坚持对外开放，又能保护自身利益的平衡机制，切实提高改革开放的质量。

# 为崛起提供可靠的人才保证

欠发达地区需要解决的一个最关键、最迫切的问题，就是要加快建设一支高素质的干部、人才队伍，为经济社会的快速、协调、持续发展，提供可靠的组织保证。实现崛起，前提是干部、人才队伍要崛起。只有拥有了一支高素质的干部、人才队伍，才能为快速崛起提供强大的后劲、坚实的基础和不竭的动力源泉。如果忽视了高素质的干部、人才队伍建设，经济社会快速、协调、持续发展就会是“空中楼阁”，快速崛起就只能是一句空话。



## 一、建设一支高素质的干部、人才队伍，是实现崛起的一项紧迫的战略任务

欠发达地区正处在快速崛起的关键时期，建设一支能够担当崛起重任的干部、人才队伍，是一个重要的紧迫的战略任务。一是宏伟事业呼唤高素质干部、人才队伍。实现崛起的事业，是一个前所未有的光荣而艰巨的目标和任务。历史经验表明，宏伟目标和任务的实现，要有伟大的思想武装起来的一支能办大事、会办难事、敢办新事、一心一意干实事的干部、人才队伍做保证。二是形势发展急需高素质干部、人才队伍。现在，形势发展变化速度之快，使得欠发达地区对人才的需求更为迫切。要想后进变先进，关键就看那里的领导干部有没有足够的知识储备，有没有与快速发展的形势相适应的能力和水平，有没有不畏强手，敢于同高的攀、强的比、勇的争的胆识和气魄，否则就会延缓发展的进程。三是地区竞争催促高素质干部、人才队伍。当今世界，城市与城市之间、地区与地区之间正发生着激烈的竞争。这种竞争，从根本上说，就是人才的竞争，而人才的竞争首先是领导人才的竞争，是领导者知识、能力、智慧和胸怀的较量。领导者理论素养的不同、决策思路的不同，导致一个地方的前途和命运也不同。干部素质能力是最活跃的创造力，是支撑一个地方竞争力的核心。竞争是压力，压力又会化成新一轮自我超越的动力。四是与世界接轨的迫切需要。经济全球化的日益加深，要求欠发达地区必须与发达地区实现观念对接、产业对接、市场对接、体制对接、基础设施对接，如果欠发达地区

干部的气度眼界、学识能力跟不上这样的发展要求，实现不了与世界的接轨，就必然被世界所冷落，崛起就是一句空话。

总体来说，欠发达地区干部、人才“准备不足”，与崛起的要求有较大的差距。突出表现为：一是高素质的干部、人才总量少，结构不合理，经济社会发展急需的人才匮乏。随着对外开放的不断扩大，欠发达地区加快发展急需一批精通外语、国际法、国际贸易知识和擅长招商引资的外向型人才；随着工业园区的建设，急需一批懂经营、善管理、擅长资本运作的企业家和大量技术熟练的高级技工人才；随着城市建设的推进，急需一批擅长城市规划、设计、建设和管理的人才，但这几类人才往往都严重短缺。二是人才分布不均匀。绝大部分人才多集中在党政机关、学校医院等事业单位，对人才需求十分迫切的企业、农村人才严重匮乏，而且还在不断流失。三是人才发展环境不足。在“事业留人、感情留人、待遇留人”和解决人才后顾之忧方面，都存在不少欠缺，引进人才的数量和质量还有待于进一步提高。特别是随着对外交流的增多，急需的外向型人才和科技人才需要解决“进得来”和“留得住”的问题，就必须大力营造人才创业、生活、居住的良好环境。人才队伍的这种现状，必定成为欠发达地区经济社会快速发展的制约因素，成为快速崛起的“瓶颈”，欠发达地区一定要牢固树立高素质的干部、人才资源是第一资源的意识，进一步增强责任感和紧迫感，站在实现快速崛起和为长远发展提供坚实基础、强大后劲的高度，把建设高素质的干部、人才队伍作为事关崛起的头等大事切实抓紧抓好、抓出成效，努力实现干部、人才队伍的超前建设，使干部、人才资源与经济社会发展相协调。



## 二、明确要求，抓住关键，加快推进高素质干部队伍建设

高素质干部，就是“靠得住，有本事”的干部。所谓“靠得住”，就是要有坚定的政治信念和政治立场、强烈的事业心、高度的责任感，心中时刻装着党和人民的事业，甘愿为此奉献自己全部的才智和汗水。所谓“有本事”，就是要“能办大事、会办难事、敢办新事、一心一意干实事”。能办大事，就是要善于把握大局、服务大局、驾驭全局，能立足本职为实现快速崛起做贡献。会办难事，就是能善于应对和处理各种复杂局面，善于攻坚克难。古话说得好，危难之中方显英雄本色。艰难困苦是最好的试金石。只有在那些情况比较复杂、矛盾比较突出和困难比较多的地方和领域干出成绩的干部才是真正有本事的干部。评价一个干部，要看他在遇到困难时，是坚定不移地去发展，努力寻找解决困难的办法，还是见到荣誉就上，见到困难就退；既要看平时的表

现，又要看处理突发事件和急难险重事件的能力。在成就崛起伟大事业的过程中，必定会遇到许多难以想象的困难，出现许多前所未有的问题，需要依靠会办难事的干部一个一个困难去克服、一个一个问题去解决，才能推动事业不断前进。敢办新事，就是要勇于开拓创新，敢于突破条条框框的束缚，创造性地开展工作。要在相对落后的地方实现快速崛起，是一项前无古人的事业，没有现成的经验可以借鉴，必须解放思想，实事求是，与时俱进，从全局中把握发展的路子，制定发展的措施。是不是敢办新事，实际上反映的是干部的作风和能力，欠发达地区的干部要在创新上下工夫，在解决问题上下工夫，努力提高自己的水平。只有不等不靠，不断地探索，不断地创新，才能走出一条具有当地特色的崛起之路。一心一意干实事，就是要有求真务实的作风，扎扎实实干工作，不折不扣抓落实。崛起是一项实实在在的事业，需要一步一个脚印、踏踏实实地前进，容不得半点虚假。行胜于言，无论办任何一件事都不能“唱”字为先，而必须“做”字当头，大力发扬求真务实的工作作风，深入调查知实情，实事求是说实话，埋头苦干办实事，扎扎实实求实效。要切实帮助那种只有“唱功”没有“做功”的“表演型”干部，尽快改正缺点。



对高素质的干部队伍的内在要求，决定了建设高素质的干部队伍是一项涉及面广、宏大而复杂的系统工程，在工作中必须找准着力点，在一些关键环节上下工夫，这样才能达到事半功倍的成效。具体来说，欠发达地区加强干部队伍建设，应当突出在以下几个环节上下工夫：

第一，要在培养、锻炼上下工夫。育人是用人的基础，培养是选拔的前提，锻炼是成长的关键。

首先，要突出教育培训。要按照中共中央提出的“大规模培训干部、大幅度提高干部素质”的要求，突出针对性和实效性，采取党校培训、干校培训、参观考察、出国深造、挂职锻炼等多种形式，按照分级分批的原则，抓好干部的培训学习，逐步形成多层次、多渠道、大规模培训干部的新格局。同时，要强化激励约束机制，把参加培训学习的情况与干部考核、奖惩、任用相结合，在培养上要做到有计划、有安排，统筹兼顾，做到学习和工作两不误。

其次，要创新锻炼领域。在实践中发现、锻炼和选拔干部是我们党培养干部的成功经验。干部只有通过实践锻炼，才能获得新知、真知，同时干部的德和才也只能让实践来检验。要认真总结干部培养锻炼的经验，不断完善这方面的机制，特别是要鼓励选拔一些优秀干部通过各种方式来丰富他们的阅历，丰富他们的知识。比如，既要选派一些机关干部下到基层去锻炼，也可以选派一批干部到上级直至国家有关部委去跟班学习。

第二，要在选准、用活上下工夫。国以人兴，政以才治，千秋大业在于选准人、用好人、用活人。

首先，要善于知人识人。识人是用人的前提。如何评价一个干部确实不是一件容易的事，必须把握好这么“几看”：既要看干部在任内做出的成绩，又要看前任留下的基础和起点；既要看干部取得的眼前看得见的成绩，又要看干部抓基础性、长期性工作的力度和后劲；既要看干部工作环境和条件的优劣给工作带来的影响，又要看干部在现有基础上的作为；既要看干部平时的工作能力，又要看干部在重点工作、重大事件中的决断应对能力；既要看干部抓物质文明建设的实绩，又要看干部抓精神文明建设的成效。要注意发现和使用那些埋头苦干、任劳任怨、实绩突出而不事张扬的人，绝不能让勤勤恳恳、踏实工作的老实人吃亏。对那些在重大问题面前大局意识强、思想境界高、不计个人得失的同志，组织上一定要重视使用他们。

其次，要树立正确的用人导向。用什么人，不用什么人，对于干部队伍具有重要的导向作用。用好一个人，就树立起一面旗帜，引导干部群众“见贤思齐，见不贤而自省”；用错一个人，则会挫伤一大批人的积极性，使党和人民的事业受到损失。党委、政府和组织人事部门应当树立正确的用人导向，按照“靠得住、有本事”的要求，切实用好的作风选人，选作风好的人。



再次，要形成竞争机制。看准人、用准人，既要求“管干部”的组织人事部门的同志要具备高素质，有好的作风、敏锐的眼光，有“伯乐”的胸怀、“伯乐”的境界和“伯乐”的水平，更要有科学的选拔任用机制。一方面，要认真贯彻执行《干部选拔任用条例》的各项规定，严格遵守民主推荐、民主测评、民主评议和公开选拔、竞争上岗、任前公示、考察预告等干部选拔任用的程序和制度；另一方面，要把竞争机制引入干部人事工作中，建立一套公开、平等、竞争、择优的用人机制来选贤任能。把平时考察与集中考察有机地结合起来，把工作之内的考察与八小时以外的考察相结合，这样，考察干部才能看得更准，用得更好。

第三，要在治严、管好上下工夫。搞好干部的监督管理，是教育和保护干部、促进干部健康成长的根本方法。干部属于人才范畴中的一个特定的群体，手中掌握着公共权力，稍微犯一点错误，都将给自己、给事业、给整个干部队伍形象造成损失。“严是爱，松是害”。党委、政府和组织人事部门要在真诚关心、帮助干部的同时，对干部抓得紧一些、管得严一些、要求高一些，避免干部犯错误。当前，加强对干部的管理监督，突出是要抓好“权力观”、“政绩观”的教育，抓好《中国共产党党内监督条例（试行）》和《中国共产党纪律处分条例》的贯彻落实。对干部，平时就要求严一些，不要等到非处理不可时去处理人。要通过制度建设，使干部一路走好。

## 三、要在引进、留住人才，尽其作用上下工夫，迅速扩大人才增量

现代社会的竞争很大程度上表现为人才的竞争。一个地方特别是欠发达地区，如果留不住人才，这个地方肯定不会有生机和活力，肯定会在竞争中败下阵来。实现快速崛起，需要花大力气抓好人才工作，既要千方百计引进人才，又要千方百计留住人才，并使其充分发挥作用。在人才的引进上要实行有效的政策。

首先，要突出重点。认真抓好人才开发的战略谋划和科学布局，突出培养和引进高层次人才这个重点，加快建设领导人才、企业经营管理人才、外向人才、科技人才、高级技工等专门人才队伍，加大对经济、科技、文化、法律等方面高层次人才的引进和培育，吸纳和造就大量中介咨询、法律服务、金融保险、资本运作、城市规划建设和经营管理等方面的专门人才。只有拥有一大批高层次人才，快速崛起才有可靠的保证。



其次，要创新思路。把引进人才与引进项目结合起来，与重大课题攻关结合起来，与重点产业发展结合起来，实行人才引进与项目对接、与产业互动。要按照“不求所有、但求所用”的原则，积极拓宽人才引进渠道，探索灵活多样的人才引进方式，采取调人、聘用、借用、兼职等多种方式方法，广泛吸引海内外人才智力资源。要引导人才向城镇流动，鼓励和吸引人才到贫困地区和农村工作或提供服务，鼓励党政机关、企事业单位、科研院所的同志向人才匮乏地区和单位流动，鼓励农业科技人才和高校毕业生到农村和基层创业，推动实用性科技人才自主创业和向企业流动，最大限度地发挥现有人才资源的潜能。

再次，要营造环境。能不能更多地吸引人才来工作和创业，涉及的因素是多方面的，但其中最重要的就是要使人才有施展才华的舞台、发挥作用的载体、一心一意干事创业的环境。如果在思想、环境、机制方面的问题不解决，人才即使引进了，也留不住。要真正把市场理念、开放理念、人才理念、资源理念落实到每个环节和方面，只有这样，人才队伍才能真正地崛起。各级主要负责同志要亲自抓人才建设特别是特殊人才的引进，主管部门要解放思想，在人才培养、引进上该放活的要放活，否则就很难适应人才市场的需求。

在人才引进上，要特别注意走出认识误区。近年来，在党中央的大力倡导下，在全社会的共同努力中，尊重劳动、尊重知识、尊重人才、尊重创造的风气和氛围日浓，各地各部门纷纷采取措施引进人才。然而，也不能不看到，在

引进人才的问题上，一些地方和部门还存在这样那样的误区，导致人才在引进之后不能充分发挥作用，造成了人才资源的浪费。

误区之一："学而优则仕"。靠"戴官帽"吸引，是不少地方和部门引进人才的一个重要手段。这种做法，在很大程度上反映了我国传统文化中"学而优则仕"的思想。搞"学而优则仕"能否收到实际效果，取决于两个条件：一是看所引进人才的专业和特长与拟任领导职务的性质和职责是否对口。如果二者风马牛不相及，却还要搞"拉郎配"，其结果只能是事与愿违。二是看所引进人才有没有从政的兴趣和能力。一些人才在自己的专业领域游刃有余，但并不一定具有较强的行政管理能力，未必适合担任领导职务。如果非要把他放到领导岗位上不可，其结果必然是"强扭的瓜不甜"。事实上，许多专业技术人才更看重的是能否有一个施展才华、发挥专长、干事创业的舞台，而并非"官帽子"。过多地强调"学而优则仕"，往往会带来用非所长的问题。



误区之二："外来的和尚会念经"。一些地方和部门对国外境外、外地区外部门有名望、有头衔、有地位的人才格外青睐，千方百计、不惜代价地予以引进，可谓趋之若鹜、求贤若渴；而对门内冯谖、帐下韩信却熟视无睹、不屑一顾，致使自己本有的人才得不到发现和使用。一个单位之所以要引进人才，是因为自己的人才不够用或者不合用。只要是人才，无论是"本地和尚"还是"外地和尚"，都应当一视同仁，而不能厚此薄彼。如果只重视引进人才，不注意发掘本单位的人才，很可能会"引来女婿气走儿"，导致人才外流。而且，一味地重引进而轻培养，势必陷入越引进越缺乏的恶性循环，其结果可能会得不偿失。

误区之三："引进就是拥有"。一些地方和部门认为，引进人才，就要把人才的户口、档案、工作关系等统统"引"过来，掌握在自己手中，否则就心里不踏实。这种"使用其才，必先拥有其人；只有拥有其人，才可使用其才"的做法，固然有其道理，但这更多的是计划经济体制下的人才观念，在市场经济条件下，这种人才制度必须改革。在社会流动性不断加大、知识共享程度不断提高的当代，引进人才的形式是多种多样的，有"引进就是拥有"的刚性引进，也有"不求所有、但求所用"的柔性引进。至于采用哪种方式，应根据实际需要和具体情况而定。如果固守"引进就是拥有"的模式，实际上会加大引进人才的难度和成本。

误区之四："引进之后万事大吉"。有的单位引进人才，索之不可谓不急，奉之不可谓不优，然而，人才一旦引进之后，却既不委之以实事，更不赋之以实权，使人才成为一种摆设。引进人才的目的是使用人才，使用人才的目的是促进事业发展。如果把引进人才当做创政绩、树形象的手段，引进之后就万事大吉，而不想方设法发挥人才的作用，那就背离了引进人才的初衷，势必造成人才资源和其他资源的浪费。

在国内外竞争日趋激烈的情况下，人才的作用更加凸显。做好人才引进这篇大文章，是一个需要认真研究的课题。只有努力避免各种思想和行为上的误区，才能让人才引得来、留得住、干得好，使引进人才更有利于推进欠发达地区的崛起。

# 大力发展职业技术教育<br>增强产业的核心竞争力

欠发达地区要崛起，人才是关键，教育是基础。加快发展职业技术教育，是树立和落实科学发展观，在更高层次上谋求快速崛起的战略性任务。欠发达地区应当切实增强抓好职业技术教育工作的紧迫感、责任感和使命感，做到思想上高度重视、认识上高度统一、行动上紧密配合、措施上具体有力，努力开创职业技术教育工作的新局面。



## 一、认清形势，提高认识，进一步增强加快发展职业技术教育的责任感和紧迫感

现实表明，大力发展职业技术教育，是推进经济结构战略性调整、加快增长方式转变的迫切要求；是培养高素质劳动者、增强自主创新能力的必然选择；是促进和扩大就业、改善民生的重要举措；是促进教育结构调整和现代化、构建和谐社会的内在需要，事关欠发达地区经济社会发展大局。但是，一些地方对发展职业技术教育的重要性还缺乏足够认识：有些同志只看到招商引资、增加投资会促进地方经济的发展，没有看到发展教育、激活人气也会拉动地方经济的增长；有些同志只认为发展经济、提高人民生活水平才是本事，没有认识到开发人力资源、促进人的全面发展更是本事。

除此之外，职业技术教育的管理体制、办学体制、投资体制还不够完善，适应社会主义市场经济体制的职业技术教育技术运行机制还没有完全建立。因此，加快发展职业技术教育，提高人的综合素质，促进人的全面发展，是欠发达地区一项重要而紧迫的任务。

### （一）欠发达地区发展面临的新形势对提高劳动者素质提出了更新、更高的要求

职业技术教育是国民经济和社会发展的重要基础。经济和社会发展对人才的需求是多元化的，从劳动就业结构看是宝塔形的，最上面的是高层次的科研型创新人才和管理人才。其次是专业技术人才，需求最多的是生产、经营、管

理、服务一线的劳动者。职业技术教育的主要任务就是培养和提高在一线从事生产、服务和管理的各类实用人才以及熟练劳动者的综合素质和职业能力，其发展的规模、水平和质量直接影响到产品质量的升级、服务水平的提高和经济效益的提升。当前，我国人才结构缺陷较为突出，一部分人没有工作岗位，同时，又有一部分社会需要的岗位无人能做；大学生就业失衡问题也日益显露。南昌市技术工人“断层”现象也非常严重，高级技工仅占全市技工总数的9.9%，而发达国家高级技工占40%。从欠发达地区的发展趋势来看，加快工业化步伐，需要大力发展职业技术教育；解决“三农”问题，推进农业集约化和产业化经营，转移农民、富裕农民，需要大力发展职业技术教育；提高下岗失业人员的再就业能力，帮助下岗失业人员走上新的就业岗位，需要大力发展职业技术教育；为失地农民进城务工传授技能，帮助农民转变成为城市居民，需要大力发展职业技术教育。所以，加快发展职业技术教育，培养高素质劳动者，已是一个事关欠发达地区发展全局的战略性、紧迫性问题。



（二）实现快速崛起迫切需要职业技术教育加快改革和发展

欠发达地区如何在日趋激烈的竞争中，发挥后发优势，实现快速崛起？只有树立和落实科学发展观，立足区位优势，塑造软硬环境优势，坚持以大开放为主战略，以工业化为核心战略，加快培养职业技术人才，才有可能后来居上。一个地区的发展，资金和高层次的人才可以靠引进，但对于欠发达地区，大批一线技术工人不能靠引进，要靠职业技术院校来培养，没有高水平的职业技术教育，就没有高素质的产业大军，也就没有经济社会的快速、协调、持续发展。

（三）融入经济全球化和参与国际竞争要求提升职业技术教育的发展水平

随着世界金融革命的深化，资本借贷和投入风险已不是主要问题，土地、资本、人力三要素中，人力资源已上升为主要的竞争要素。世界上许多国家特别是发达国家都非常重视发展职业技术教育，制定了明确具体的目标和措施。德国长期实行现代学徒制度，重视对职工的培训，政府规定每个工厂都必须有培训任务，不仅培训自己的职工，还要对社会开放。人们把德国的职业技术教育称为经济发展的“秘密武器”，许多发达国家都积极引进和推广德国的做法，通过各种政策手段促进企业积极参与职业技术教育。新加坡在每个发展阶段，不但结合国际国内经济发展趋势选择适合自己国家发展的主导产业，而且同时制定与产业相适应的职业技术教育发展政策，以支撑产业的发展。新加坡还专门设立技能培训基金，规定雇主必须为低工资收入员工上缴相当于工资数额1%的基金，促使企业不断提高员工的技能素质和工资收入。进入21世纪，世界各国普遍认识到，没有强有力的、适应需要的职业技术教育和培训，就没有经济的快速增长，也难以增强国际竞争力。目前，许多国家都把建立全面、灵活的终身职业技术教育体系作为重要任务。因此，欠发达地区只有大力发展职业技术教育，不断提高劳动者的综合素质和技能，才能应对日趋激烈的国际竞争。

## 二、遵循职业技术教育的发展规律，创造性地做好职业技术教育工作

### (一)依托两个市场，发挥两个作用

职业技术教育不同于一般教育，更不同于义务教育，它是教育事业中与经济社会发展联系最直接、最密切的部分。它的特点是既具有公益性，又具有产业性；既要政府支持，同时更多的是要连接市场，要围绕市场转，没有市场就没有职业技术教育的大发展。所以，应当在把握教育的特殊规律的同时，更多地按照产业的一般规律来发展壮大职业技术教育。只要牢牢把握职业技术教育公益性和产业性这两个特点，始终围绕就学和就业两个市场，发挥政府支持力度和激活民间力量相结合的方式，来加快职业技术教育的发展。一是坚持做大做强现有学校与新办学校相结合，促进职教资源合理配置。既要发挥现有学校的作用，提升、撤并与重新整合本地区现有的职业技术学校，又要根据本地区产业结构优化升级的需要和劳动力资源配置的要求，适时新办一批职业技术院校，以及开设新的专业。在制定本地职业技术教育发展规划时，对本地职业技术教育的布局结构和发展重点要进行重点规划，在此基础上，不只是用行政手段，更多的是要用市场经济的运作方式，打破部门界限，打开公办职校大门，允许其参照民办职校制定收费标准，鼓励各种社会力量参与公办职校改革，推动各类公办职业技术教育资源优化整合。采取多元化投入形式，实行市场化运作、企业化管理，有条件的地方还可以组建职业技术教育集团和职业技术教育培训就业服务集团。二是要全力支持民办职业技术教育做大做强。对各类成功的民办职业技术院校，应当将其视为进一步发展壮大职业技术教育的宝贵财富，在国家政策允许的范围内，在资金投入、土地集约利用等方面进一步支持民办职业院校壮大规模，提升办学水平，使其成为全国乃至世界上职业技术教育领域的知名“百年老校”。三是要强化企业自主培训的责任。企业是举办职业技术教育的重要力量，各类企业要从实际出发，强化自主培训功能，加强对职工和准备录用人员的职业技术教育和培训，形成职工在岗和轮岗培训的制度，实行培训、考核、使用、待遇相统一的政策。鼓励企业与职业院校联合办学，并积极为职业院校提供兼职教师、实习场所和设备，支持企业在职业院校

建立研究开发机构和实验中心。四是坚持高、中、低三级职业技术教育发展相结合，形成结构合理、功能齐全的职教体系。五是加快创业示范基地建设。重点抓好创业指导中心、创业培训中心和创业示范园区建设，推动下岗失业人员和城乡劳动者自主创业和自谋职业。六是积极引进外地包括国外优质职业技术教育资源。加强职业技术教育国际交流与合作，鼓励国外、境外优质职业技术教育资源与本地职业技术院校合作办学，不断提高本地职业技术教育发展水平。

（二）深化教学改革，提升教育教学质量

通过教育教学改革，不断提高职业技术教育教学质量，培养适用人才，是职业技术教育保持旺盛生命力的前提。要深化对职业技术教育本质的认识，丰富职业技术教育的内涵，创新教学模式，全面实施素质教育。加强对学校专业设置的指导和管理，及时调整专业设置，改造更新现有专业，形成专业特色。顺应沿海地区产业变化趋势，结合本地产业的需要调整专业结构，重点围绕本地支柱产业建设示范性专业和骨干专业。要针对职业技术教育职业性、社会性、实践性的特点，努力改革教学的内容和方法，以培养学生全面素质为基础，突出实践性教学环节，抓好校内外实习基地建设，加强职业技能训练，努力提高学生的专业动手能力和立业创业能力。要加强职业技术教育师资队伍建设，通过进修逐步提高职业技术院校教师的学历层次，开展以新知识、新技术、新工艺、新方法为重点的教师培训工作，特别要加强对骨干教师、专业带头人和名教师的培养。要有计划地安排专业教师到企事业单位进行专业实践，不断提高专业教师的专业技能和实践能力，努力建设一支既能从事专业理论教学，又具有较强技能的高素质“双师型”教师队伍。鼓励职业院校利用品牌专业创办相应的校办企业，形成“产教结合、产教并举、以教促产、以产养教”的良性循环。



（三）优化用工制度，密切职业技术教育与劳动就业的联系

要积极推进劳动就业制度的改革，切实推进职业资格证书制度。对国家和上级政府实行就业准入控制的用工，用人单位必须坚持从取得相应职业资格证书的人员中录用。劳动保障、人事、工商等部门应当加强沟通和协作，加大对就业准入制度执行情况的监察力度，全面落实“先培训，后上岗”的原则，对违反就业准入规定，随意招收未经职业技术教育或培训人员就业的，应责令其纠正并给予相应处罚。职业技术院校要由学历教育模式向学历与培训教育并重的方向发展，加强学历教育与职业标准的有机衔接，学历教育的课程和教学内容、教学安排应充分体现相关职业资格的要求，为学生在获得毕业证书的同时获得相应的职业资格证书创造条件。人事、劳动保障等部门应经常根据企事

业单位的人才需求状况和人才市场、劳务市场的动态，对本地专门人才和技术工人的总体需求进行预测，计划、教育等部门应根据人才预测的结果，制定和调整职业技术教育发展规划，指导各类职业院校搞好招生。要认真研究制定相关的鼓励政策，支持职业学校毕业生自主创业，支持和帮助符合条件的毕业生到国（境）外就业。

## 三、加强领导，落实措施，努力形成加快职业技术教育发展的强大合力

职业技术教育是一个系统工程，发展职业技术教育是各级党委、政府的重要职责，也是全社会的共同任务。欠发达地区更要像重视经济工作一样重视职业技术教育的发展，按照国家有关政策，真正把发展职业技术教育的各项政策措施落到实处。



### （一）加强对职业技术教育工作的组织领导

党委和政府应把发展职业技术教育摆上重要位置，列入议事日程，纳入地方经济和社会发展的总体规划，要强化地方政府在规划用地、政策扶持、资源整合等方面的统筹能力，使各类职业技术教育资源的利用更为充分，效益更加明显，综合优势得到进一步发挥。应建立职业技术教育工作领导小组，不断完善职业技术教育工作联席会议制度，定期研究职业技术教育办学过程中出现的问题，分析和公布本地区和域外的就业走向与形势，协调和促进职业技术教育的不断发展。教育、劳动保障、经贸、人事、财政等部门应按分工要求各司其职，切实把职业技术教育的文章做好做活，共同促进职业技术教育的健康发展。

### （二）增加对职业技术教育投入

在通过制定政策引导各种社会力量投资办学和捐赠办学的同时，政府应当专门从促进就业资金、行业（企业）征收的职工教育经费及农村劳动力培训资金中切出一块，建立职业技术教育发展专项资金，重点用于补助师资培训、学校实验实习设备的更新和办学条件的改善、课程教材的开发以及骨干和示范性职业学校的建设。根据一些地方的成功经验，可将城市教育费附加费的20%、农村教育费附加费的10%专项用于职业技术教育。政府在安排农村科技开发经费、技术推广经费和扶贫资金时，用于农村职业技术教育资金的比例应力求达到10%。

### （三）改善职业技术教育发展的外部环境

职业技术教育的发展，没有社会各界的广泛理解和积极参与，没有家庭和

学生的认同，不可能取得良好的成效。各新闻媒体和有关单位应通过多种形式，大力宣传职业技术教育在经济建设和社会发展中的重要地位和作用，宣传和表彰职业技术教育的先进典型，鼓励有技术特长的学生接受职业技术教育；鼓励各地开展符合本地从业岗位需要的技术技能竞赛、评比和展示等活动，尊重、表彰和奖励技能型工作者的劳动成果，大张旗鼓地弘扬“三百六十行，行行出状元”的风尚，引导社会各界和人民群众树立科学的教育发展观、人才观和择业观，努力营造有利于职业技术教育改革与发展的社会氛围。教育、人事、劳动保障等职能部门应进一步简化办事程序，提高办事效率，为职业技术教育的发展搞好服务。公安、城管等执法部门应加大对校园周边治安环境的整治力度，全力打造“平安校园”。纪检、监察等部门应加大检察监督力度，坚决制止乱收费、乱摊派、乱罚款等影响经济社会发展环境的不良现象发生。

# 推进全民创业　夯实崛起基础

百姓创家业，能人创企业，干部创事业，从而汇聚成全民和谐创业大潮，是欠发达地区谋求多元化力量，推进崛起宏伟大业的重大举措。它对于促进思想文化理念更新，铸造加快发展的文化基础；对于促进社会持久的安定和谐，铸造加快发展的政治基础；对于推进经济社会又好又快发展、铸造加快发展的经济基础，都具有十分重要的现实意义和深远的历史意义。群众创财富，政府创环境。没有和谐的环境，群众就没有创造财富的良好条件。因此，在迅速掀起全民创业的热潮中，政府必须下极大的工夫来创造全民创业的和谐氛围。



## 一、把握内涵，营造环境，培育文化，为全民和谐创业创造条件

### （一）大力推进和谐创业，必须把握和谐创业的深刻内涵

“和谐创业”是对构建社会主义和谐社会实践的一个重要探索，是确保经济社会快速、协调、持续发展的基础条件。要谋求经济更快更好地发展，各级党委、政府应当创造一种更加开放、平等、宽容和多元的生存空间和发展环境，激发各行各业人们的创造活力，消除各种人为制造的制度性障碍，使一切有利于加快发展的创造愿望得到尊重，创造活动得到支持，创造才能得到发挥，创造成果得到肯定。和谐创业，就是要在创业中实现和谐，在和谐中推进创业。形势形势，关键在势。势的形成过程，就是能量的积蓄过程。其中，能量的积蓄过程又主要体现在创业能量的集聚。欠发达地区要求得快速发展，必须依靠外来资本的势力、国家资本的势力和民间资本的势力三大经济势力，促进外资经济、国有经济、民营经济的发展。这就需要通过全民创业、和谐创业，在全社会旗帜鲜明地鼓励探索者，善待挫折者，宽容失败者，激励成功者，成就创业者，使创业者在经济上有实惠，舆论上有支持，社会上有地位，政治上有声誉。

### （二）大力推进和谐创业，必须创造和谐的创业环境

和谐创业，就是各种社会关系的有机协调。创造和谐的创业环境，就是要

让政府与企业之间、企业与企业之间，以及整个社会与创业者之间相互支持、相互配合，从而形成协同互动、优势互补、多方共赢、共同发展的创业格局。和谐创业必须处理好四种关系：一是和谐的政企关系。“和谐创业”要紧抓发展不放松，首先要实现政企关系和谐。政府是主导，企业是主体。在推进全民创业、和谐创业中，各级、各部门的任务，不是经商办企业，不是指挥企业，更不是干扰企业，而是要优化政务、法制、市场、人才等创业环境，搭建创业平台，提供优质高效的服务，激活创业动力，激发和引导企业的自主创业意识和企业的自我发展意识，让企业家能够在良好的环境中主动创业、艰苦创业、创成大业。政府尽引导、服务、维护之责，企业出发展经济、提高效益、增加就业之力。二是和谐的人际关系。包括和谐的干部与群众的关系、和谐的干部与干部的关系、和谐的群众与群众的关系、和谐的创业者与创业者的关系。和谐的人际关系是和谐创业的重要因素，直接关系到创业的成功与否。“和气生财”，“和”促发展。有了“和”，人们才能心无旁骛，一门心思谋创业；有了“和”，企业才能站稳脚跟，赢得市场、赢得竞争；有了“和”，政府才能协调各方、凝聚合力，为人民、为发展谋取更大利益。各级领导一定要高度重视培育和建立相互信任、相互理解、相互尊重、平等互利、公开公平的制度与人文环境，切切实实地重视社会各种利益关系的协调和平衡，扎扎实实地促进社会的公平和正义，把党的政治优势发挥得更好，促使全社会人际关系更和谐、更美好。三是和谐的上下级机关的关系。上下级机关之间是领导与被领导，或指导与被指导的关系，其关系融洽、和谐与否，与和谐创业关系极大。上下级机关之间磕磕碰碰，吵吵闹闹，势必祸及创业，害了企业、害了事业。有的机关因为对上有点“傲”，把项目搞跑了，把政策搞没了，把能得到的资金支持搞丢了。这种上下级机关的关系问题，在领导与被领导关系的机关之间不明显，主要是那种指导与被指导关系的机关。还有的机关对下级机关也不够尊重，“老大”思想不少，认为我是管你的，对下级机关尊重不够，支持不够，解决实际问题不够。正确的方法是，对上级机关，在独立负责地解决自己职责范围内的问题同时，要“主动”请示，“主动”报告，“主动”支持和服从他们的领导或指导。“主动”二字非常重要。“主动”与被动，差别很大。主动促“和”，必有回报，对工作有利，对发展有利，对地方的整体利益有利。对下级机关，要多听意见，多帮助解决问题，尊重和服从按照属地原则管辖的工作安排。四是和谐的社会关系。要十分关注困难群众的生活，积极为他们排忧解难；努力构建社会稳定的和谐机制，信息采集机制，矛盾排查及时处理机制。



（三）大力推进和谐创业，必须弘扬和培育和谐的创业文化

和谐创业文化是创建全体人民各尽所能、充满创造活力，全体人民各得其

所、利益关系得到全面协调的、稳定有序的和谐社会的精神基础，是国家的软实力，是地区的核心竞争力。在和谐创业中，先进文化对和谐创业起智力支持、精神动力、价值坐标、道德指向等重要作用。要在和谐环境中创业，就要弘扬和谐创业文化，充分发挥先进文化的支撑作用。由于长期的农耕文化和封建文化的影响，欠发达地区推进和谐创业往往存在一些思想束缚和障碍。一是小富即安、小成即满的小农经济思想。有这种思想的人，胸无大志，不思进取，守土恋家，求稳怕错，不敢闯市场，不敢担风险，不敢创大业，不求最好，只求还好。二是“官本位”意识。有这种意识的人，把“当官”当成自己人生的第一追求，眼睛不是盯着事业，而是盯着“帽子”、“位子”，“有心做官，无心做事”；有的为了达到“当官”的目的，不惜“跑官要官”；有的如果不能如愿就失去工作的动力，缺少工作的热情，得过且过，甚至埋怨组织，迁怒同事。三是“红眼病”心理。有这种心理的人，不但自己不干事，还唯恐干事的人干成了事。看到谁有成绩了，被重用了，就心态失衡，甚至不惜捕风捉影告黑状，无中生有造谣言。自己不行，也不让别人行。有的看不得别人发财，总是害“红眼病”：我不富，你也不能富，掌握了人民给的一点权力，就千方百计从企业身上捞一把。四是缺乏诚信、随意变更合同的行为方式。有这种行为方式的人，轻诺寡信，视合同为儿戏，诚信观念和法律意识淡薄，对自己有利的合同，就执行；对自己不利的合同，就找出种种理由，拒不执行，损害他人利益。消除上述种种障碍问题，必须大力弘扬和谐的创业文化，努力形成良好的鼓励创新、奋发进取、开放开明、宽容失败的创业氛围，创业者才能放心、放胆、放手创业，创业才能成为人民的共识和追求，和谐创业才有强劲持久的内生动力。为此，各级领导要把培育创业文化作为一项经常性的、长期坚持的工作抓紧抓好。要充分挖掘本地区文化内涵，打造文化精品，搭建优势文化平台，夯实和谐创业的思想、道德和社会基础。要大力培育大气大度、宽容宽松、理智理性、精明精致、诚实诚信的人文素质；大力弘扬敢于冒险、勇于进取，坚忍不拔、奋力拼搏，勇于创新、积极开拓的创业精神；大力营造“以富为荣，以富为能，以富为强”，人人想创业、会创业、敢创业的浓厚社会氛围；大力弘扬亲商、安商、富商的理念并形成良好风气。努力营造团结和谐、充满活力、共谋发展的良好氛围，形成聚精会神搞建设、一心一意干事业的强大合力，使劳动者敢创业，会创业，创成业。



## 二、紧紧抓住干部创事业这个关键

政治路线确定之后，干部就是决定因素。全民创业，百姓创家业是基础，能人创企业是主干，干部创事业是关键。各级干部尤其是领导干部作为政策文件的制定者和执行者，社会事业的组织者和管理者，是墨守成规，还是锐意创新，是碌碌无为，还是开拓进取，对全民创业起着至关重要的作用。在一定意义上，干部素质决定和谐创业水平。因此，在推进和谐创业的进程中，一定要狠抓干部创事业这个关键。

（一）把提高干部的思想作风能力放在重要位置

这里有三种情况值得注意：一是个人利益、局部利益至上的狭隘利己思想。有的同志不涉及个人或局部利益时倒还好，一旦触及其个人利益或局部利益，就斤斤计较，还振振有词，全然不顾个人形象，不顾整体和全局利益。二是不讲原则、文过饰非的“好人主义”。平时你好我好大家好，明知同志有错，不提醒、不批评，无原则赞同，唯恐得罪人，生怕丢选票。实际上，平时做好人，出了事时就必然要做恶人，甚至可能要当罪人。我们应当平时敢做“恶人”，关键处做好人，才可能不当罪人。三是粗枝大叶、大而化之的惯性思维。有的同志工作不深入，基层、群众的要求不了解，粗心大意，表现在工作上是“情况不明决心大，心中无数点子多”，最后把好事办坏，甚至造成严重后果。有这三种问题的干部为数不多，但为害不小。在实现崛起过程中，干部应当具备五个方面的素质：一是有崇高的思想境界，始终做到立党为公，执政为民。二是有很强的创业能力，追求卓越、追求高效，善于从战略着眼，细节着手，凡事必办，办事必快，快办必成。三是有饱满的工作热情，始终有一种爱岗敬业的深情、拼搏进取的激情、永不言败的豪情和忘我工作的痴情，善于在困难中寻求办法，在挑战中把握机遇，在竞争中夺取胜利。四是有踏实的工作作风，说实话、谋实招、干实事，谋划工作有思路，推动工作有魄力，落实工作有办法。五是有良好的廉洁形象，能够坚持清廉守正，抗得住诱惑，经得起考验，出污泥而不染，立水边而不湿。



（二）把完善育人选人用人机制放在重要位置

要坚持正确的用人导向，坚持凭实绩用干部，坚持在“赛场”中“选马”，同时建立科学的考察体系，完善考核办法，让“不在状态”的“混混官”、不能迅速打开局面的“无能官”、得过且过的“太平官”、说长道短的“评论官”，或没有市场，难以度日；或受到鞭策，主动奋起。要关注作风正派、真抓实干、开拓创新、无私奉献的干部。总之，要让一切创事业的源泉充分涌流，让一切促发展的活力充分迸发，让一切争创一流的能量充分释放。

要持之以恒抓好先进性建设。“和谐创业”作为一种新的执政理念，是广大党员干部干事创业的思想指南。和谐创业，需要我们党员干部永葆先进，模范执政。让和谐创业的伟大实践成为广大共产党员实现先进性的广阔舞台，让共产党员先进性在和谐创业中大放光彩，党的先进性建设的伟大工程必将硕果累累，和谐创业必定灿烂辉煌。因此，要坚持党的先进性建设，推进和谐创业，加快经济社会发展。要着力解决好党组织和党员中存在的同保持先进性要求"不适应"、"不符合"的突出问题，解决好在理想信念、宗旨意识、大局意识、群众观念、纪律观念、工作作风、能力素质以及基层党组织建设等方面存在的共性问题，确保各级党组织的先进性，使之真正成为和谐创业、加速崛起的强大推动力量。

## 三、转变角色，服务创业，树立政府良好形象

### （一）政府应当高度重视创业培训



创业需要人才队伍作保证。一些发达地区的实践证明，创业服务与创业成功密切相关。据统计，在小型企业中，未接受创业辅导的，创业失败率高达55%，而接受了创业辅导的小企业仅有20%的失败率。加快全民和谐创业一定要重视创业教育辅导，尽快形成一支创业辅导专业队伍，形成创业辅导服务网络，为小企业提供创业咨询、创业培训、政务代理、信息等一条龙服务。各级政府要进一步找准创业培训的着力点，充分运用好各类培训资源，义务地或最低成本地搞好创业培训。加快全民创业，要抓好市场、法律法规、企业管理等知识的培训，通过培训，提高创业者的营销管理水平，使创业者更加熟悉税法、工商法、企业管理、原始资本积累等专业知识，让创业者善于勤俭创业，最终达到"借鸡生蛋"、"借梯上楼"，合法致富的目的。

### （二）政府要甘做幕后英雄

推动全民创业，各级政府应该以服务创业为天职，既要善于当主角，也要乐于当配角；既要能够当台前英雄，也要甘做幕后英雄；既要吹冲锋号，又搭过河桥。职能部门既要"两袖清风"，又不能"两手空空"，一事无成。因循守旧的地方是没有前途的地方，墨守成规的部门是没有作为的部门。当创业者遇到困难和挫折时，要多一点理解，少一点埋怨；多一点关心，少一点指责；多一点支持，少一点添乱；多一点服务，少一点制约。职能部门应该努力以权谋公，设法搭好社会化服务平台，促进人才、技术、资金、信息等创业要素的有机结合，为一大批勇于创业的人提供良好的机遇和广阔的舞台。

### （三）政府要切实抓好政策落实

要认真落实各项政策、放开领域、放胆实践。全面清理各种行政许可事项和收费项目，能取消的事项坚决取消，能不收的费用坚决不收。在执行政策过程中，必须一切从有利于发展出发，敢于舍小利求大利，舍近利求远利，舍局

部利益求整体利益；必须认真研究上级政策与本地发展的结合点，真正把执行政策的原则性和实际操作的灵活性有机地结合起来，最大限度地利用好各种优惠政策；必须确保做到一诺千金，确保政策规定落实到位，确保让广大投资兴业者满意。

# 维护社会稳定也是政绩

邓小平同志说过，中国的问题，压倒一切的是需要稳定。没有稳定的环境，什么都搞不成，已经取得的成果也会失掉。谋发展时一定要想着维护稳定。这就必须以人为本，把最广大人民群众的根本利益作为制定政策、开展工作的出发点和落脚点，必须把改革的力度、发展的速度和社会可承受的程度统一起来。

## 一、维护社会稳定，既是经济社会协调发展的重要内容，又是经济社会协调发展的重要条件

在全球竞争日益激烈的形势下，各地都在拼足劲头加快发展，欠发达地区更是以时不我待的精神，顽强拼搏，追赶先进。但是，在快速发展中，也出现一个值得高度重视的倾向：重经济指标，轻社会指标；重经济总量增长，轻人民群众是否真正得到实惠；重“显绩”，轻“潜绩”；重经济发展，轻社会稳定，在一些干部尤其是欠发达地区的干部思想观念中仍然存在，以致严重影响社会治安的问题时有发生，突出的信访问题久拖不决，安全生产隐患也未从根本上予以消除，各种矛盾、纠纷、不安定因素大量存在。究其原因，恐怕与部分干部科学的发展观和正确的政绩观产生偏差有关。因此，要充分认识新形势下做好社会稳定工作的极端重要性，坚持稳定压倒一切的方针，树立“促进发展是政绩，维护社会稳定也是政绩”的政绩观。当前，我国正处于经济转型期，地区差距、城乡差距、贫富差距，容易诱发各种社会矛盾。因此，作为第一责任的维护稳定与作为第一要务的促进发展，关系密不可分，相辅相成。

树立“促进发展是政绩，维护社会稳定也是政绩”的政绩观，关键是要科学制定干部政绩的考核评价指标，形成正确的用人导向和用人制度。各地的实际情况不同，衡量政绩的要求和侧重点也应有所不同。要看 GDP，但不能唯 GDP。GDP 快速增长是政绩，生态保护和建设也是政绩；经济社会发展是政绩，维护社会稳定也是政绩；立竿见影的发展是政绩，打基础做铺垫也是政绩；解决经济发展中的问题是政绩，解决民生问题也是政绩。总之，要从坚持

立党为公、执政为民的高度来考评干部的政绩，坚持抓好发展与关注民生的结合、对上负责与对下负责的结合、立足当前与着眼长远的结合，科学设定考核政绩的内容和程序，完善考评体系和方法。坚持按客观规律办事，重实际、鼓实劲、求实效，不图虚名，不务虚功，不提脱离实际的高指标，不喊哗众取宠的空口号，不搞劳民伤财的假政绩，扎扎实实地把各项工作落到实处。

## 二、认真研究和把握基本规律，积极探索正确处理新时期人民内部矛盾的新办法

唯物辩证法告诉我们，事物是运动的，运动是有规律的。只有认识和把握事物的运动规律，才能采取正确的办法促进事物向好的方面发展。人民内部矛盾的运动同样有规律可循。早在 1957 年，毛泽东同志就根据我国开展大规模的社会主义建设时期人民内部矛盾运动的基本规律，写下了著名的《关于正确处理人民内部矛盾》的光辉著作。进入新世纪，经济社会发生了深刻变化，人民内部矛盾必然会以新形式出现，但只要我们认真研究和把握它的基本规律，我们就能找到正确处理新时期人民内部矛盾的新办法，从而做到事半功倍。因此，我们必须积极探索新时期人民内部矛盾的产生原因及演变过程，把握化解各类矛盾的内在规律。当前，有四条基本规律务必认真把握：

### （一）认真把握变化产生不安规律

任何事物都是变化的，变是绝对的，不变是相对的。变化的形式是多种多样的，但不外乎两大类：一类是向好的方向变，一类是向差的方向变。人心思变，人心希望向好的方向变，这是基本特征。在一定意义上说，向好的方向的变化，孕育着机会，体现着发展，凝聚着人心。但是，我们必须清醒地认识到，“变化产生不安”是一条不以人的意志为转移的客观规律，也是不容回避的客观现实。变化在给人们带来喜悦的同时，如果我们的工作没有做好，就必然会使人产生不安。比如，人均 GDP 超过 1000 美元，这是让人喜悦的，但一些国家的发展经验表明，人均 GDP 处于 1000 ~ 4000 美元之间，是社会矛盾暴露最充分的时期，如把握不好，就可能导致经济徘徊不前和社会动荡。变化为什么会产生不安？原因固然是多方面的，但有一点是共性的，这就是宣传群众不力。因此，要在变化中使人“安”，一是必须做到信息公开。特别是在信息社会，信息的传播速度快，传播的范围广，一个正确的信息能够迅速聚集人心，一个错误的信息则会迅速演变成蛊惑人心的谣言，进而引发群体事件。二是必须理顺群众情绪。群体事件的发生，多数是因为一些干部习惯于发号施令，不愿做深入细致的思想工作，对人民群众的困难不是积极解决，而是能推

则推，能拖则拖，使群众产生强烈的抵触情绪所致。因此，我们的干部要以敦厚的感情对待群众，到群众中去多做深入细致的思想工作，善于理顺群众的情绪。三是必须尊重民意。要加强决策的民主化，重大决策尤其是关系人民切身利益的决策，不但广泛征求群众意见，还要积极组织群众参与。实践证明，凡是群众参与的决策，群众不但理解，更能成为决策顺利实施的巨大推动力量。只有这样，我们才能从源头上消除群体性事件及各类不稳定因素。

（二）认真把握人们平衡心理规律

改革、发展的过程，往往都伴随着利益格局的调整。古人说：天下事，不患寡而患不均。运用政策法律的武器，尽最大的努力使这种利益格局的调整达到公平合理、统筹兼顾，各方的利益都得到照应，是安定的重要基础。这就要求我们以科学发展观为指导，统筹协调，在考虑投资者利益的时候，充分考虑群众的利益；在考虑某一阶层或某一群体利益的时候，不要忘记考虑另一阶层、另一群体的利益；在考虑改革的时候，不要忘记考虑社会是否能够承受。利益不平衡，祸乱从中生。在社会主义市场经济条件下，平衡人们心理的诀窍，一是依照政策法规办事，一视同仁，绝不能凭主观意志办事，搞亲亲疏疏，更不能抛开政策法规，另搞一套。比如，土地征用，房屋拆迁，企业改制，都必须依照政策法规办事，绝不能违规操作。二是要尽可能运用加法定律。对待群众利益有等法、加法和减法三种方法。等法，就是群众依法依规该得到的利益，必须分毫不差地给群众；加法，就是在政策法律允许的范围内，尽可能多地多让群众受益；减法，则是克扣群众的利益。我们主张用加法，起码要用等法，而绝不能用减法。三是要用说服教育的方法。任何事情都有差异性，即使政策法律也难以保证绝对平衡，这就需要我们把依照政策法律办事与做好耐心细致的说服教育工作结合起来，不能采取简单、粗暴的方式。



（三）认真把握满足人民群众需求提高规律

邓小平同志指出，社会主义生产的根本目的，在于满足人们日益增长的物质文化的需要。向往美好的生活，比如，小房变大房，差房变好房，旧房变新房，这是一条基本规律。适应这一基本规律，着眼于提升人民群众的生活水平和生活质量，不仅是科学发展观“以人为本”的根本要求，而且是我们党全心全意为最广大人民谋利益的出发点和落脚点，也是衡量我们立党为公、执政为民的重要标志。如果我们的改革、发展，不能满足人们日益增长的物质文化的需要，不能让人民群众得到更多的实惠，甚至有损人民群众的利益，那就必然会引起人民群众的不满，必然会失去人民群众的支持。因此，我们各级领导干部，一是要牢固树立人民群众是我们执政之基、力量之源、稳定之石的观念，做什么工作都要围绕实现人民利益来展开，使人民群众在实现自身利益的同时更加拥护和支持党的领导。二是要从老百姓最关切、最盼望的实事、难事做起，为群众诚心诚意办实事，尽心竭力解难事，坚持不懈做好事，多做暖人心、稳人心、得人心的事情；对群众提出的意见和要求，能够马上解决的立即解决，短时间内难以解决的，必须制订计划、规定期限、明确责任，抓紧时间解决，同时认真做好解释说服的工作，使群众理解，让群众放心。三是要切实提高人民群众的生活水平和生产质量。随着经济社会的高速发展，人民群众必然对改善生活质量，提高政治、经济、文化生活水平提出更高的、多元化的要求。如农民在土地被征用后，希望得到更多的补偿；市民房屋被拆迁后，希望能住上更加宽敞舒适住房；企业职工在身份被置换后，希望就业有保障，生活更美好。对此，各级领导要重视和顺应这种新的情况，努力实现好、保护好、发展好群众的利益。在进行改革、发展的各项决策中，首先维护好人民群众的利益。要自觉用人民赋予的权力服务于人民、造福于人民，坚决反对利用手中的权力为自己谋取私利，捞取好处，贪占群众的“便宜”。



（四）认真把握团结大多数的规律

团结一切可以团结的力量，调动一切可以调动的积极因素，是我们党能够战胜一切艰难险阻的法宝。我们在推进改革、发展、稳定的事业中，一定要首先谋取大多数人的利益，一定要注意把绝大多数人团结在党的周围。一是要相信广大人民群众是信任党、拥护党的，要深入到群众中去工作，把党的方针政策原原本本地交给群众，引导群众以理性的方式提出自己的利益诉求。二是要善于抓住主要矛盾和矛盾的主要方面，做好那些在群众中本质好、拥护党、影响大、威信高的人的工作，尽快把大多数人都团结起来。至于极少数人，要对他们讲清政策，讲清法律，把握好法律的度。三是在遇到人民内部矛盾和群体性事件的时候，更要注意团结大多数人，孤立极少数人。酿成社会矛盾以及群体性事件的原因是复杂的，许多群体性事件多种问题相应交织，一些群众要求的合理性与行为的违法交织在一起，多数人的合理要求与少数人的无理取闹交织在一起，群众的自发行为与一些别有用心的人插手利用交织在一起，使问题复杂化，处理难度大。所以，在处理具体问题时，我们要坚持团结大多数，孤立和打击极少数。对于极少数人为达到个人目的而纠缠不休、煽动闹事、堵塞交通、冲击党政机关、危害公共安全以及破坏社会秩序等行为，在处理上绝不能手软，该训诫的要训诫，触犯刑律的要坚决绳之以法。

## 三、建立长效机制，确保维稳工作落到实处

加强维护稳定工作，关键是要加强对新形势下各类矛盾的研究和分析，形

成处理各类矛盾的原则和长效工作机制，以便更好地掌握工作主动权。一是要进一步健全维稳网络。实践证明，大量不稳定因素起源于基层，信息的快速掌握和反馈也要依靠基层。必须不断提高基层干部自身的综合素质和发现问题、协调关系、化解矛盾的能力，大力加强农村基层组织和城镇社区的建设，真正筑起维护社会稳定的“第一道防线”。要充分发挥各级维稳信息督察员、综治信息员和其他各类信息渠道的作用，使群体性事件的发生做到未发先知、预防在先。二是要坚持标本兼治。要坚持着力提高处置群体性事件的能力，从根本上预防和消除群体性事件的发生的原则，认真总结处置群体性事件工作的经验和教训，不断提高处置能力，形成统一指挥、反应灵敏、协调有序、运转高效的应急处置体系，确保在处置群体性事件或其他突发性事件时行动迅速，处置得当。同时，要从源头上抓预防，建立健全各种形式的干部联系群众制度，变群众上访为干部下访，认真解决好群众关心的问题，及时化解群众心中的怨气，消除不稳定隐患。三是要实行严格的责任制。维稳工作实行属地管理的领导责任制，各级党政一把手为第一责任人，负总责和全责；分管领导负具体领导的责任；党政班子成员都要落实“一岗双责”，负起分管部门、行业的维稳工作责任。各经营单位的法人代表要负安全稳定的全责，特别要抓紧重点消防隐患的整改。四是加强维稳应急机制的建设。包括指挥体系、应急队伍、联动机制、处置预案和装备准备等，在应急机制上予以完善。一旦发生影响稳定的事件，单位领导要亲临一线，面对面地做群众的工作，做到“四个立足于”，即立足于争取大多数群众，立足于缓解矛盾，立足于防止连锁反应，立足于快速控制事态。五是牢牢把握正确的宣传舆论导向。经验表明，做好舆论导向工作，是做好矛盾调处和化解工作的重要环节。要多组织宣传稳定、促进发展的先进典型。对一些群体事件的公开报道，应当本着有利于减少对抗性矛盾和有利于维护社会稳定的原则，按有关规定执行。为了防止一些别有用心的人炒作，误导舆论，制造混乱，必须探索建立群体性事件舆论分析及通报制度，完善新闻发言人制度，通过听证会、新闻发布会等形式，引导舆论，以正视听，形成正面舆论的强势。六是深入持久地抓好不稳定因素的排查和调处。不间断地组织开展不稳定因素的排查、调处工作，对可能引发群体性事件的苗头、事端进行全面、彻底的梳理，切实做到底数清、情况明。同时对排查出来的问题要严格落实责任制，自己能解决的尽全力解决，做到责任不落实不放过，工作不到位不放过，问题没解决不放过。解决不了的要逐级报告。

# 切实加强领导干部的思想政治建设

思想政治建设是干部队伍建设的灵魂，是保证各项事业成功的基本条件。思想建设要紧贴时代特点，把握工作规律，增强针对性。欠发达地区要抓住机遇，实现崛起，就必须在抓经济建设、改革开放的同时，抓好干部队伍的思想政治建设，为事业锻造一支政治过硬、业务精通、作风优良的中坚力量。

## 一、切实解决好"提高境界、开阔眼界"的问题



境界是人们修养和道德的程度。眼界是人们的眼光、视野和学识水平。实现崛起是一项伟大的事业,也是一个伟大的实践。伟大的事业需要崇高的境界,伟大的实践需要宽广的眼界。提高境界、开阔眼界,是广大干部特别是各级领导干部的一项必修课。

境界是一种理想、一种精神、一种胸怀。境界决定人们的事业心。淡泊名利、无私奉献、全心全意为人民服务是我们共产党人应该达到的一种境界。应该说,现在我们绝大多数党员干部都能够做到甘于清贫、乐于奉献,兢兢业业、勤勤恳恳,采他人之长补自己之短,在名与利面前经受了考验。但也确有一些党员干部个人主义思想严重,不是把时间和精力放在为党和人民的事业发展尽心尽力上,而是忙于为自己、为亲属谋取私利,争名于朝、夺利于市,给党和人民的事业带来消极影响。

境界决定人们的责任感。广大干部为了党的事业、人民的事业,以高度的责任感,在自己的岗位上奋发努力,严于职守。但也确有一些同志革命意志衰退,在其位不谋其政,工作得过且过;有的同志喜欢站在有色玻璃里面,看自己什么都好,看别人什么都不行;有的工作上不去不是从自己身上找原因,而是责怪同事、埋怨组织;有的自知知识浅薄,又不肯下工夫学习,自己找理由原谅自己;还有的心思不是用在干好本职上,而是这个位置还没坐热,眼睛又盯着新的位置,甚至对组织上提这个要求、提那个要求,就是不给自己提要求。他们丝毫不明白,一个岗位就是一份事业、一份责任,组织上绝不会随意把领导岗位交给一个不能胜任、不能打开局面的人,道理很简单,这样既会耽误事业,也影响干部健康

成长。还有的党性观念淡漠,不是恪尽职守,而是拿原则做交易,使党和人民的事业遭受不必要的损失。

境界还决定人们的从政文明程度。党员领导干部作为我们事业的领导者、组织者、实践者,要坚持大局为重,襟怀坦白,光明磊落,同志之间多沟通、多理解、多商量,不闹个人意气,不计较个人恩怨,相互谅解,相互尊重,相互支持,坦诚相见。但也不可否认,我们队伍中确有少数人,热衷于茶余饭后的小道消息,议论是是非非,甚至追名逐利,搞点小团伙,这就是境界不高的表现。欠发达地区与发达地区的差距,既有发展上的差距,也有观念上的差距,还有文化上的差距。比如在人与人的关系上,发达地区的理念是:你行我佩服你、支持你,然后通过自己的努力工作、出色业绩,同样取得成就。而一些欠发达地区有一些人的理念是:你行我嫉妒你,然后千方百计诋毁你、贬低你,使你由行变成不行,最后使大家都不行。如果一个人不能正确对待自己,不能正确对待同志,不能正确对待组织,看不得别人进步,在别人进步的时候不是想怎样通过自己的努力做出成绩,而是眼红甚至栽赃诬陷。这种现象,本质上反映的是境界问题,体现了一个人的文明程度。我们要通过扩大开放、加快发展来逐步克服这种封建的文化影响,以先进的文化来改造我们的社会。



古人有一句话,叫"会当凌绝顶,一览众山小"。高尚的境界、宽广的眼界,是党员干部的必备素质。广大党员干部特别是各级领导干部,都要把提高境界、开阔眼界作为一个不断充实自我的过程,以高度的政治责任感、强烈的求知欲和进取精神,勤于学习、善于学习,把学习作为增长知识和才干的重要途径,作为做好领导工作的重要方法,争做学习型的好干部;都要把提高境界、开阔眼界作为一个不断战胜自我的过程,加强党性锻炼和道德修养,加强世界观、人生观、价值观的改造,自觉做到自重、自省、自警、自励,"慎独"、"慎初"、"慎终",堂堂正正做人,踏踏实实做事,清清白白做官;都要把提高境界、开阔眼界作为一个不断超越自我的过程,在新的工作起点上不断向前迈进,在否定自我的过程中不断超越自我,与时俱进,锐意进取,不断提升境界,拓宽眼界。只有这样,我们才能无愧于这个宏伟的事业、伟大的时代,我们每一位干部在以后回首往事的时候,才不会因为碌碌无为而惭愧,也不会因为争名逐利而羞愧,从而真正做到毛泽东同志所要求的那样:做一个纯粹的人,一个高尚的人,一个脱离低级趣味的人,一个有益于人民的人。

## 二、切实解决好"不断增强政治意识、大局意识和忧患意识"的问题

实践"三个代表"是一项政治要求,也是一项政治任务。没有强烈的政

治意识，就认识不到实践“三个代表”的重要性；没有强烈的大局意识，就增强不了实践“三个代表”的自觉性；没有强烈的忧患意识，就不会有实践“三个代表”的紧迫性。因此，讲政治、顾大局、重忧患，是广大党员干部特别是各级领导干部实践“三个代表”的必然要求。

（一）切实增强政治意识

1. 始终坚持正确的政治立场、政治方向，坚定正确的理想信念。现在我们有少数党员干部甚至一些领导干部，政治意识淡薄，政治敏锐性和鉴别力不强，面对各种不良影响和诱惑，不能保持应有的警惕，有的栽倒在金钱女色之中，有的被国外、境外的敌对分子所利用，等等。前车之鉴，我们的干部务必引以为戒。我们实行大开放主战略，中心任务是发展经济，但是，必须有政治保证，不讲政治不行。

2. 严守党的政治纪律，确保政令畅通。强化政治纪律，必须加强党性锻炼，加强党的基本知识学习，重点是学好党章，自觉地遵守党章。遵守党纪，就是要在政治上、思想上、行动上与党中央保持高度一致，确保政令畅通。对党的路线、方针、政策和中央的决策要坚决维护，对有损团结、有损发展、有损稳定大局的人和事，要敢于批评、抵制。现在，我们有一些党员干部在党纪政纪面前麻木不仁，甚至人情大于党纪、政纪、国法，丧失了一个共产党员应有的原则。



3. 有见微知著的政治鉴别力，在大是大非和重大考验面前，旗帜鲜明，立场坚定。在腐朽思想文化的侵蚀面前，始终保持共产党人的本色和浩然正气，保持廉洁自律，拒腐蚀，永不沾，在群众中树立良好的形象。

4. 保持高度的政治敏锐性，不断提高工作的预见性和科学性。对事关改革发展稳定大局的苗头性、倾向性问题见之于未萌，防之于未发，为经济发展创造良好的社会政治环境。

（二）切实增强大局意识

从全局的高度来观察和处理问题，识大体，顾大局，始终树立大局思想，坚持在大局下行动。我们现在有极少数领导班子不协调、不团结，主要原因就是大局意识不强，班子成员彼此不尊重、不沟通，计较个人得失、个人毁誉，有的为了个人利益不惜损害集体利益，影响班子团结，导致班子凝聚力不强、战斗力不强、感召力不强。解决这个问题的有效办法，就是强化班子成员的大局意识。尤其是进入快速发展的新阶段，越来越多的大项目、大动作、大推进，必将带来各项工作整体性、关联性、互动性日益突出，往往牵一发而动全身，各行业、各部门、各地区之间，各级领导干部之间在大局下的相互协调、相互配合就显得更为重要，任何因为局部的利益而牺牲全局利益，因为个别环节的阻塞而造成整体运转减速，因为局部工作的不力而影响全局发展进程的行为，都是要注意防止和克服的。要善于解决涉及诸多方面的复杂问题，不能推诿扯皮、上交矛盾，特别是在重点建设、难点工作、关键问题上，既要勇挑重担、唱好主角，也要注意搞好协同、当好配角，坚决杜绝政出多门、各行其是的现象发生。在改革开放带来利益格局调整的时候，尤其要强调局部服从全局、少数服从多数、下级服从上级、个人服从组织。这是我们实现崛起目标的基本保证。

（三）切实增强忧患意识

人无远虑，必有近忧。欠发达地区的干部必须清醒地认识到，发展的任务很繁重，在发展过程中还存在许多深层次的矛盾和问题，比如，扩大就业、困难群众的生活、拆迁安置、生产安全和消防安全，等等。这些问题需要予以足够的重视，并下决心加以解决。我们没有理由为我们暂时所取得的成绩沾沾自喜，没有理由骄傲自大，没有理由盲目乐观，唯有始终以强烈的紧迫感和强烈的忧患意识，按照“两个务必”和“戒骄破满”的要求，加倍努力，以工作的创造性不断争取发展的突破性。



## 三、切实解决好“坚决贯彻民主集中制”的问题

民主集中制是实现党内民主的重要形式,是我们党和国家的根本组织制度和领导制度,是最重要的组织纪律和政治纪律,是科学的领导方法,也是把领导班子置于集体监督之下的重要监督机制。少数领导班子不太协调主要是民主集中制执行得不好。加强领导干部的思想政治建设,提高各级领导干部的思想政治素质,必须把坚持民主集中制放到重要位置上。要通过学习教育,不断增强领导班子和领导干部贯彻执行民主集中制的自觉性。要建立健全并严格执行民主集中制的各项规定,用坚强的党性和严格的纪律来保证民主集中制各项制度的执行,并对违反民主集中制的现象坚决予以纠正。要提高民主生活会质量,增强领导班子解决自身问题的能力。要加倍珍惜、切实增强领导班子的团结,班子成员都要自觉做到“注重事业、淡泊名利,心胸坦荡、平等待人,彼此尊重、加强沟通,遵章守纪、接受监督”,努力营造“心齐、气顺、风正、劲足”的局面。

## 四、切实解决好“不断改进作风”的问题

实现快速崛起，需要切实改进作风，努力在工作实践中锻造“七种过硬的作风”，即更加深入的作风、更加快捷的作风、更加团结的作风、更加严格

的作风、更加科学的作风、更加坚韧的作风和更加务实的作风。党员干部特别是领导干部，最重要、最本质的作风要求，就是要牢固树立民本意识，坚持立党为公、执政为民，一切从人民利益出发，全心全意为人民服务。要做到以民情为重，任何时候心中都要装着人民，想着人民，始终把人民群众作为我们必须倾注毕生精力服务的对象，始终保持与人民群众的血肉联系，始终把人民群众的冷暖挂在心上，尽心竭力为群众多办实事，多办好事。要做到以民意为先，把群众的希望和要求作为我们决策办事的依据，办对发展最有带动力的事，办人民群众最需要办的事，办人民群众最急需办的事。要经常深入群众、深入基层、深入实际，倾听群众在想什么，了解人民群众需要什么，从人民群众的角度考虑党和政府应该做些什么。要做到以民富为责，努力提高人民群众的生活水平。不仅要让人民群众看到发展的成果，而且要让全体群众享受到发展成果；不仅要提高人民群众的物质生活质量，而且要提高精神文明生活质量；不仅要让一部分人先富起来，而且要让更多的群众共同富裕起来。特别是对一些困难群众和社会弱势群体要给予更多的关心支持，多做雪中送炭的事，多做让大多数群众获益的事，多做关系群众长远利益的事。



经济发展越快，越要强调求真务实的作风，强调没有水分的速度，强调有效益的速度。要切实防止和反对形式主义的种种现象。

## 五、切实解决好“不断提高领导水平和执政水平”的问题

我们的事业最终能否成功，在很大程度上取决于各级干部的领导水平和执政能力。一是要不断提高科学判断形势的能力。我们只有不断提高科学判断形势的能力，对当前面临的形势进行正确的分析和判断，才能不断增强抓发展的前瞻性和预见性，才能牢牢把握抓发展的主动权，从而推动经济社会又好又快地发展。二是要不断提高驾驭市场经济的能力。各级领导干部必须认真学习市场经济的知识，努力把握市场经济的内在要求、运行特点和运行的基本规律，自觉运用市场经济规则和要求来规范经济行为，善于抢抓机遇、扩大开放，充分运用好市场的力量加快发展，实现崛起。三是要不断提高应对复杂局面的能力。当今世界纷繁复杂，来自政治的、经济的、社会的、文化的以及自然界的挑战和考验的复杂局面不断出现，我们唯有不断提高应对复杂局面的能力，才能做到临危不惧，趋利避害，稳妥化解前进中的矛盾和困难。四是要不断提高依法行政的能力。只有不断提高依法行政的能力，才能更好地依照宪法和法律的规定，管理国家事务、管理经济和文化事业、管理社会事务，逐步实现社会主义民主的制度化和法律化。要增强法制观念，增强依法行政的自觉性，用法律法规规范领导干部

的从政行为，防止权力滥用。五是要不断提高总揽全局的能力。各级党委应当紧密结合国内外形势的发展，紧密结合人民群众对物质文化生活水平的要求，紧密结合干部队伍的变化，进一步发挥好总揽全局、协调各方的领导作用。要善于抓主要矛盾，把握好工作重点，抓住重大问题取得突破，带动全面工作，统筹各项事业。

## 六、切实解决好争做“学习型干部”的问题

### （一）适应形势发展的需要，不断丰富学习内容

现代领导干部，要总揽全局、科学判断、驾驭市场、应对复杂局面，客观上要求我们必须具有以基础知识为前提、专业知识为主干、相关知识为补充的复合型知识结构。为此，一是要加强理论学习，提高思想理论素养。理论建设是党的思想政治建设的根本，理论素养是领导干部素质的核心。新形势下加强干部思想政治建设，首要任务就是要学好邓小平理论、“三个代表”重要思想和科学发展观。这些理论内涵丰富，博大精深，涵盖经济、政治、文化和党的建设各个领域，是一个系统完整的科学体系，包含着一系列新思想、新理论、新观点、新论断。学习好、掌握好、运用好这些重要思想，并非易事。任何浅尝辄止、“差不多”的想法都是错误的。各级领导班子和领导干部要在深刻认识革命理论的时代背景、实践基础、科学内涵、精神实质和历史地位上，达到新高度，在全面把握革命理论的根本要求上，进入新境界，在武装思想和指导实践上，取得新成效。二是要加强哲学知识的学习，提高理性思维的层次。学点哲学，懂得用唯物辩证法的世界观和方法论来指导我们的工作，就会使我们站得更高一些、看得更远一些，思考问题更全面一些，从而减少工作中的失误，提高工作水平。三是要加强本职业务的学习，提高胜任本职的能力。学习掌握本部门、本行业的专业知识是领导干部履行好职责的重要前提。领导干部没有扎实的专业知识，不熟悉本职工作业务，就不能实施科学、正确的领导。各行各业都有自己的专业知识体系，各级领导干部要胜任本职工作，不仅要全面深入地了解、掌握本行业的各种专门知识，而且要及时了解、掌握本行业学科的最新动态和发展前沿；不仅要有丰富的知识面，还要有一定的知识深度。如果人们都能成为本职工作的行家，欠发达地区就不愁不能快速发展。四是要加强金融知识的学习，提高领导现代化建设的能力和水平。随着市场经济的发展，金融在社会经济生活中的地位和作用越来越突出，金融作为现代经济的“血液”日益广泛地渗透到社会经济的各个方面，“贫血”的经济不可能健康持续发展。过去，欠发达地区由于缺乏金融方面的知识，不善于运用金融杠杆

撬动经济发展，错失了很多机会。近几年，在运用金融杠杆手段方面，欠发达地区有了很大改变，大家通过政府信用贷款，把整个城市当做资源来经营，吸引了金融业对发展的支持。因此，各级领导同志要努力学习金融知识，掌握金融规律，做到善于掌握，巧于运用，提高运用和驾驭金融手段的本领，同时又要注意有效地规避金融风险，牢牢把握领导经济工作的主动权，推动经济快速发展。

（二）着眼于提高学习效果，不断改进和创新学习方法

领导干部的学习，既要明确要求，突出重点，更要讲究方法，注重实效。这就要求我们每一个领导干部不仅要肯学，而且要善学，要善于运用学到的理论和知识指导工作，解决实际问题。

首先，要明确目标，自我加压。没有目标就没有压力，没有压力就没有动力。每个党员干部都应当结合自己的实际和自己的知识基础及学习能力，制定每个阶段的学习计划，然后自我加压，不达目的不罢休。在学习中，一是要突出一个“静”字。静是一种功夫，关键是要克服心浮气躁的心理，“宁静而致远”。二是要突出一个“挤”字，要挤出时间。时间对每个人都是公平的。就看你愿不愿挤、善不善挤。我们的同志应当把有限的时间多用在书桌上，少用在牌桌和酒桌上。三是要突出一个“钻”字，要钻得进。只有真正钻进去了，才会有收获。



其次，要把握重点，“博”“专”结合。人的生命是有限的，而知识是无限的，特别是当前处于“知识爆炸”的信息时代，我们再刻苦、再努力，也无法学尽所有的知识。在博览群书的基础上，则要在“专”字上下工夫。对于领导干部来说，“专”，最根本的就是要联系本单位、本部门的特点、工作性质、担负的任务、所处的地位作用，联系领导班子和领导干部的思想实际和工作实际，有针对性地开展学习。

再次，要精思明辨，边学边研。“学而不思则罔，思而不学则殆”。在推进崛起的事业中，有许多新情况、新问题需要我们去“思”。要“思”出门道，则必须“学”。学与思的有机结合，就必然会使我们的学习更有意义、更有效果。

最后，要深入实际，学以致用。深入基层、深入群众、深入企业，向群众学习、向社会学习，这不仅是一个工作作风问题，也是一个学风问题。各级领导干部都必须深入实际，调查研究，自觉遵循没有调查就没有发言权、没有调查就没有决策权的要求。

（三）致力于构建正常化、规范化的机制，不断建立完善学习制度

首先，要建立和完善各级党委（党组）中心组学习制度，坚持做到中心

组学习每季度不少于一次，每次都有新的主题内容。

其次，要坚持和完善领导干部在岗自学制度。按照建设“学习型”干部的目标要求，要在各级领导干部中大力倡导“5+1”、“8+2”学习活动，即在每周5个工作日的基础上，利用1个休息日进行自学；在每天工作8小时的基础上，晚上再挤2小时自学。各级党委及其职能部门要对领导干部在岗自学情况，坚持定期抽查、定期检测、定期通报。

再次，要建立完善干部培训制度。坚持定期或不定期地举办高档次的领导干部市场经济知识、现代科技和管理知识系列专业讲座；要采取有效措施，确保完成选派优秀年轻领导到国内发达地区培训的目标，还要选派优秀年轻干部到国外、境外学习培训。

最后，要建立和完善述学评学考学制度，在领导干部中促成浓厚的学习风气。一是要建立领导干部学习档案，并将领导干部的学习情况纳入干部考核的内容，作为干部使用的重要依据。领导干部述职时要述学，考核领导干部时要检查其读书笔记。二是要根据社会经济成分、组织形式、分配形式和就业方式及社会生活“四个多样化”的新形势，积极探索干部学用结合的新途径、新方法，进一步疏通出口，把严入口，加强对在职干部的教育管理，为建设一支精干、高效、团结、廉政的高素质的干部队伍打下坚实的基础。

政治路线确定之后，干部就是决定的因素。重视干部队伍整体素质的提升，是党的事业取得成功的一条重要经验。我们党始终把建设一支能够担当历史重任、引领和推动经济社会前进的干部队伍，作为关系党的事业兴旺发达的战略任务来抓。每当革命和建设发展到一个重大转折时期，全党面临新的形势和任务的时候，都特别重视干部的培养教育，特别重视干部的思想政治建设和作风建设。无论是延安整风，还是改革开放时期的整党，以及保持共产党员先进性教育活动，每一次思想理论教育活动，都极大地提高了全党的马克思主义水平，都为我们党的宏伟事业开辟了一个新的发展时期。

# 着力打造“四型”机关　促进政府职能转变

企业创效益，政府创环境。政府的所作所为对一个地区经济社会的发展起着越来越重要的作用。欠发达地区的硬件环境相对较差，如果政府服务的软环境能够跟上甚至超过发达地区，那么，经济社会的竞争力将会明显加强。因此，欠发达地区要崛起，打造服务型、务实型、法制型、效能型机关，就显得十分重要。

## 一、深刻认识打造“四型”机关的重大意义



打造“四型”机关，对于加强党的执政能力建设，加快政府职能转变，推动一个地方经济社会全面协调可持续发展，具有十分重要的意义。一些地方发展迅速，变化令人鼓舞，除了有一个正确的发展思路和广大干部群众的奋力拼搏外，与这些地方铁心硬手整治投资环境、提高办事效率、创造优质服务氛围也是分不开的。

现在，各地发展的平台差距越来越小，客观条件都基本一致，关键看各地机关的效能怎么样，看各地机关办事的效率怎么样，看机关干部的创新精神怎么样。进一步提升经济社会发展水平，需要我们以效能建设为载体，借势造势，比思路、比作风、比效率、比能力，在新的起点上实现更好更快的发展。当前，绝大多数机关干部的精神状态是好的，工作作风是扎实的，工作效能是高的，但也有少数机关和少数机关干部在作风和效能方面仍然存在着一些不容忽视的问题。一是行政不作为。作风拖沓，缺乏责任心，缺乏对老百姓、对企业、对基层高度负责的精神。二是行政乱作为。自行其是，不是积极、主动地为经济发展着想，为企业发展着想。三是行政不敢作为。在工作中回避矛盾，怕得罪人，一碰到矛盾、问题就上交。四是行政不善于作为。不善于学习，对法律法规学习不精，对方针政策把握不准、理解不透。五是行政高成本低效率作为。会议多、文件多、检查多、培训多、迎来送往多。这些问题如果不及时解决，势必降低机关工作质量，势必损害党和政府同人民群众的血肉联系，势必破坏良好的发展环境，势必严重削弱一个地方的综合竞争力，阻碍崛起的

进程。

## 二、打造好“四型”机关的基本要求

### （一）着力打造人民满意的服务型机关

为企业、为基层、为群众提供优质高效的服务，是落实立党为公、执政为民执政理念的必然要求，是机关效能建设的出发点和落脚点。现在，评价一个国家、一个地区、一个城市的经济有无持续发展能力，重要一条就看它的机关管理水平和运作效能。围绕打造服务型机关，要努力树立好四种形象：

1. 树立“有限政府”形象。党的十六大报告指出，政府应完善经济调节、市场监管、社会管理、公共服务四项职能。这四项职能集中体现了建设有限权力、有限责任为内容的有限政府思想，突出了建设服务型政府的发展方向。各级机关要适应发展社会主义市场经济的要求，从大包大揽、高度集中、政企不分的管理模式中跳出来，坚持有所为、有所不为，把那些不该管、管了也管不好的事情，尽可能放到下面去，从“越位”的地方“退位”，从“错位”的地方“正位”，从“缺位”的地方“补位”，做到凡是市场能运作的，政府不包办；凡是企业能自主经营的，政府不干预；凡是该社会办理的，政府不插手，把工作重点放到维护市场秩序、营造发展环境、提高公共服务水平上来。浙江经济的内生性、自主增长性的活力很强，强在哪里？一个是民营企业多、小老板多，另一个是政府的权力放得多。政府掌握的资源，可以让市场办的，要尽可能让市场去解决，在竞争中规范，这比我们单纯用行政的办法去管更加有效。



2. 树立“透明政府”形象。我们正在不断地走向法制社会。法治的，就是有序的；有序的，就是透明的。在城市建设中，为什么一些城市的老百姓会拥护政府的工作，会去体谅碰到的困难，并同政府一道去克服这些困难？就是因为不断通过多种形式，让老百姓知道政府在为什么、怎么为，结果是什么。所以，政府要进一步树立透明政府形象。坚持公开、公平、公正，深入推进政务公开，凡是不涉及党和政府机密的信息，原则上都要公开，扩大群众对机关工作的知情权；凡是政府保留的行政审批事项及相关收费，原则上都要纳入“中心”办理，不允许出现审批事项“体外循环”；凡是纳入了“中心”的审批事项，都要充分授权到位，不允许把服务窗口当成“收发室”、“中转站”；凡是可以通过电子信息网络申报、申请、注册的事项，原则上都要实行数字化管理，以方便群众办事。

3. 树立“诚信政府”形象。建设和谐社会，其中一条就是要讲诚信。只有诚信的社会才能建设成和谐的社会。如果一个地区人与人之间、组织与组织之间不讲诚信，这个地区是不可能和谐的。树立诚信政府形象也对我们的干部提出了较高的要求。机关的同志在对外交往、商务谈判、招商引资过程中，千万不要随便拍胸脯，要把工作研究透，把合同研究透，把法律把握清楚。因为我们签字不是代表自己，而是代表政府。但一旦敲定的事情，就要坚决兑现。坚持言必行、行必果，保持政策的连续性。凡是向外商做出的服务承诺，都要不折不扣地兑现，确保承诺不食言，服务不“缩水”。要大力开展诚信教育，使诚实守信成为机关干部共同的价值取向和行为规范。

4. 树立“为民政府”形象。打造人民满意的“服务型”机关，关键在于牢固树立服务意识，切实增强为民服务的自觉性和主动性。企业是纳税人，群众是衣食父母，真诚地为企业服务、为基层服务、为群众服务，就是真诚地为发展服务。机关干部要切实增强公仆意识，强化管理就是服务的思想，强化“人人关系政府形象、事事影响发展环境”的意识，坚持一切为了群众干，一切围绕企业转，真正体现“真心为人、真诚待人、真情感人、真切助人”的服务宗旨，以服务创环境，以服务树形象，以服务争项目，以服务换效益。要坚持多服务、少干预，多帮忙、少添乱，多设路标、少设路障，多讲怎么办、少讲或不讲不能办。

（二）着力打造真抓实干的务实型机关

抓落实是推动目标顺利实现的物质基础和基本途径。搞形式主义，工作不抓落实，机关效能就无从谈起。求真务实，是对一个合格的共产党员、称职的公务员的基本要求。在实现崛起过程中，一定要把抓落实作为加强机关效能建设的首要任务和推进工作的关键环节，大力打造真抓实干的务实型机关。抓好工作落实，既需要改进工作作风，也需要提高工作能力，重点在三个方面下工夫。

1. 在端正思想作风上下工夫。一些机关干部工作不想抓落实、不愿抓落实、不能抓落实，究其原因主要是思想作风不端正，官僚主义、形式主义在作祟。为此，要把反对官僚主义、形式主义作为机关效能建设的突破口，大力整顿学风、文风、会风和事风，积极倡导讲实话、办实事、求实效。

2. 在落实工作部署上下工夫。要善于吃透上情，摸准下情，找准上级决策精神与当地实际、群众愿望的最佳结合点，把对上负责与对下负责有机地结合起来，把长远目标和短期安排有机地结合起来，创造性地将上级指示变为解决本单位存在问题的可操作性的措施，从而取得最佳的落实效果。在落实上级精神时，既要防止照抄照转，又要防止虚于应付，切实增强工作的坚韧性、开创性和操作性。要在落实操作措施上下工夫。抓落实不能只凭工作热情，还要讲究科学方法，落实操作措施，其中的关键是要善于抓具体、具体抓。所谓抓具体，就是结合本地实际，把总目标细化为具体的分目标，把需要解决的重点课题分解为一个个看得见、摸得着、操作性强的具体行动方案，找到“过河”的“桥”和“船”。所谓具体抓，就是在抓落实的步骤上不能急功近利，而要坚持一步一个脚印，按照事物发展的内在规律，一环套一环地去落实，逐个解决问题。有些地方、有些领导为什么也部署了工作，也有工作措施，但最后为什么工作还是推不动，没有达到预期效果呢？原因就是不善于抓落实，有的是部署了不检查，停留在一般的部署上面。有的是检查了，带回来了情况和问题，或是束之高阁，或是协调中碰到了麻烦，就不了了之，使问题越积越多，矛盾越积越尖锐，最后影响工作、影响威信。有的检查组在基层光讲好话，到下面做好人，这都是作风不实的表现。部署了工作就要检查，检查发现了问题就要及时采取措施解决，千万不能够回避矛盾。小洞不补，大洞难补，这方面的教训很多。



3. 在明确目标责任上下工夫。建立健全严格的目标管理责任制，是抓落实的重要保证。要学会将目标逐级分解，使人人肩上有担子，项项工作有着落，形成一级抓一级、一级带一级的科学管理机制。要严格实行检查考评、责任追究、表彰激励等制度，使目标、权利、责任相统一，推进抓落实走向制度化、程序化、规范化。

### （三）着力打造依法行政的法治型机关

坚持依法行政，是规范行政行为，提高行政效能，优化发展环境的重要举措。打造法治型机关，最终要做到事事有法可依，人人知法守法，各方依法办事。打造法治机关，要强化五项重要工作。

1. 强化机关干部的法制意识。要通过加强法制宣传和教育，使机关工作人员牢固树立法制观念，严格依法办事，克服以言代法、以权代法、以权压法等不良倾向，养成遇事懂法、办事依法、言必合法、行必守法的良好习惯。

2. 强化法规制度的建立、完善和执行工作。要重点落实机关效能建设的各项制度，严格执行首问负责制、岗位责任制、服务承诺制、限时办结制、否定报备制等机关效能建设的一系列制度，对违反规定的机关工作人员要及时追究，以制度促进机关工作人员勤政、廉政和优政。

3. 强化依法行政能力。行政机关必须严格按照法定权限和程序行使权力，履行职责。各级行政执法机关必须做到既不失职又不越权，严格按程序办事。要强化行政执法体制改革，积极开展综合执法工作，避免多头执法，重复执法，为企业发展创造良好的法制环境。要认真贯彻《行政许可法》，继续清理无法律依据的行政审批事项，对有悖于现行法律法规、不符合世界贸易组织规则、不适应当前经济社会发展要求的政策、规章和规范性文件等进行全面清理，确保政令统一。

4. 强化责任追究。要维护法律、法规、制度的严肃性，防止借口灵活性和变通性来否定法规制度的原则性和规范性，严肃查处“四乱”等违法违纪行为。要加强优化投资环境的投诉举报工作，坚持有诉必理，有理必果，及时查处行政乱作为、损害投资环境的人和事，维护广大投资者的合法权益。

5. 强化执法监督。加强对政府职能部门、行政执法机关运用权力、履行职责、执行执法程序的监督检查，建立健全行政执法评议考核制和行政执法过错责任追究制，防止不当行政、违法行政和权力滥用。

（四）着力打造高速高效的效能型机关

时间就是金钱，效率决定命运。一个地区要在实施“崛起”战略中脱颖而出，关键要在提高工作效率上形成竞争优势，使之真正成为服务高地、成本盆地、投资福地。所以，机关工作提速，是适应经济社会快速发展的需要，是实现快速崛起的需要。开展机关效能建设，必须最终体现到提高工作效率、管理效益和社会效果上来。高效行政，就是政府运转速度快，办事效率高，行政成本低，管理效益好。各级机关及其工作人员必须增强成本意识、效率意识，把成本管理、效率管理纳入政府管理之中。



1. 完善政策协调机制。各部门在研究政策时，应主动和相关部门协调沟通，保证政策相互配套、便于操作，防止政出多门、政令抵触。管理就是沟通。对于涉及两个或两个以上部门的政策，应明确一个主要责任部门，协调处理政策实施过程中遇到的问题。部门与部门间通气少，班子成员间通气少，这些都会影响工作效率。这种通气，是提高工作效率，也是完善政策协调机制的一个非常重要的方面。毛泽东同志在《党委会的工作方法》里面早就要求：要建立严格的报告制度。及时的报告制度、请示制度，这是保证各级组织高效地开展工作、完成任务的一个重要的工作纪律。对这条纪律的执行情况如何，应作为机关效能考核的一个重要内容。

2. 深化行政审批制度改革。继续削减审批事项，减少审批环节，创新审批方式，提高审批效率和服务质量，促进政府工作提速增效。在削减审批事项中，要注意顾全大局，应削尽削，防止减瘦留肥、明减暗不减等问题。要加快电子政务建设。着力推进网上办公系统、网上审批系统和网上投诉系统建设，凡可以在网上办理的审批和服务事项，做到“应上尽上”。采取先进的网络技术，对各职能部门的局域网进行联网，实行网上发文，实现行政资源共享，提高服务效率。要下决心搬“文山”、填“会海”。“文山会海”是造成机关“空转”的重要原因。提高工作效率，降低行政成本，就要做到可开可不开的会坚决不开，可发可不发的文坚决不发，可搞可不搞的检查坚决不搞，可去可不去的应酬坚决不去，同时要提倡开短会、发短文、讲短话、少应酬。要大力提倡“四通”精神。凡部门职责内该办的事，要速办快通；当工作运转不畅需要协调时，要及时沟通；在基层和群众面临困难和矛盾时，要积极疏通；对有利于经济社会发展的事，要在遵守国家法律、法规、政策的前提下，因地制宜，合理变通。

## 三、打造“四型”机关要注意把握好四个结合

### （一）坚持思想教育与制度建设相结合

抓教育是效能建设的基础，抓制度是效能建设的根本。古人说，“德教为先”、“修身为本”。抓机关效能建设就必须把强化机关工作人员的思想教育摆到突出位置，要与保持共产党员先进性教育紧密结合、相互促进，并贯穿效能建设的始终。重点加强宗旨观、政绩观、改革观、发展观、民主观、法制观教育，坚定执政为民的思想。在抓思想教育的同时，还必须把制度建设贯穿于效能建设的各个方面和各个环节。机关效能建设不是权宜之计，而是长久之策，必须建立健全可操作的规章制度，实行长效管理，使机关效能建设走上制度化、规范化的轨道。



### （二）坚持突出重点与整体推进相结合

机关效能建设领域广泛，内容丰富，任务也很繁重。对照机关效能建设的要求和标准，我们要把人民群众意见较大的重点部位、重要环节和人民群众反映强烈的突出问题作为切入点和突破口，集中力量、有的放矢地开展整改，取得实效。各地、各单位还要根据各自的实际情况，有什么问题就解决什么问题，什么问题突出就重点解决什么问题。同时，还要坚持抓点带面，连点成线，连线成面，不断通过重点问题的解决和难点问题的突破，整体推进效能建设，努力实现活动开展的目标。

### （三）坚持内部整顿与开门整风相结合

开展机关效能建设，一方面要增强自觉性和主动性，以自我教育、自我提高、自我改进为前提，依靠自身力量和内部整顿的办法解决存在的问题；另一方面要善于借用外力，虚心听取群众的意见，自觉接受群众的监督，特别是要注重发挥组织监督、社会监督和舆论监督的作用。开门整风是我们党的优良传统，它体现了共产党人实事求是、无所畏惧的胆识和气魄。如果护短、怕揭丑，不敢正视自己的不足，就不可能进步。作为一名清醒的机关干部，面对自身存在的问题，应当有“刮骨疗伤”的勇气，痛下决心解决存在的问题。要

让机关效能建设成为阳光工程，每一个过程、每一个环节、每一个步骤，都要尽可能让群众广泛参与进来，不光查找问题要发动和依靠群众，整改措施也要以一定的方式公之于众，活动的成效最终还要接受群众的评判和检验。

（四）坚持正面宣传与反面惩处相结合

抓典型是一项重要的工作方法和领导艺术。机关效能建设要注意总结，发现、宣传先进典型，让大家干有目标、学有榜样。在加大正面宣传和引导的同时，对机关作风问题严重、群众反映强烈的人和事，要严查深究。特别是对那些对群众的困难熟视无睹、对基层的呼声置若罔闻、对企业的要求置之不理的；对那些任你“效能风”怎么吹，我自岿然不动、依旧我行我素的；对那些当着领导的面、面对上面的检查是一套，背地里又是另外一套的，都要坚决反对，认真查处。这里关键是要认真落实和运用好机关及工作人员绩效考评办法和行政工作人员过错责任追究办法，表彰先进，鞭挞后进，弘扬正气。

# 第三部分

> > > > > >

## 实践篇

# 凝聚全社会智慧和力量 全面提升南昌发展水平

## 一、南昌“十五”时期的建设成就

“十五”时期，是南昌经济社会发展不平凡的五年，是南昌人引以为豪的五年。在这五年里，南昌市上下紧紧围绕省委、省政府提出的做好“两篇文章”的目标和“南昌要一年有个新变化，三年有个阶段性大变化”的要求，解放思想，善谋实干，开拓奋进，克服了“非典”、禽流感、国际石油和铁矿石价格大幅上涨等一个个困难，经受住了国家加强宏观调控等一系列的考验，实现了经济社会的快速、协调、持续发展，达到了“三年有个阶段性大变化”的要求，为“十一五”基本实现“两篇文章”的目标和未来南昌更大的发展奠定了较好的基础。



### （一）经济增长一路高歌

2001～2005年，南昌市GDP的增速分别是12.1%、13.8%、15.5%、16.5%和16.8%，财政总收入的增速分别是17.6%、16.0%、22.9%、23.3%和23.5%，全社会固定资产投资的增速分别是21.3%、41.4%、67.9%、54.0%和45%。2005年南昌市GDP、财政总收入、社会固定资产投资比2000年分别增长1.1倍、1.8倍和5.5倍。在全国省会城市中，南昌经济增长速度排位由“九五”期末的第23位跃进到“十五”期末的前5位，城市综合竞争力在全国200个主要城市中排名进入前30位。南昌经济总量的迅速扩张特别是经济增长速度进入全国省会城市前沿梯队，使南昌崛起的态势日益明显。

### （二）开放型经济取得突破性进展

南昌市以大开放为主战略，2001～2005年全市实际利用外资分别为1.28亿美元、3.67亿美元、5.83亿美元、7.3亿美元、9亿美元；实际利用内资分别是38.2亿元、65亿元、134亿元、185亿元和270亿元。“十五”期末，南昌市开放型经济对经济增长的贡献率达42.4%。开放型经济发展的功能不断完善，南昌昌北机场国际航线开通，南昌至深圳、厦门的海铁联运成功运行，南昌保税物流中心和国家级出口加工区加紧申报和建设，上海浦发银行已经开业，福建兴业银行正式入驻，现代物流、信息、金融、人才、进出关五大体系建设日臻完善。投资环境不断优化，行风建设积极推进，南昌在台湾电机电子同业公会公布的大陆投资环境综合排名中，2002 年为“不予推荐的城市”，2003 年为“予以推荐的城市”，2004 年和 2005 年连续两年被列为“极力推荐的城市”。南昌开放型经济的迅速发展，加快了南昌由内陆型城市向开放型城市转变。

（三）工业发动机日益强劲

“十五”期间，南昌做出了关于加快建设现代制造业重要基地的决定，推动了南昌经济的迅速发展。“十五”期间，南昌市规模以上工业增加值、销售收入、利税年均增长 24.3%、23.2%、19.7%。工业投资力度不断加大，南昌市工业投资总量由 2000 年的 17.29 亿元增加到 2005 年预计的 136.7 亿元。



特别是工业园区蓬勃发展，促进了高新技术产业迅猛发展，成为全市经济发展的新增长极。南昌市已初步形成汽车、医药和食品、电子信息、光机电一体化、家电、新材料、纺织服装七大支柱产业以及汽车、飞机、家电、食品、电子信息、造纸、纺织服装、医药和医疗器械、机电、冶金和新材料十大产业（产品）制造基地。一批支柱性、战略性产业项目，如江铃年产 30 万辆汽车，晶湛、兴昌年产 100 万片晶元片，奥克斯、东元等年产 1000 万台空调，以及以微软、中兴为带动的软件项目等有的已经投产，有的正在顺利建设之中。工业的快速发展，拉动了产业结构的迅速升级，南昌市三次产业的比例由 2000 年的 10.6:47.2: 42.2 优化为 2005 年的 7.1:54.5:38.4。工业已成为南昌最大的产业、最大的税源、最大的就业岗位提供者，像强力的发动机，拉动着南昌经济社会快速发展。

（四）市场取向的改革不断深化

国有企业改组改制稳步推进，洪城水业、金鼎软件、行知软件、长运股份、长力板簧等成功上市，江纸股份成功重组并复牌，江铃、福特、长安实现战略合资。特别是 2005 年以来，全民创业的热潮兴起，进一步激活了经济发展的活力。行政管理体制改革进一步深化，成立了南昌市国有资产监督管理委员会，加强了对国有资产的监管力度。改革了城市执法管理体制，变多元执法为综合执法，提高了城市执法水平。积极平稳地调整了老城区的行政区划，为城市更好更快发展打好了基础。金融体制改革取得成效，成功地进行了商业银行的股权多元化改造，解决了一直以来制约商业银行发展的历史债务问题。按照安全、有效、低成本的原则，处理南昌市历史积累下来的 20.32 亿元的债务，为下一步的改革发展创造了条件。全面推开了街道社区管理体制改革，进行了林业产权制度改革，全面取消了农业税，水利管理体制改革进入到实质性实施阶段。各项改革的不断深化，进一步消除了制约经济社会发展的机制体制性障碍，为南昌的发展注入了强大的活力。

（五）城市面貌焕然一新

“十五”期间，我们努力塑造南昌历史名城、山水都城、现代新城的特色。城市美化、绿化、亮化工程取得显著成绩，大规模推进了市政工程、交通能源、工业园区和生态环境建设，实现了到周边省会城市6小时左右通达、市到县30分钟左右通达、行政村道路基本硬化，市郊公路城市化改造取得阶段性重大成果，建设了生米大桥、绕城高速、玉带河、阳明东路等一批重点城市基础设施工程和22座总容量376.3万千伏安的输变电工程，城区三轮百路大会战顺利完成，基本根治了老城区的积水问题，城市每年新增绿地面积100公顷，集中污水处理率达45%，空气质量优良率进入全国省会城市前10名，“碧水蓝天”成为南昌发展的重要品牌，城市的建成区面积由2000年的75平方公里扩大到现在的210平方公里，城区人口由2000年的123.9万人增加到现在的209万人，红谷滩新区建设取得阶段性成就，“一江两岸”的格局初步形成，城市功能日益完善，城市品位不断提升，先后获得“全国卫生先进城市”、“中国优秀旅游城市”和“全国创建文明城市工作先进市”等荣誉称号。南昌城市面貌的巨大改变，凝聚了人心，振奋了精神，做大了英雄城品牌。



（六）县域经济快速发展

“十五”期间，我们坚持“多予、少取、放活”的方针，按照“打牢基础、优化结构、扩大开放、市场运作、提升素质、增强活力”的工作思路，进一步完善了加快县域经济发展的措施，认真落实一系列增加农民收入、提高粮食综合生产能力、巩固和加强农业基础地位的政策，促进了县域经济迅猛增长。现在，市区到各郊县的一级公路都已竣工通车，农村小城镇建设进程加快，农业综合生产能力进一步增强，县区工业园正在成为打造现代制造业基地的重要力量。与此同时，农业发展的条件和农民生活的环境进一步改善，农村发展的支持保障体系进一步强化，社会主义新农村试点工作进展顺利，这些都为促进南昌市城乡一体化发展奠定了良好的基础。

（七）城乡人民生活节节高

南昌市经济的快速发展，推动了城乡居民收入稳步增长，2001～2005年城市居民人均可支配收入的增长速度分别是8.3%、13.1%、11%、12.2%和16.4%；农民人均纯收入的增速分别是5.3%、5.8%、5.45、21.6%和20.5%。“十五”期间，南昌市共实现社会消费品零售总额1084亿元，比

“九五”时期净增487亿元。社会保障事业稳步推进，有效地将城镇登记失业率控制在3.45%，城乡救助体系进一步健全。科教文卫体等各项社会事业全面进步。

（八）党的建设成效显著

“十五”期间，南昌市按照以党的建设新的伟大工程促进南昌崛起事业快速发展的思路，扎实推进党的建设新的伟大工程。突出抓了领导班子思想政治建设、干部队伍建设、人才队伍建设和基层党组织建设。特别是以贯彻“三个代表”重要思想和科学发展观为主线，突出抓了领导干部的理论学习；以提高素质和能力为目的，选派大批干部到国外、境外和沿海发达地区学习与培训；以提高基层党组织的战斗力、凝聚力和创造力为目的，开展了“三项创建”活动和星级党组织评定等。特别是在“两篇文章”的伟大实践中，在市场经济的洗礼下，南昌市广大干部的素质和能力有了明显提高，一大批胸襟宽、眼界宽、思路宽的干部正在茁壮成长，基层党组织的凝聚力、战斗力和创造力有了明显增强。与此同时，坚持和完善人民代表大会和政治协商制度，切实加强了社会主义民主政治建设，党风廉政建设取得明显的成效。



2006年是鸡年，南昌市上下继续发扬“闻鸡起舞”的昂扬精神，一路拼搏，为取得“十五”的“大满贯”做出了新的贡献。这突出体现在几个重要的发展指标上：南昌市GDP接近1000亿元，金融机构各项贷款余额首次突破1000亿元，全社会固定资产投资跨过500亿元台阶，城市居民人均可支配收入首次突破1万元，这些变化都标志着南昌市经济迈上了一个大台阶。

“十五”期间，这些成绩的取得归功于党中央、国务院和省委、省政府的正确领导以及省直部门的大力支持，归功于历届班子打下的良好基础和一任接着一任干，归功于南昌市广大干部群众在千载难逢的机遇面前无私的奉献和努力的创造。站在南昌发展新的起点，回顾总结五年来的工作，我们深切体会到，南昌之所以能取得这样的成绩，关键得益于我们以科学发展为主题，牢牢把握“做好两篇文章、实现富民强市”的目标，在继承中创新，在创新中发展，推动南昌市经济社会快速协调持续发展；关键得益于我们以解放思想为先导，努力克服思想上的保守和观念上的陈旧，进一步开阔胸襟、开阔眼界、开阔思路，努力探索适合南昌发展的路子；关键得益于我们以改革开放为动力，用改革的思路突破体制上的束缚，用创新的办法不断破解发展中的难题，抢抓扩大对外开放、承接国际国内产业转移的新机遇，为南昌的发展增添了强大的活力和后劲；关键得益于我们坚持以人为本的原则，更加注重统筹城乡发展，加强“三农”工作，更加注重统筹经济社会发展，积极化解各方面利益矛盾，促进发展的良性互动和社会的安定和谐。这些既是我们“十五”时期的基本经验，也是“十一五”乃至更长时期我们需要把握的重要原则。

“十五”的成就只能说明过去。全面地看，进一步加快发展的挑战还不小，我们在相当长的时期还将处于追赶阶段：一是经济基数小、基础差的状况尚未根本改变，从自身看，起步晚、起点低，基础差、底子薄，历史积累的问题多、包袱重；从横向看，与东部的差距明显，与中部的差距客观存在，参与竞争的优势还不明显。二是我们在发展过程中还存在经济结构不合理、城市管理和城市功能适应不了南昌快速变化和人民群众要求的问题。三是我们干部队伍的素质和能力还有待于进一步提高。四是社会稳定的基础还不牢固。我们必须正视这些困难和挑战，巩固和发展“十五”来之不易的发展势头，努力开创“十一五”工作的新局面。

## 二、以科学发展观统领全局，推动南昌经济社会又好又快发展



“十一五”时期是南昌全面落实科学发展观的重要时期，也是南昌加快经济社会发展，促进快速和谐崛起的重要战略机遇期。我们正处在南昌崛起大业中的追赶阶段。南昌既面临严峻的挑战，又面临很多加快发展的机遇，总体来讲，是机遇大于挑战。

从国际看，一方面，随着经济全球化趋势不断发展，我国对外开放程度不断提高，南昌的外向型经济依存度越来越大，再加上 2006 年我国加入世界贸易组织的后过渡期就要结束，南昌将和全国其他地方一样，面临着更为激烈的竞争与挑战，受世界经济波动的影响也将越来越大。另一方面，世界经济正处于新一轮的增长期，特别是随着经济全球化和区域经济一体化进程的加快，发达国家纷纷加快了向发展中国家尤其是中国进行产业转移的步伐，产业转移的方向由沿海地区逐步转向中西部地区，这就为南昌发挥后发优势，主动地、有选择性地承接现代制造业和现代服务业转移带来了良机。

从国内看，一方面，现在东部大跨越、西部大开发、东北大振兴、中部大崛起，全国各地都在进一步加快发展。特别是中部六个省会城市之间你追我赶，都想率先在中部地区实现崛起，在这样一种加快发展的竞争形势面前，我们不进则退，慢进也是退，稍不留神就要掉队。另一方面，我们党执政理论越来越科学，提出的科学发展观和构建社会主义和谐社会的重大战略思想，为南昌加快发展指明了前进的方向；中部崛起战略正在上升为国家战略，为南昌发展提供了能动力。

从省内看，一方面，省委十一届十次全会进一步提出了支持南昌做强做大

的要求，必将对南昌在“十一五”时期的发展产生强大的推动作用；南昌作为区域中心城市，对周边地区的辐射力和集聚力进一步增强，有利于吸引各类生产要素加快南昌的发展。

从南昌自身看，一方面，随着南昌经济规模的增大，要在较大的基数上持续较快的增长，难度越来越大；要在较大的规模上进行调控，困难越来越多。但我们要看到，“十五”时期经济社会发展的成就，增强了我们克服各种困难的实力，特别是我们努力探索了一条符合科学发展观要求的具有南昌特色的崛起之路，打下了产业、市政、体制、干部人才、环境与生态等基础，这为“十一五”计划和今后的长远发展增添了强大的后劲。

在省委十一届十次全会上，省委、省政府对南昌的发展提出了新的要求，寄予厚望，要求支持加快南昌的发展，大力发展现代制造业和现代服务业，增强集聚力和辐射力。根据省委、省政府对南昌的新要求和南昌尚处在“追赶阶段”的特殊条件，要在未来五年取得更大成就：必须坚定不移地以邓小平理论和“三个代表”重要思想为指针，以科学发展观为统领；必须坚定不移地以做好“两篇文章”、实现富民强市为目标；必须坚定不移地从追赶阶段特点、要求、任务出发，坚持打基础、蓄势能、快追赶；必须坚定不移地实施大开放主战略、建设现代制造业重要基地核心战略；必须坚定不移地在推进城市化战略的同时，加快社会主义新农村建设。着力建设开放活力南昌、文明和谐南昌、诚信创业南昌、生态园林南昌，为实现江西省在中部地区崛起和全面建设小康社会做出更大贡献。



奋斗目标是：地区生产总值年均递增15%，财政总收入年均递增16%，地方财政收入年均递增17%；城市居民可支配收入年均增长10%，农村居民人均可支配收入年均增长12%。到2010年，经济总量再翻一番，人均GDP超过4500美元，把南昌建成中部地区具有较强竞争力的现代制造业重要基地和区域性物流、商贸、职教中心，基本建成现代区域经济中心城市和现代文明花园英雄城市。

要实现“十一五”时期的奋斗目标，关键是要以科学发展观为指导，促进南昌经济社会又好又快发展。又好又快发展，首先要快，快是前提；关键在好，好是准则。快速发展是前提，协调发展是关键，持续发展是目的。“快”，就是要坚持把发展作为执政兴国的第一要务，牢牢抓住重要战略机遇期，保持经济平稳快速发展，继续扩大经济规模，增强总体实力，提高人均水平；“快”，就是按照小平同志提出的：“能发展就不要阻挡，有条件的地方要尽可能搞快点，只要讲效益，讲质量，搞外向型经济，就没有什么可担心的。低速度等于停步，甚至等于后退”。“好”，就是要以结构调整为主线，以转变增长方式为主攻方向，以提高人民生活水平为目的，推动经济增长方式由粗放型向集约型转变，由抓好经济发展向经济社会全面协调可持续发展转变；“好”，就是要扎扎实实、稳步协调地发展，力争经济社会整体实力隔几年上一个台阶。要实现南昌经济社会又好又快发展，在具体工作中要把握好以下几个重要原则：

（一）正确把握速度与结构质量效益相统一的原则

只强调速度而不讲质量是“没有后劲的高速度”，单纯追求质量而忽略速度是“没有生机的慢增长”。“十一五”期间，一是要进一步提高开放型经济的水平。要按照“优势互补、错位发展、区域集中、产业集聚、开发集约”的要求，集约利用土地资源，又好又快地加快推动工业园区建设。在继续加快招商引资数量增长的同时，国家级开发区、有条件的省级开发区和城区，要把招商引资的着力点放在引进战略投资者、重大项目、先进技术和高素质人才上，特别是要加强引进世界500强和国内200强重点企业的工作，同时还要多引进“总部经济”、“税源经济”、研发中心、结算中心、营运中心和采购中心，让南昌成为国际国内企业的集聚地。要千方百计地为已引进的项目搞好服务，促使其尽快达产达标，并引导其进行新的投资计划，提高已落户企业对南昌市经济增长的贡献力。要把发展开放型经济与壮大内生型本土经济结合起来，形成相互促进、机制互补的格局。泰豪集团近年来把招商引资与企业改革结合起来，在与欧洲ABB贴牌生产后，又以股份合资的办法建立紧密的联系，提高了企业竞争力。要实施“走出去”战略，鼓励有条件的、具有比较优势的企业“走出去”，到外地或国外投资办厂，进行低成本扩张。二是要大力发展有竞争力的现代制造业。要牢固树立开放的理念，无论是中央、省属企业还是市属、县区属企业，无论是外来企业还是本地企业，无论是国有企业还是股份、民营企业，都要切实支持它们在南昌发展。尤其是要加快支持江铃、南飞、南钢、南烟、江中、汇仁等一批优强大企业集团，以它们为龙头，进一步延伸产业链，放大产业集聚效应，壮大制造基地规模，形成富有竞争力的优势产业集群。要发挥后发优势，把扶持高新技术产业发展摆在更加突出的位置，强力打造汽车、光机电一体化、电子信息、新材料、生物医药等高科技产业集群。三是要切实提高自主创新能力。大力实施科教兴市战略，是提高自主创新能力的关键。要继续支持鸿源数显、联创光电、微软、中兴、晶湛、兴昌科技公司等科技型企业的发展。要以中央职教会议精神为新动力，继续贯彻执行南昌市发展职业技术教育的政策措施，把南昌市建成享誉全国的职业技术教育中心城市，为南昌市、为全国培养大批中高级技工人才做出贡献。要按照构建“优强企业为主体、科研机构为支撑、市场需求为导向、优惠政策为扶持”的自主技术创新体系的要求，鼓励和支持优、强、大企业以提高自主创新能力为核心，研制开发一批具有自主知识产权和核心技术的拳头产品，逐步变“南昌制造”为“南昌创造”。要把引进、创新作为提高自主创新能力的有效手段，坚持有重点、有选择地引进国外、省外先进技术，注重将单项先进技术组合起来再创新。要强化引进技术的消化吸收与二次创新的能力，从而增强南昌的核心竞争力。

（二）正确把握立足当前与着眼长远相统一的原则

处理好“快”与“好”的关系，从深层次上讲，就是要处理好当前发展与长远发展的关系。既要加快当前的发展，又要保持可持续发展，坚决不做以牺牲长远的“好”换取眼前一时之“快”的事。为此：一是要不断打牢产业基础。实力看工业，繁荣看三产，竞争力在产业。要以招商引资为主渠道，通过引进外资、争取国债资金、上市融资、扩大信贷资金、盘活存资、激活民资等多种途径，加快现代制造业的发展。与此同时，还要打牢与发展现代制造业相适应的现代服务业基础。发达的服务业是城市现代化的重要标志。重点要积极引进境内外金融保险、信托、证券、风险投资机构，形成多层次、多领域、多主体的金融服务体系。要以保税物流中心和出口加工区的申报和建设为动力，继续搞好现代进出口物流体系建设，以降低企业的商务成本和物流成本，填补南昌口岸发展的空白。要不断完善商贸流通体系，继续引进、培育一批像沃尔玛、麦德龙、好又多、南昌百货、洪城大厦、洪城大市场等大的品牌批发、零售企业，提升南昌市商贸业态水平，加快形成城内大商场、城外大市场、城郊大物流的格局。要加快皇冠假日大酒店和红谷滩园林式酒店的建设，引进更多的国内外知名星级酒店落户南昌。要积极推动现代会展业、文化传媒业、咨询、中介服务业的发展。二是要不断打牢市政基础。围绕建设历史名城、山水都城、现代新城的总体要求，发挥山脉、水脉、文脉、人脉优势，不断塑造融历史文化遗产、现代城市文明、生态景观文明和产业文明为一体的城市风格和城市魅力。要加快道路交通网络体系建设，全面完成城市一、二、三环快速路的建设，抓紧新赣江大桥、过江隧道等设施的研究、规划和实施，启动南昌铁路西客站、白水湖铁路货运枢纽站、城市轨道交通等项目。要稳步有序推进老城区危旧房改造，完善电网、水网、气网，加强宽带通信网、数字电视网和下一代互联网等信息基础设施建设。要举全市之力加快推进红谷滩新区的开发建设，加快红谷滩中央商务区和红角洲“南昌水城”的建设进度，尽快实现红谷滩“人气兴旺、经济繁荣、功能完善、特色鲜明、环境优美”的目标，进一步彰显“一江两岸、南北两城、滨江依湖”的城市特色。三是要不断打牢体制基础。针对南昌经济社会发展中的主要矛盾和突出问题，力争在一些重点领域和关键环节的改革上取得实质性突破。要加快国有企业改革，把股份制作为公有制的主要实现形式，将南昌市国有大中型企业改制为规范的股份有限公司或有限责任公司。要进一步掀起全民创业的热潮，积极支持和引导非公有制经济的发展，抓紧研究放宽非公有制经济市场准入的有关具体办法，鼓励和支持社会资本参与国有企业改造，进入基础设施、公用事业及其他行业和领域，加快个体私民营经济公共服务体系建设。要深化财政体制改革，进一步强化税收依法征管的力度，完善公共服务体系，一方面，要加大对公共医疗、基础教育和社会保障等领域的财政支出；另一方面，要继续实施积极的财政政策，充分发挥财政用于支工、支农和支持服务业等发展资金的拉动作用，引导社会资本加大投资，促进经济社会的快速发展。要加强商标注册的工作，防止注册资源流失。要深化行政管理体制改革，进一步转变政府职能，努力建设服务型、法制型的责任政府。要进一步巩固和完善城市管理体制的改革成果，理顺规划、投资、建设、管理的关系，逐步实行投资主体、建设主体、运营主体、管理主体相互分离；要进一步完善土地储备制度，坚定不移地推进土地市场化运作，实现土地资源的合理、节约、集约性配置，缓解土地“瓶颈”制约。要深化农村税费及配套制度改革，探索建立农民增收的长效机制。四是要不断打牢环境基础。国内外的经验教训反复证明，环境是一种生产力。环境主要包括自然环境和人文环境。首先，要打造好生态园林环境，南昌城市的自然形态特色是水多、园林美。既要金山银山，又要绿水青山。要在加快工业化的同时，把建设资源节约型城市和环境友好型社会作为一项重要的战略任务。要针对当前土地、原材料、能源等生产要素“瓶颈”制约日趋严峻的新形势，积极发展循环经济。特别是在招商引资过程中，要坚持“三个不搞”，从源头上杜绝一切环境污染重、资源消耗大的项目落户南昌，为我们的子孙留下绿水青山，留下可以永续利用的发展资源。其次，要用更大的力气，坚持不懈地优化经济环境。我们要牢记：招商引资，增加动力是发展；整治环境，消除阻力同样是发展。要在继续落实“四最”品牌的基础上，根据南昌市开放扩大产业发展的新形势，牢固树立客商为贵、诚信为本、效率为重、配套为要、回报为先的理念，达到招商、安商和富商的目的。要继续开展行风整治，加强机关作风建设，强化实施《南昌市优化投资环境条例》，为投资商营造公平、公正的竞争环境。

### （三）正确把握经济发展与社会进步相统一的原则

经济与社会的协调统一，是又好又快发展的前提。在加快南昌发展的过程中，要辩证地认识物质财富的增长和人的全面发展的关系。始终坚持以人为本，把提高南昌市人民的物质文化生活水平和健康水平作为发展的出发点和归宿，努力构建和谐社会，促进南昌快速和谐崛起。一是要不断提高城市管理水平。变化看建设，水平看管理；新城区主要看建设，老城区主要看管理。坚持城市建设与管理并重原则，进一步加大城市管理力度，不断提升城市文明程度，提升城市形象和品位。要进一步完善“两级政府、三级管理、六级网络”的城市管理体制，围绕网络化、数字化、信息化、人性化的要求，继续深化街道社区管理体制改革，建设好新型城市社区。形成市、区、街相互衔接、合理分工和规范高效的城市管理框架。要加大城市管理的综合执法力度，提高执法效率和执法水平。要加快城市基础设施养护的市场化、社会化，提高养护效率。要加大力度，深入开展“文明南昌行动计划”和创建国家卫生城市、国家文明城市、国家园林城市、国家环保模范城市的“四城”创建工作，不断提高城市的管理水平。二是要不断加快社会主义新农村建设。要充分发挥南昌中心城市的辐射和带动作用，以城带乡，以工促农，进一步加强“三农”工作，全面加快社会主义新农村建设。要切实防止和克服以新村建设代替新农村建设，不搞形式主义。要按照“生产发展、生活宽裕、乡风文明、村容整洁、管理民主”的要求规划建设好新农村。要把发展生产、改善生活、提高素质作为新农村建设的重点；要根据“立足当前、着眼长远，科学规划、稳步推进，因地制宜、分类指导，依靠群众、惠及农民”的原则，从实际出发，加强村镇规划建设。在抓好一批重点示范镇、重点示范村的基础上，积累建设社会主义新农村的经验。要加大财政转移支付力度，全面提升农村基础设施建设，改善农村和农民的生产生活条件，加强农村医疗、教育、文化和对特困群众的社会救助等农村社会事业的发展。三是要不断促进人的全面发展。促进人的全面发展，不仅要在经济发展的基础上不断满足人民日益增长的物质文化需要，而且要相应提高人自身的各种素质，同时在体制上保障人民群众参与政治生活和社会生活的权利得以实现。为此，要千方百计扩大就业，健全就业服务体系。要努力完善城乡社会保障体系，不断提高保障水平。要大力发展教育事业，全面实施素质教育。要加大人才培养力度，着力抓好党政人才、企业经营人才、专业技术人才和城乡技能人才队伍建设，带动各类人才队伍协调发展。要加强先进文化建设，推进文化体制改革，大力发展文化事业和文化产业，积极开展群众性文化活动，提高全民文化素质。要加快医疗卫生体制改革，完善公共卫生和医疗服务体系，提高人民群众健康水平。要大力发展新闻、出版、广播、电视、科技、体育等事业，满足人民群众日益增长的文化生活需求。四是要不断建立健全和谐社会的运行机制。要建立健全正确引导发展的激励机制，千方百计地激发各行各业人们的创造活力。要抓紧建立和完善科学的政绩评价标准、考核制度和奖惩制度，教育和引导领导干部树立科学发展观和政绩观。要建立健全合理的利益表达和协调机制，使各阶层的利益诉求都有通畅的表达渠道。要建立健全既能体现效率原则又能体现公平原则的社会分配机制，使各行业、各地区、社会各阶层和群体都能享受社会成果而彼此和谐相处。要健全党委领导、政府负责、社会协同、公众参与的社会管理体系，形成强有力的社会管理和社会整合机制。要建立健全有效地疏导和化解人民内部矛盾的机制，建立健全信访和督查工作责任制，完善矛盾纠纷排查调处机制。要建立社会舆情和分析机制，畅通社情民意反映渠道；建立全方位的社会预警体系和应急机制，提高保障公共安全和处置突发事件的能力。

## 三、加强和改进党对经济社会发展工作的领导，为实现“十一五”发展目标提供坚强的保证

办好中国的事情，关键在党；实现南昌快速和谐崛起和“十一五”发展目标，关键也在党。以党的建设新的伟大工程促进党的伟大事业，是我们党的一条基本经验，也是我们要牢牢把握的一个重要方针。在南昌，党的事业具体体现为实现南昌快速和谐崛起。做好2006年的工作，实现“十一五”时期的发展目标，是南昌崛起过程中的重要一环。要以加强执政能力建设和先进性建设为重点，全面推进党的建设新的伟大工程，为做好明年的工作和实现“十一五”发展目标提供坚强的思想、组织、作风和制度保证。全市各级党组织、广大共产党员特别是各级领导干部，都要切实增强机遇意识、发展意识、大局意识和创新意识，改进作风，增强本领，不断提高各级党组织的创造力、凝聚力和战斗力，为实现南昌又好又快发展而不懈奋斗。



### （一）要善于驾驭全局

“不谋全局者不足以谋一域，不谋万世者不足以谋一时”。各级领导干部既要有见微知著、洞幽察微的“显微镜”的本领，又要努力培养高瞻远瞩、能掌握发展趋向的“望远镜”的能力，成为下活全局这盘棋的高手。一是要切实增强主动性。实践证明，积极进取的主动精神是做好工作的活力之源。发挥了主动性，才能有效履职，否则就会碌碌无为；发挥了主动性，才能有所建树，否则就难有作为。现在，我们的一些干部解决问题、推进工作的主动性不够，“等、靠、要”的惯性思维还在影响着我们前进的步伐。“主动”是一种观念、一种态度、一种方法。增强主动性，就是要有一种主人翁的姿态，主动地去考虑自己负责的整个工作，提出有益建议，想出各种办法，把自己负责的工作做好；就是要主动应对机遇和挑战，主动应对发展、市场和变化中的各种新情况、新问题，形成能办事、会办事、办得成事的良好作风。二是要切实增

强预见性。工作预见性是领导干部综合能力的反映。有的同志存在这方面的缺陷，或是思想懒惰，过于依赖上级，认为当前主要工作是什么、怎么干，上级都已规划好了，自己执行好就行；或是对客观情况缺乏了解，判断分析问题能力不强，不能准确把握事物的发展规律，无法预知下一步工作的走向，尤其是一旦出现新情况、新问题时，拿不出有效的办法和措施，所以，在工作上总是处于被动，打不开局面。增强预见性，就必须开阔视野、掌握知识。随着市场经济和现代科学技术的发展，新技术、新学科不断涌现，对社会各方面的发展都有着重大的影响。在这种情况下，要想准确地预见未来，就必须时刻注意学习新知识，接受新事物，不断开阔新视野。增强预见性，就必须深入实际、调查研究。有的领导干部之所以能够把工作做在前面，把问题消除在萌芽状态，就是因为坚持深入实际，对当前的情况有深刻的认知，对存在的问题和可能出现的结果了如指掌。增强预见性，就必须总结经验、吸取教训。善于总结的领导者是明智的领导者。不善于总结，找不到事物的客观规律，就会停留在原有水平上，不能适应不断发展变化的形势，也就谈不上善于驾驭全局。总结的过程也是吸取教训的过程。失败是成功之母。领导干部只有善于从失误和挫折中吸取教训，才能更加准确、科学地预见未来，把工作做得更好。增强预见性，就必须超前研究、超前思维。当今社会节奏快、变化多，新情况、新问题层出不穷。要想在未来的竞争中赢得主动、抢占先机，就必须善于超前思维，审时度势，把握大势，辨清走势；就必须善于抓住发展中具有全局性、长远性、根本性的重大问题，超前研究，力求有“先见之明”，切实把对策想在前，把工作做在先。三是切实增强责任心。俗话说：“当官不为民做主，不如回家卖红薯”。现在的人也爱说：“在其位、谋其政，做其事、尽其责”。忠于职守、勤勉尽责是一名干部起码的职业操守和道德品质，也是善于驾驭全局的主观条件。只有肩负重担、勇于承担责任的人，意志才坚定，脚步才稳健。凌美龙同志 31 年来在村官这个岗位上，不求做大官，但求做“民事”。在平凡的岗位上干出了不平凡的业绩，体现出不平凡的精神。他虽然“走”了，但全村的人都怀念他、纪念他，我们每一位同志都要学习他这种崇高的品德，要一心扑在工作上，做到不因事大而难为、不因事小而不为、不因事多而忘为、不因事杂而错为，努力做一个高尚的人、平凡的人，无愧于事业、无愧于人民的人。



### （二）要善于领导发展

发展是硬道理，是第一要务。作为一位领导干部，必须善于领导发展。首先，要善于解决抓住机遇的问题。机遇对于发展非常重要。抓住一次机遇，就会赢得一次跨越；错过一次机遇，就会失去一个时代。当前，就南昌市来说，经济社会发展正面临着难得的机遇。能不能抓住这一机遇，实现南昌又好又快发展，是对我们每个干部特别是领导干部的一大考验。我们必须积极而为，主动争取，在自己的岗位上紧紧抓住机遇，做出成绩。其次，要善于解决能够发展的问题。经过这几年的摸索和实践，南昌市正在逐步走出一条符合南昌实际的快速和谐崛起之路。现在，我们就是要进一步增强加快发展的责任感和紧迫感，我们每个同志都是推动崛起的亲历者、责任人。每个人都有义务、有责任坚持发展不动摇、推进发展不放松、加快发展不停步，以做好自己的本职工作，为加快南昌的发展尽职尽责尽力。再次，要善于解决科学发展的问题。我们确立的发展目标，不仅包括经济指标，而且包括社会发展指标；不仅对加强民主、健全法制提出了要求，而且对人民的思想道德、科学文化和健康素质等提出了要求。我们在加快发展的实践中，必须始终坚持以人为本和快速、协调、持续发展的原则，真正全面落实科学发展观，使自己的政绩成为没有水分、群众需要的政绩，成为有利于经济社会长远发展，经得起实践和历史检验的政绩。

（三）要善于凝心聚力



保护好、引导好、发挥好各方面的积极性，始终是推进改革发展最具决定性的因素。我们要在了解群众、教育群众、帮助群众上下苦功，处理好群众之间的利益关系，扎扎实实做好群众工作，把广大人民群众的心思、智慧和力量凝聚到干事创业上来。要坚持党委总揽全局、协调各方的原则，充分发挥人大、政协、统一战线各方面的积极作用，充分发挥工会、共青团、妇联等人民团体联系群众的桥梁纽带作用，集中各方面的智慧，凝聚全社会的力量，共同为做好 2006 年的工作和实现“十一五”发展目标献计出力。善于凝心聚力，是一种本领、一种能力。不仅要体现在调动方方面面的积极性上，更应体现在维护各级领导班子的团结中。实践证明，团结则事业兴，搞内耗，一伤事业，二伤同志，最终还是伤自己。这几年南昌之所以发展得这么快、这么好，关键在于我们的干部队伍齐心协力，关键在于各级领导班子团结和谐。2006 年既是“十一五”的开局之年，也正值市四套班子和县（区）、乡（镇）党委班子相继换届。在这样一个关键时刻，是保持一份平和的心态，一如既往地抓工作、促发展，还是心浮气躁、患得患失；是埋头苦干，做好每一天，做好每件事，还是墨守成规、敷衍了事，做一天和尚撞一天钟；是讲政治、讲原则、讲大局，一切听从组织安排，还是整天考虑自己的进退去留，甚至明争暗斗、跑官要官？这是衡量领导干部作风和境界的风向标，也是对各级领导班子和领导干部的一次重大考验。我们各级干部特别是领导干部要带头正确对待、带头经受住这种考验。要做到这一点，关键是经常教育我们的干部有志气、朝气、豪气、正气这“四气”。

志气是一种积极进取、自强不息的精神。一个人没有志气，就不可能有作为；一个领导没有志气，那里的工作必然停滞不前。古人说的“有志者事竟成”就是这个道理。我们有志气，就是要有富民强市之志，不靠天，不靠地，靠自己；就是要审时度势，制定科学的发展战略，争分夺秒，迅速地壮大自己。

朝气是一种奋发向上、斗志旺盛的状态。一个人没有朝气，必然萎靡不振；一个领导没有朝气，那里的气氛必然死气沉沉。我们有朝气，就是要与时俱进、蓬勃向上、开拓进取；就是要正视困难不气馁，负重奋进不低头，奋力开拓不后退，以新观念、新办法、新机制开创新局面。

豪气是一种海纳百川、容人容事的气度。一个人没有豪气，必然斤斤计较；一个领导没有豪气，那里的干部必然钩心斗角。我们有豪气，就是要有宽广的胸怀，做人做事有格调、有档次、有气量；就是要搞五湖四海，不搞小圈子，不以个人好恶定是非，不以一己恩怨分亲疏。



正气是一种刚正不阿、坚如磐石的境界。一个人没有正气，必然随波逐流；一个领导没有正气，那里的环境必然乌烟瘴气。我们有正气，就是要坚持和发扬共产党人的政治本色和革命气节，不怕鬼、不信邪，堂堂正正做人，勤勤恳恳做事，清清白白做官；就是要以苦养德、以贫励志，为人廉洁自律，处事公道正派。

（四）要善于务实创新

务实创新既是思想路线的要求，又是一种思维方法；既是一条历史经验，又是一种工作要求。成效源自务实。我们要把心思凝聚到干事业上，把精力集中到办实事上，把工夫下到抓落实上，把本领用在促发展上，在务实中创新，在创新中落实，在落实中发展。要发扬脚踏实地、真抓实干的作风，紧密联系南昌市快速和谐崛起的实践，坚持讲实话、出实招、办实事、务实效，不喊空口号，不搞花架子，不盲目攀比，不急功近利，真正把工作的着力点放到研究解决改革发展稳定中的重大问题上来，放到研究解决群众生产生活中的紧迫问题上来，放到研究解决党的建设中的突出问题上来。

务实创新，关键要干在点子上，这个点子就是上情与下情的结合，就是党的要求与人民利益的结合，就是各项工作与实际情况的结合。结合点就在于创新。创新，既是一种意识，也是一种能力，它要求我们在充分调查和认真研究的基础上，思想再解放，观念再更新，用超常规的思维谋发展，用超常规的思路抓发展，用超常规的举措促发展，不断闯出新路子，拼出新局面，实现新跨越。创新，可以是就某一局部的工作，也可以是就整个全局的工作；可以是某项工作的一个点、一个环节，也可以是这项工作的全过程。创新的目的不是标新立异，不是哗众取宠，而是要通过超常规的思路与举措，使我们的工作效率更高、成效更大。

务实创新，最重要的是增强执行力。所谓执行力，就是自己保质、保量完成上级交给任务的能力。当前和今后一个时期，我们的首要任务就是要贯彻执行好党的十六届五中全会和省委十一届十次全会精神，执行好这次市委全会的部署。各地各部门要结合实际，把这次全会通过的《建议》所提出的各项目标任务一项一项地分解，一步一步地展开，一件一件地落实，推动“十一五”时期全市经济社会又好又快发展。

随着经济社会的发展，社会利益关系日益复杂，价值观念日趋多元。各级干部特别是领导干部要自觉加强党性修养，正确认识和处理奉献精神和利益原则、党的事业和个人价值、全局利益和局部利益的关系，时刻把党和人民的利益放在首位，自觉抵御拜金主义、享乐主义和极端个人主义的侵蚀，抓好本地、本部门的党风廉政建设。要抓紧构建教育、制度、监督并重的惩治和预防腐败体系。对腐败分子，要毫不手软，坚决惩治。



（摘自《中共南昌市委八届十次全会报告》）

# 建立群众监督机制的实践与启示

以实践“三个代表”重要思想为主要内容的保持共产党员先进性教育活动，是我们党历史上规模最大的一次正面教育、自我教育、开门教育活动。南昌市委在党中央的正确领导下，在省委督导组、巡回检查组的有力指导下，从“制度”上入手，在“监督”上着力，在“机制”上下工夫，实现了党接受群众监督的高度自觉性和群众对党监督的高度建设性的统一，使这一活动成为了“群众满意工程”。由此，也得到了许多有益启示。



## 一、自觉接受人民群众监督，在实践中不断推进党的先进性建设

党的先进性源于人民群众创造历史的先进性，人民群众的伟大实践是我们党永不枯竭的先进性资源。我们党的先进性建设，一刻也没有离开过人民群众创造历史的实践活动。我们党先进的阶级基础——工人阶级，是在人民群众的伟大实践中成长起来的；我们党先进的理论基础——发展着的马克思主义，也是人民群众实践经验的结晶。我们党的先进性不仅是党自身建设的产物，同时它的根始终是深植于人民群众创造历史的沃土中。这次先进性教育活动，是在党提出了全面建设小康社会奋斗目标，对新时期党的建设新的伟大工程做出总体部署的新形势、新任务下进行的基础工程。全面建设小康社会的伟大事业需要党的建设新的伟大工程作保证，而新的伟大工程又必须紧紧围绕伟大事业来进行。党的先进性建设，只有在人民群众全面建设小康社会的实践中，才能获取永不枯竭的源泉和动力，才能不断汲取丰富的营养，始终保持与时俱进的本色。自觉接受群众监督，反映了党同人民群众血肉联系的内在要求。党的先进性建设不仅要与人民群众的实践活动相联系，而且要落实在自身履行“立党为公、执政为民”宗旨的实践中。“历史表明，任何政党的兴衰存亡，归根到底取决于它在推动历史前进中的作用，取决于人民群众对这种作用的认可程度。”在先进性教育活动中，南昌市各级党组织和广大党员通过各种方式，广泛征求群众意见，找准了过去被忽视的，或没有来得及解决的、与群众切身利

益相关的突出问题，并在广大群众的监督之下，分类分期、定时定责给予解决，由于在较短时间内，集中解决了一批群众十分关心的、有些甚至是久拖未决的问题，因而人民群众的满意程度普遍提高，监督信心更加增强，主动参与监督的积极性更加高涨。实践证明，党必须置身于人民群众的实践中不断地体现出“立党为公、执政为民”的宗旨，实现好、维护好、发展好最广大人民的利益，才能体现、保持和发展自己的先进性。党同人民群众是感情、价值、命运的共同体，群众监督不是外加于党的肌体之上的附属物，而是党同人民群众血肉联系的内在要求。

党的先进性建设必须始终置于人民群众实践中、置于人民群众监督下。这次开展的先进性教育活动是这两个“置于”统一的成功尝试。在活动中，南昌市各级党组织以“三个代表”重要思想为指导，把落实科学发展观与建设开放活力南昌、文明和谐南昌、诚信创业南昌和生态园林南昌的丰富实践相结合，极大地调动了全市干部群众的积极性和主动性，经济社会呈现出又好又快的发展形势。先进性教育正在转化为先进生产力进步的新动力。与此同时，南昌各级党组织坚持走群众路线，及时建立了群众监督评价制度，从社会各界聘请了“两员一组”，即监督评价员、特约监督员和监督评价组，对活动进行全过程监督；通过广泛征求并如实反馈群众意见，及时公布活动进展情况，由群众评判活动的效果等方法，自觉把活动置于群众监督之下，有效地增强了各级党组织的战斗堡垒作用和广大党员的先锋模范作用。我们深刻体会到，党的先进性建设必须向实践开放、向群众“开门”。党在团结和带领人民群众努力实现新的历史时期奋斗目标的实际行动中，必须自觉把群众满意作为自身建设的第一标准，充分尊重和发挥人民群众的主体作用，从群众中汲取智慧和力量，依靠群众监督保持党的肌体健康。



## 二、党接受群众监督的高度自觉性和群众对党监督的高度建设性有机统一，为实现党的先进性建设提供重要保证

我们党80多年的一切奋斗，归根到底是为了实现最广大人民的根本利益。党除了最广大人民群众的利益，从不谋求自己特殊的利益。在长期的革命和建设实践中，广大人民群众把自己的命运和党的生存发展紧密地联系在一起，相濡以沫，荣辱与共。因此，党接受群众监督的高度自觉性和群众对党监督的高度建设性是有机统一的，两者互为条件，密不可分。党接受群众监督的高度自觉性是实现群众监督的根本动力，群众对党监督的高度建设性是实现群众监督

的内在要求，两者的有机统一为实现党的先进性建设提供了重要保证。

体察民情，服务民生，彰显党接受群众监督的高度自觉性。在社会生活进入多样化、信息化的今天，体察民情要注重直接、便捷；服务民生要突出主动性和有效性。从这些特点出发，在教育活动中，南昌市设立“民声通道”和“阳光热线”，重视发挥现代网络通讯的作用，利用手机短信、互联网等手段，使群众可以随时反映自己的意愿和要求。从 2005 年 8 月以来，仅半年多时间就收到群众来信来电 4800 余条，而且做到条条有结果、有回复。为更好地转变作风、服务群众，南昌市各级党员干部通过设置“党员示范岗”、发放联系卡与干群“连心名片”等方式，既方便为群众服务又方便群众监督，普遍出现了“一个党员一盏灯、一个组织一面旗”的新气象。南昌市安义县新民乡尚礼村原党支部书记凌美龙同志，三十年如一日，一心一意为群众办好事、做实事、解难事，最后病倒在岗位上，当得知自己身患绝症后，他毅然决定放弃治疗，从医院赶回山村继续工作，在村里公路建设工地上，坚持到生命的最后一息。当地群众把他修的那条路称为“美龙路”。凌美龙同志是全国基层党支部书记的优秀代表，是南昌市党员集体形象的写照和为民办实事的缩影。实践证明，党接受群众监督的高度自觉性，充分体现了我们党自觉践行群众路线的优良作风。我们党成为推动中华民族复兴和人民前进的中坚力量，其奥秘就在于：党继承和发扬了马克思主义政党的优良传统，奉人民为“上帝”，始终生活在人民中间，全心全意为人民服务，自觉接受人民监督。



广征博采，从谏如流，珍视群众对党监督的高度建设性。通过先进性教育活动，我们深刻地感受到，群众对教育活动所倾注的热情，源自群众自身的民主意识，源自群众对党、对国家的崇高责任感。历史也反复证明了，对党监督的高度建设性，是我国人民的历史选择，体现出我国人民当家做主的主体意识。八十多年来，无论我们党在执政前还是执政后，是处在艰难困苦，还是胜利前进时，伟大的人民总是一如既往地拥护我们党。群众对党的监督，具有动机、内容和效果三位一体的高度建设性。从动机看，人民对党的监督总是充满善意的。黄炎培先生关于共产党要避免封建王朝兴亡“周期率”重演的讨论、李鼎铭先生关于“精兵简政”的建议、马寅初先生关于《人口论》的学术见解，等等，无一不是善意的表现；从内容看，人民群众对党的建议具有期望、真诚、原发等特性，充分反映了人民群众“春江水暖鸭先知”的实践品质；从效果看，人民群众对党的建议，受到了我们党的高度重视和践行，不断促进了党的各项工作的进步，实现了监督、改进、再监督、再改进的良性互动和循环往复。

“高度自觉性”与“高度建设性”的有机统一，为党的先进性建设提供了重要保证。这次先进性教育，实现了一次党情、民意的大沟通、大融合，充分显示了党接受群众监督的高度自觉性和人民对党监督的高度建设性的有机统一。南昌市以先进性教育活动为动力，广泛接受群众监督，建立了以效能问责为重点的责任追究机制、以纠建并举为重点的政风行风评议机制、以安商兴业为重点的全民创业服务机制、以投诉查处为重点的环境建设监督机制、以诚实守信为重点的社会诚信建设机制，正党风、清行风、树新风。2005 年，仅受理优化投资环境和工作效能方面的投诉有 919 件，已办结 910 件，累计有 129 人分别受到纪律处分、效能告诫、诫勉教育。同时，削减行政审批事项 694 项，取消了 80 个收费项目，降低了 33 个项目的收费标准，使南昌成为全国保留行政审批事项最少的城市之一，成为全国投资环境最佳城市之一。先进性教育活动的成功实践再一次证明，“高度自觉性”和“高度建设性”的有机统一，是中国特色群众监督机制的根本特征，是我们民族之幸、党之幸。这一根本特征不是自发产生的，它是五千年中华文明薪火相传、生生不息的精髓所孕育，是党同人民群众近百年来荣辱与共血汗凝成的优良传统。它决定了我国群众监督的特殊形式、内容和效果。我国的群众监督，作为党联系群众的纽带，以人民民主为形式，以保障人民当家做主、提高党的执政能力为使命，目的是为了永葆党的先进性，不断巩固党的执政地位，最终实现国家的长治久安。



## 三、进一步密切党群、干群关系，构建社会主义和谐社会，是建立健全群众监督机制的重大现实任务

坚持群众在监督中的主体地位，明确群众监督的方法和手段。群众监督是马克思主义民主政治思想在国家政权建设中的体现。群众监督属于社会监督的范畴，它是指以人民群众为主体、能间接产生法律效力的监督。相对于国家监督而言，它是人民群众运用批评、建议、听证、评议、检举、控告等方法，依托一定的制度，直接或间接地对党和国家机关及其工作人员所实施的监督。毛泽东指出：“主要监督共产党的是劳动人民和党员群众”。邓小平也指出：“要有群众监督制度，让群众和党员监督干部，特别是领导干部。凡是搞特权、特殊化，经过批评教育而又不改的，人民就有权依法进行检举、控告、弹劾、撤换、罢免”。可见，群众监督体现着人民在国家生活中当家做主的地位，是人民群众发扬民主、表达意志、实现利益的基本手段。把群众监督的形式、内容、手段和方法制度化，确保在国家政权结构中体现党的群众路线。群众监督机制是指人民群众为主体，以一定的制度为核心，按一定的规则方式运行的权力制衡机制，是由人员（组织）、制度、运行方法等要素所组成的有机系统，

具有独立性、公开性、权威性、系统性和可操作性。机制的核心是制度，建立和完善群众监督制度是群众监督机制有效运行的前提。它必须科学地、客观地反映监督者和被监督者的状况，合理规范二者的关系。建立群众监督制度，必须既有利于人民群众愿参与、能参与、会参与，又有利于提高党的执政能力和执政水平。同时，还必须具备以下条件：一是明确的监督标准。标准是公开、公平、统一的。二是合理的监督模式。有一个由多要素、多主体、多形式、多结构、多功能，能上下联动、内外互动的监督网络。三是严密的监督程序。有一套为实现监督目标而制定的方式、步骤、时间、顺序等规则。四是相应的配套机制。包括导向机制、激励机制、教育机制和保障机制。

明确群众监督机制的现实任务，进一步密切党群干群关系，夯实社会主义和谐社会的群众基础。在先进性教育活动中，南昌市各级党组织通过各种形式落实群众的知晓权、参与权、评价权、监督权，从而密切了党群、干群关系，培养了民主团结的新风尚。广大群众对活动中解决了大量现实的、突出的问题感到满意，同时也对党的领导干部和党员确立科学发展观、以科学务实的态度构建和谐社会，提出了更高的要求。针对建设社区是构建和谐社会的基础这一新的实际，南昌市在社区建设中积极探索“网络化、数字化、信息化、人性化”的管理新模式，坚持以网络化为基础、数字化为重点、信息化为纽带、人性化为基准，充分调动了社区居民、驻区各单位、各类经济组织在城市管理中的主动性、积极性，日益形成了各种社会群体和谐友爱的新气象。实践表明，构建社会主义和谐社会需要健全民主管理制度，需要建立健全群众监督机制。和谐社会，要求社会要素之间具有和谐关系，人与人之间的和谐关系是其基础和核心。由于我们党是执政党，我国整个社会的和谐，应突出党群关系和干群关系的和谐。因此，党的各级领导干部必须坚持科学发展观和正确的政绩观，彻底摒弃搞“政绩工程”、形象工程，坚决反对形式主义和官僚主义，真正视人民的利益高于一切。只有这样，构建和谐社会才会有坚实的群众基础。



### 四、监督好身边的人、权、事，积极探索发挥群众监督机制功能的主要实现方式

必须通过监督身边的人、权、事，落实群众的监督权。依据和运用党纪国法、党的路线方针政策对党政部门及领导干部的执政过程和执政效果等重大问题进行监督，是群众监督机制的基本功能。这一功能主要又是通过人们监督身边的人、权、事来实现的。在对人、权、事的监督中，形式上是对人的监督，内容上是对事的监督，本质上却是对权的监督。由于事是监督的实在内容，所

以，一切监督都必须从事出发，以事实为依据，实事求是地实施监督。在先进性教育活动中，南昌市各级党组织坚持边学边改、边议边改、边整边改，注重从群众意见最大、最不满意的问题改起，从解决关系群众切身利益最现实、最直接的问题做起，对群众提出的各种困难和问题由市委常委牵头，实行项目推进、责任到人的办法，分步骤加以解决。在先进性教育活动中，南昌市投入20亿元资金高标准建设城市排水系统，告别了过去一下大雨路难行的“水害”。南昌每年投入亿元资金连续四年实施“百路大会战”工程，把路修到了市民的家门口，400多条坑洼积水的小街巷焕然一新。同时，南昌每年实施一大批民心工程，其中包括水、电、气、路等和市民生活息息相关的基础设施建设，曾经困扰市民的生活烦恼得到了较好的解决。群众亲眼看见了先进性教育活动带来的实实在在的好处，亲身体会到监督人、权、事落到了实处。实践表明，群众不听你说得怎么样，关键看你做得怎么样。讲一万遍群众监督的重要性，不如落实一次群众对他们身边的人、权、事的监督权；群众能真正有效地监督身边的人、权、事，就是他们在国家和社会事务中行使当家做主权力的具体体现。



必须坚持有序、辩证的方法，监督好身边的人、权、事。首先，必须坚持党的领导、坚持依法治国、坚持人民当家做主的基本原则，使监督有序地进行。群众监督是在党领导下的监督，是为了加强和完善党的领导而实行的监督；群众监督也是依据和运用党纪国法所进行的监督，是为了维护党纪国法的有序性和权威性而实行的监督，绝不能产生破坏正常的社会生产和社会生活的副作用；同时，群众监督是体现人民当家做主的监督，是为了保障人民的主人翁地位而实行的监督。实践表明，那种搞形式主义或无政府主义“监督”，要么会挫伤群众的积极性，要么会损害和谐发展的环境。其次，对监督对象、手段和方法都必须坚持两点论和重点论的统一，提高监督效能。在监督对象方面，一要加强对领导机关、领导干部特别是各级领导班子主要负责人的群众监督。二要加强对各个环节和各个部位尤其是重点环节和重点部位权力行使的群众监督。在监督手段方面，依据和运用党纪国法、党的路线方针政策进行监督，是群众监督的主要手段，同时辅以社会舆论和道德谴责等其他手段。在监督方法方面，主要运用建议、批评、评议、来信、来访直至检举、控告、申诉等方法。

必须广泛搭建监督平台，实现群众对身边人、权、事的有效监督。在先进性教育活动中，南昌市各级党组织通过开展群众与部门、群众与党员、群众与单位领导直接对话活动，对群众投诉直接受理，对群众质询直接解答，对反映的问题在第一时间处理，形成了群众监督的“直通道”；通过在基层广泛举办

"居民论坛"、"乡村夜话"，为群众开辟表达意见、讨论事务、直接参与基层民主管理和监督的平台。通过开展基层评议机关、群众评议党员活动，把群众请上了对机关、党员和干部的"裁判席"；注重发挥新闻媒体覆盖面广、时效性强、透明度高的特点，设置"文明行风热线"，拓宽群众反映问题、建言献策的渠道，并采取公开收费标准和办事程序、公开承诺、公布监督电话等方式，把与群众生产生活密切相关的重要部门置于全社会的监督之下。事实证明，党员有没有先进性，领导是不是在为群众出实招、办实事，机关是不是在依法行政，基层党组织是不是群众的"主心骨"，群众最清楚，最有发言权、评判权。群众监督是最直接的监督，但如果没有监督的渠道和平台，就不可避免地出现"看得见的管不着、管得着的看不见"的现象。

## 五、注重实践，积极创新，在继承、借鉴和发展中不断完善群众监督机制



建立科学的群众监督机制是一个不断探索发展的重大历史性课题。必须使"人民成为国家制度的原则"，是马克思主义群众监督思想的核心。中国共产党把马克思主义民主监督思想与中国具体实际相结合，创造性地建立了人民代表大会、共产党领导的多党合作政治协商会议、民族区域自治等民主形式，开辟了一条"让人民监督政府"作为跳出政权兴衰周期率的新道路。在新的历史时期，党的历史地位发生了巨大变化，党正面临着提高拒腐防变和抵御风险的能力，提高领导水平和执政能力，构建社会主义和谐社会的历史任务。建立健全群众监督机制，把广大党员和群众的精神进一步振奋起来，把党群、干群关系进一步融洽起来，把全民族的力量进一步调动和凝聚起来，对于完成党的历史任务具有重要作用。

巩固和完善先进性教育活动中的好方法、好经验，建立群众监督长效机制。在先进性教育活动巩固和扩大整改成果阶段，按照中央和省委的指示精神，南昌市各级党组织正在认真地把活动中的经验做法系统化、理论化、制度化，积极探索建立健全一系列的群众监督长效机制。在联系群众和服务群众机制方面，建立了党员领导干部联系点制度、领导干部下基层调研制度、无职党员设岗定责制度、向群众通报情况制度、市（县、区）直机关公开承诺制度等；在反映民情、倾听民意机制方面，建立了市民"绿色通道"、"民声通道"制度。媒体"阳光热线"制度，领导干部、人大代表、政协委员接待日制度、群众来信来访、听证、咨询、投诉制度等；在群众参政议政机制方面，建立了村（居）民民主选举制度、群众义务监督员制度、居民论坛制度、党务政务

公开制度、村务公开制度、群众举报制度等；在群众评议机制方面，建立了群众民主测评制度、群众评议市、县（区）直机关制度、群众满意度测评制度等；在激励保障机制方面，建立了群众意见反馈制度、群众举报保护和保密制度、群众监督奖励制度等。这些制度融公开承诺、听取意见、问题处理、群众评议、兑现奖惩为一体，这样就能比较好地把知情权、参与权、评判权和监督权交给群众。它们作为中国特色的群众监督机制的核心内容，亟待我们进一步认真探索、完善和改进。群众监督机制是一个具有创新品格的实践机制，必须在继承、借鉴和发展中逐步推进。首先，要继承和发展马克思主义民主监督思想，吸收当代世界民主的积极成果，传承中华民族天下为公的民主因素，使群众监督机制与社会主义市场经济的发展要求相适应，与国家的法律法规和党章等党内现行制度相衔接，与党的先进性建设相配套。其次，群众监督应纳入教育、制度、监督三位一体的防治腐败体系。从限制被监督者的不正当需要入手，以反腐倡廉为中心，以监督领导干部和关键节为重点，完善人民代表大会制度，有序推进基层民主，构建群众监督网络。再次，在实践中进一步丰富和完善群众监督机制。群众监督机制是一个具有创新品格的实践机制，随着时代的发展和科技的进步、党的现实任务的发展变化以及人民群众对党的期望和信赖的提高，需要我们以发展的态度、创新的理念和开放的精神去大胆探索、不断完善和发展，把中国特色社会主义伟大事业推向前进。

（摘自《全国先进性教育理论研讨会优秀论文集》）

# 南昌：在科学发展的航道上腾飞

跨入新世纪以来，南昌呈现出经济快速发展、社会文明进步、城市日新月异、人民生活改善的喜人局面。2004年，南昌市GDP达770亿元，比上年增长16.5%，全年增长超过百亿元；完成财政总收入102亿元，其中地方一般预算收入40.92亿元，分别增长23.2%和30.3%；全社会固定资产投资全年净增百亿元以上。社会消费品零售总额增长16.9%，城镇居民人均可支配收入增长11.7%。当年的“邓小平小道”，如今正在向广阔的空间延伸。



南昌市认真落实省委、省政府关于做大做强南昌、率先实现崛起的决定，以建设现代制造业重要基地为重点战略，紧紧抓住发展开放型经济和深化改革两个关键，着力推进花园城市建设、工业园区建设、现代公共服务体系建设、国有企业改革和民营经济发展、农业产业化经营五大基础性工程，全面实施“开放为先，改革跟进，城建加速，稳定保障，协调发展”的工作方略。经过几年的实践，经济社会步入了快速协调可持续发展的轨道。

坚持以人为本，从老百姓最关心的事做起，在解决涉及群众切身利益的问题上下工夫。在城市规划、建设过程中，留足绿地空间，建成了青山湖体育公园、秋水广场、玉带河等一批休闲娱乐场所，为市民营造了绿色、温馨、和谐的人居环境。坚持每年为市民办若干件实事，并做到年初公布、年底交账，比如，改造了城市地下排水道，解决了困扰市民的水患问题；在城区进行两次“百路大会战”，将彩色人行道铺到市民家门口；实施了廉租房制度，在城东、城北、城南同时开工建设了三个经济适用房住宅小区。我们始终把下岗职工的再就业作为“头等大事”、“一把手工程”来抓，把扩大就业作为各级政府协调经济发展的优先指标，把控制失业率和增加就业岗位作为经济社会发展的重要指标，纳入国民经济和社会发展计划，在全省率先启动了再就业小额担保贷款，建立了国家（南昌）创业示范基地，三年来，有13万下岗职工实现了再就业。我们以增加贫困户收入为中心，在乡镇广泛开展“亲民、为民、富民”工程，引导和鼓励民营企业、民间组织、慈善机构、知名人士兴办扶贫项目或公益事业，对贫困村和贫困人口进行多种形式的支援、帮扶，仅2003年南昌市就有3万贫困农民脱贫。随着工业化和城市化进程的加快，我们对失地农民的就业和社会保障问题也提出了明确的目标。所有这些都是从人民的切身利益出发，让群众感到各级党委、政府在诚心诚意为他们办实事，从而与我们一道克服困难，努力奋斗。

紧紧抓住第一要务，为经济发展和社会全面进步提供强大的物质基础。南昌现阶段的主要矛盾和面临的最大压力是经济总量小、经济基础薄弱。千方百计地保持经济快速增长，迅速做大经济总量，是南昌面临的最紧迫、最重要的任务。因此，市委、市政府始终咬住发展不放松，紧紧围绕“富民强市”的目标，促进经济和社会各项事业的全面发展。一是坚定不移地把开放型经济摆在优先发展的位置，把招商引资和工业园区建设作为全局工作的重中之重。2003 年，我市开放型经济增加值达 141.6 亿元，占 GDP 的比重达 22.3%，对全市经济的贡献率为 39.1%，直接拉动经济增长 6.06 个百分点。二是把建设现代制造业重要基地置于核心的战略地位。大力推动技术、人才、资本向重点骨干企业有序聚集，促进重点企业上规模、上水平，成为引领经济跨越式发展的主要力量。根据产业经济的发展趋势和南昌的特点，对汽车、微电子、光电子、医药、新材料、软件和信息产业采取特殊的扶持政策，构筑具有南昌特色的产业新优势。三是围绕增强城市综合竞争力，推动花园城市建设。按照城市总体布局，坚持高起点规划、高标准设计、高质量建设、高效益经营、高品质塑造，提高了经营城市的能力和水平，实现了资源效益的最大化，增强了市民的自信心和凝聚力。



坚持统筹兼顾，着力推进经济和社会的协调发展。针对薄弱环节，在重点领域、重点环节，采取重点措施，强力推进，以带动全局的发展。我们认真开展农村税费体制改革，减轻农民负担，推出扶持农业发展的一系列政策措施，这几年，南昌市用于农业、农村的资金总共达到 6 亿多元，使“三农”状况有了较大的改善；通过加大对市区到县城和重点镇公路建设的支持力度，切实改善县域经济发展条件；合理划分财权和事权，进一步完善县（区）乡（镇）的财政管理体制；遵循“农业跟着产业走，产业跟着龙头走，龙头跟着市场走”的思路，重点培养一批农业龙头企业；通过放宽户籍政策、优化创业环境、增加就业岗位等措施，引导农村人口向城镇集中，乡村工商业向重点镇集中，推进城乡一体化进程；放手发展现代服务业，积极引进和培育股份制银行，引导、规范并有序发展租赁公司、担保公司、风险投资公司。继与上海、宁波合作建设“无水港”之后，我们又与深圳、厦门共建海铁联运快速通道，使南昌有了多个“出海口”。2004 年，昌北机场正式对国外开放，南昌的发展又拓宽了空中通道。在统筹改革发展的同时，南昌市把稳定工作放在更加突出的位置，突出抓好消防、安全生产，抓好信访工作，打造“平安南昌”。在促进经济快速发展的同时，注重经济社会的共同进步，通过创建“四城”、实施“五大文明工程”、开展“文明南昌行动计划”等活动，不断丰富文明南昌的内涵，并使城市文明程度和市民素质不断提高。

注重人与自然和谐发展，走出一条资源节约型和生态保护型的集约化发展路子。我们十分注重保护生态环境，坚持走集约化、污染少、高效益的新型工业化道路。妥善处理经济发展和环境保护的关系，严格执行“不进行环境影响评价不立项，环保设施不验收不投产”的规定，坚决不搞危及人民群众健康的项目，不搞严重污染生态环境的项目。坚持按规划合理利用土地，鼓励工业向园区集中，加强建设用地管理，做到能用非耕地的坚决不用耕地，能用劣地的坚决不用好地。严格保护耕地，强化基本农田保护监督措施。

总结过去，南昌经济能够连续四年保持两位数的增长，得益于遵循了科学发展规律。今后要继续保持这一发展势头，仍然必须坚定不移地按照科学发展观的要求，抢抓机遇，增强工作的主动性、开拓性和创造性，立足当前、着眼长远，全面谋划、重点推进，努力走出一条具有南昌特色的崛起之路。



提升发展理念。南昌是我国唯一与长江三角洲、珠江三角洲两大经济区相毗邻的省会城市，这就使南昌“对接长珠闽，融入全球化”成为可能。要尽快把南昌建成全省的金融中心、商贸中心、进出口物流中心、教育文化中心，通过完善城市功能，服务全省，引领全省。要深刻认识现代市场经济条件下的资源配置规律，用好国际国内两种资源、两个市场，引进和扶持科技含量高、产业带动力强、在国内外有知名度的大企业特别是特大企业。正确处理改革、发展与稳定的关系，把维护稳定放在首位，积极化解各种社会矛盾。

拓宽发展思路。引导土地资本向产业资本聚集，创造条件让世界、国内和中央的一些大企业落户南昌，构筑产业发展新优势。鼓励一些绩优企业走出南昌，发挥行业优势，进行低成本扩张。牢固树立“环境出竞争力”的观念，落实好“招商、安商、富商”的政策，帮助已经落户的客商解决实际问题，使其安心发展。通过实实在在的服务，使每一个落户企业能尽快开工、尽快建设、尽快收益。要以构建现代公共服务体系为重点，营造一流的服务环境；以转变机关作风为重点，努力营造务实高效的政务环境；以打造“信用南昌”、“法治南昌”为重点，努力营造诚信公正的法制环境；以提高市民素质和城市文明程度为重点，努力营造文明规范的社会环境。

着力处理好三大关系。统筹兼顾是科学发展观的根本要求。要协调好各方面的利益关系，调动一切积极因素，促进南昌经济社会全面协调可持续发展。一要处理好城乡关系，努力实现城乡协调发展。坚定不移地贯彻中央加强农业和粮食生产的政策，坚持多予、少取、搞活，逐步提高农业效益和农民收入；

优化农业结构，建设区域特色优质农产品基地；重点建设农业科技示范园区，培育壮大农业产业化龙头企业；加快农村剩余劳动力转移步伐，积极推进小城镇建设。二要处理好城市建设与管理的关系，不断提升管理水平。以“文明南昌行动”为抓手，主攻薄弱环节，重点整治大街小巷环境卫生，落实保洁制度；整治各类占道摊点，拆除违章搭建，取缔不规范的集贸市场；整治交通秩序，加强交通管理，倡导文明行车乘车，取缔非法营运；整治城乡结合部和城中村环境，治理烟尘、废气、污水、噪声，保护南昌的蓝天碧水。完善“两级政府、三级管理、四级网络”的城市管理体制，充分发挥基层作用，形成一个“横向到边，纵向到底，重心下沉”的城市管理新格局。三要处理好经济增长与全面发展的关系，促进物质文明、政治文明、精神文明的全面繁荣。

南昌，是八一军旗升起的地方。在科学发展观的引领下，她必将创造出无愧于时代的新辉煌。



（摘自《求是》2005 年第 2 期）

# 坚持科学发展 做好“两篇文章”为实现南昌崛起的新跨越而不懈奋斗

## 一、过去的五年，是为南昌崛起打基础的五年

市第八次党代会以来，我们满怀世纪之初的豪情，在省委、省政府的正确领导下，坚持以邓小平理论和“三个代表”重要思想为指导，全面落实科学发展观，团结和带领全市人民，紧紧围绕做好“两篇文章”，实现富民强市，奋力开辟南昌崛起的新征途，战胜了“非典”疫情等各种严峻考验，圆满完成了南昌市第八次党代会确定的各项目标任务，南昌市经济和社会发展取得了历史性的成就，呈现出全面崛起的良好态势。



### （一）过去五年的成就

1. 经济实力上了一个大台阶。继2005年首次进入全国GDP过千亿城市之后，预计2006年全市生产总值可以达到1185亿元，比2001年增长1.07倍；财政总收入在2004年首次实现超百亿的基础上，预计2006年可以达到150亿元，比2001年增长1.8倍。先进制造业基地建设快速推进，现代服务业蓬勃发展，经济结构明显优化，三次产业的比重由2001年的10.2：45.9：43.9优化为7.2：52.8：40，第二产比重提高6.9个百分点。农业生产连年丰收，农业产业化步伐加快，农业基础明显改善，农村经济日益兴旺。两个国家级开发区和各省级开发区迅猛发展，成为南昌市经济新的增长极，预计2006年，南昌市有4个县区财政收入跨过10亿元。在2005年国家统计局公布的全国百强城市评比中，南昌市综合实力由2001年的第58位跃升到第35位。

2. 城市活力显著增强。坚持开放为先，改革跟进，南昌市上下充满勃勃生机。围绕打造“四最”品牌，连续四年开展了行风整治，出台了全国首部优化投资环境的地方性法规，推进了与开放型经济相适应的现代物流、信息、金融、人才、进出关五大服务体系建设。外资、外贸、外经工作实现了历史性突破，“十五”期间，累计实际引进外资27亿美元，年均增速居全国省会城市首位；20家世界500强和22家国内200强重点企业落户南昌；南昌出口加

工区已获国家正式批准并正在抓紧建设。国有资产监管体制初步建立，南昌市消化历史债务82亿元，国有企业改革步入良性发展轨道。行政审批、投融资、财税、城市管理和农村综合配套等各项改革稳步推进。全民创业方兴未艾，个私民营经济加速发展，县域经济发展势头强劲。2006年，我市被评为“世界十大动感都会”。

3. 历史名城、山水都城、现代新城特色日益显现。坚持以规划为龙头，城市规划水平和规划意识明显进步。完成了八一广场改造，实施了八一起义纪念馆改扩建，英雄城魅力进一步展现。“一江、两河、八湖”整治和老城区排水系统改造成效明显，城市绿化、美化、亮化、净化工程全面推进，绿化覆盖率已达38.6%，空气质量优良率居中部省会城市首位，湖光山色、碧水蓝天已成为南昌重要的城市品牌。2006年，南昌市荣膺国家建设部颁发的“中国人居环境奖”，被誉为治水类典范。实施和完成了一大批城市重大基础设施项目，生米大桥、东西外环高速公路相继建成，洪都大桥及内环线正在抓紧建设，城市框架迅速拉开，建成区范围扩大了120多平方公里，城市功能日益完善。红谷滩新区建设快速推进，成为动感南昌的重要标志。城市管理模式不断创新，力度不断加大。近期南昌市将被正式命名为“国家卫生城市”，南昌市人民十六年的夙愿终于实现。



4. 人民群众生活不断改善。2005年，南昌市城市居民人均可支配收入突破万元，“十五”期间增速居全国省会城市前列；农民人均纯收入达3879元，“十五”期间年均增长10.2%。就业和再就业工作进一步加强，城镇登记失业率控制在3.5%以下。社会保障体系日趋完善，失地农民纳入社会保障工作逐步推开，实现了国有企业下岗职工基本生活保障金、城镇居民最低生活保障金、离退休人员养老金发放率“三个百分之百”。城乡救助体系进一步健全，实行低收入居民廉租房的做法得到中央肯定并在全国推广，城市居民人均居住面积增加了10.4平方米。新农村建设扎实推进，农村城镇化步伐加快，基本实现村村通水泥路和广播、电视、通信全覆盖。

5. 社会各项事业全面进步。深入开展“文明南昌行动计划”，“五大文明工程”取得明显成效，被评为“创建全国文明城市工作先进市”。新闻宣传事业健康发展，南昌的对外形象明显提升。基础教育不断加强，职业教育发展迅速，“学在南昌”正成为重要品牌。科技第一生产力的作用明显增强，成功地加入了“世界科技城市联盟组织”，并被评为2003～2005年度全国科技先进市。文化事业和文化产业健康发展。医疗卫生事业特别是公共卫生防控体系建设不断进步。人口与计划生育工作扎实推进。群众体育和竞技体育共同提高。军政军民团结进一步巩固，荣获全国“双拥模范城”五连冠和全国人民防空先进城市。五年来，我们始终把维护社会安全稳定作为压倒一切的硬任务，健全了责任体系，创新了工作机制，加大了工作力度，南昌市被评为 2001 ~ 2004 年度全国社会治安综合治理先进市。

6. 党的建设成效显著。卓有成效地开展了保持共产党员先进性教育活动。连续数年举办领导干部理论学习研讨班，精心选派大批干部到中央部委、沿海发达地区、市内各开发区和国外、境外学习锻炼，在“两篇文章”建设的生动实践中提高了广大干部的执行力、操作力和创新力。不断深化干部人事制度改革，创新干部选拔和招才引智机制，干部人才队伍建设迈上新台阶。认真开展“三项创建”和星级党组织评定活动，各级党组织的凝聚力、战斗力和创造力明显增强。积极推进惩治和预防腐败体系建设，严肃查处违纪违法案件，认真开展纠风和专项治理，反腐倡廉工作取得新成效。大力推进依法治市，充分发挥人大、政协的重要作用，支持政府依法行政。切实加强民族、宗教、侨务和对台工作，爱国统一战线不断发展。高度重视老干部工作，2006 年获全国老干部工作先进集体。工会、共青团、妇联等群团组织的桥梁纽带作用日益增强。党管武装工作和民兵预备役建设成效明显。



过去五年的历程极不平凡，我们取得的成绩来之不易。这五年的发展变化充分证明，南昌市广大干部群众是敢有作为、善有作为的；我们正在推进的具有南昌特色的发展之路，是一条实现南昌崛起的希望之路、成功之路。通过这五年的实践，我们更加深切地体会到，南昌的发展和变化，靠的是党中央路线方针政策的正确指引，靠的是省委、省政府的亲切关怀和坚强领导，靠的是历任领导班子打下的扎实工作基础，靠的是南昌市广大党员、干部、群众和驻昌部队、武警官兵、民兵预备役人员的无私奉献，靠的是各民主党派、工商联和社会各界人士的大力支持，靠的是中央、省属单位和各兄弟市的热情帮助。在此，我谨代表中共南昌市第八届委员会，向南昌市广大党员和干部群众，向为南昌发展做出贡献的老领导、老同志，向所有关心、支持南昌发展的同志们和海内外朋友们，表示衷心的感谢并致以崇高的敬意！

南昌崛起的过程，其实就是南昌市人民实践不断进步的过程。五年来的实践，不仅使南昌市上下的精神面貌变了，自信心足了，向心力和凝聚力强了，而且使我们对科学发展观的理解更加深刻了，进一步积累了深入做好“两篇文章”、实现南昌崛起的宝贵经验：

### （二）南昌崛起的经验

1. 必须坚持解放思想，开拓创新，以观念更新推动经济社会大发展。五年来，南昌的每一步发展，都是以解放思想、更新观念为先导。从 2001 年开展“解放思想、加快发展”系列主题教育活动，到引导树立“又好又快，好中求快”的发展意识、“不进则退，慢进也是退”的忧患意识和“市场能发挥作用的就要用市场的手段来解决”的市场经济意识，南昌市广大干部群众在推动南昌加速开放、改革、发展的同时，自身的思维方式也不断从封闭型向开放型、从计划经济手段为主向市场经济手段为主转变。实践证明，只有解放思想，与时俱进，才能推动南昌经济社会各项事业不断进步。

2. 必须坚持以科学发展观为指导，把上级精神与南昌实际紧密结合起来，不断探索又好又快发展的新路子。新世纪之初，我们就确立了“做好‘两篇文章’、实现富民强市、争取三个率先”的奋斗目标，并制定了“以工业化为核心，以大开放为主战略”的发展方针，开创了全市经济社会发展的崭新局面。几年来，我们始终坚定不移地围绕这一目标和方针，凝聚人心，大胆实践，创新发展，实施了大开放主战略、打造先进制造业重要基地核心战略和“开放为先、改革跟进、城建加速、稳定保障、协调发展”的工作方略，确立了“快速发展是前提、协调发展是关键、持续发展是目的”的发展原则，从而使南昌市经济社会始终保持快速协调持续发展的好势头。实践证明，只有坚持一切从实际出发，不断探索符合科学发展观要求的发展路子，才能确保南昌市经济社会又好又快发展。



3. 必须坚持开创性、坚韧性、操作性的有机统一，用发展的办法解决前进道路上遇到的困难和问题。我们始终坚决贯彻执行国家宏观调控政策，并以此作为寻求经济和社会发展新突破的重大机遇，在思想方法和工作方法上，立足在加快发展中努力解决各种矛盾和问题，不断以改革的思路突破体制上的各种束缚，以顽强的意志攻克前进中的各种障碍，以创新的办法破解发展中的各种难题，使南昌日益走上崛起之路。实践证明，只有以创新的精神、坚忍的意志和科学的办法，创造性地开展工作，才能使我们在推进“两篇文章”的道路上披荆斩棘，一路向前。

4. 必须坚持以民为本，把为人民群众谋利益作为一切工作的出发点和落脚点。我们牢固树立正确的政绩观，坚持突出抓好与人民群众利益密切相关的热点、难点问题，每年为人民群众办好一批实事，不断提高人民群众的生活水平和生活质量，使我们的工作得到了广大群众真诚的信任、理解和支持，调动了广大群众热爱南昌、建设南昌的主动性、积极性和创造性。实践证明，只有时刻关注民生、体恤民情、爱惜民力、汇集民智，才能形成推动南昌经济社会发展最强大的合力，获得战胜一切困难的力量源泉，真正体现我们发展的价值和目的。

5. 必须坚持加强和改善党的领导，不断提高各级领导班子和领导干部的执政能力。我们始终坚持“党要管党、从严治党”的方针，不断适应时代发展的要求，努力把各级党组织真正建设成为坚强的领导核心和战斗堡垒。尤为难能可贵的是，我们在推动南昌崛起的伟大实践中，锤炼了一种乐于奉献、精益求精、认真踏实的工作作风，造就了一支胸襟宽、眼界宽、思路宽的干部队伍。这既为加快南昌发展提供了坚强的思想、政治、组织和作风保证，也为实现南昌崛起积蓄了最强大的后劲。实践证明，只有不断加强各级党组织的执政能力和先进性建设，我们各项事业的发展才能无往而不胜。

我们过去所取得的成就必须充分肯定，但对前进中的困难和问题务必高度重视。主要是经济发展与我们所处的地位和应承担的责任相比还有一定的差距；影响长远发展的一些深层次矛盾和问题还没有根本解决；投资发展环境还有一些不尽如人意的地方；城市建设和管理还有许多工作需要加强和改进；社会稳定、群众就业、社会保障等关系民生方面的压力仍然较大；加强党的建设和干部队伍建设还要付出更大的努力，等等。对于这些问题和不足，我们必须保持清醒头脑，并采取切实措施加以解决。



## 二、今后五年是为南昌崛起再添后劲的五年

当前，南昌发展正处在一个非常重要的历史时期。这个时期，是深入做好“两篇文章”，推进富民强市的关键时期；也是南昌追赶进位，谋求崛起的重要时期；更是广大干部群众敢有作为、善有作为、能有作为的难得时期。

从外部来看，南昌发展面临前所未有的机遇和挑战。一方面，世界经济仍处于较快增长期，经济全球化、信息网络化不断加深，发达国家资本输出、产业转移的进程将进一步加速；国内经济持续较快发展，工业化、城镇化、市场化快速推进，内需对经济的拉动作用增强，产业“退沿进中”的步伐将继续加快；国家支持中部崛起战略全面实施，南昌将进一步享受中部崛起和老工业基地的优惠政策；尤其要指出的是，省委、省政府做出大力支持南昌建设成为我国中部地区先进制造业重要基地和区域商贸物流金融中心，构建以南昌为核心的环鄱阳湖城市群，进一步强化南昌作为全省发展核心增长极作用的战略决策，这是对全市广大干部群众的莫大信任，为我们增添了新的动力，也为我们提供了空前的发展机遇和广阔的发展空间。另一方面，国际贸易保护主义加剧，能源、原材料价格大幅上涨，国内部分产业产能过剩，市场竞争加剧，土地、资金供给趋紧，这又使我们更好更快发展面临着许多新的困难和压力。在全国各地都在谋求加快发展的形势下，我们不进则退，慢进也是退，稍有松懈就要掉队。

从自身来看，过去的五年，南昌在开放中搞活，在对接中提升，在发展中

壮大，资源的集聚能力和产业的辐射能力明显增强，开放型、工业型的现代化大城市特点日益显现，2006年被评为国内“最具投资潜力的城市”；经过这几年的发展，南昌城市发展的框架已经拉开，“一江两岸、双核五片”的城市形态业已形成，城市基础设施和服务功能日益完善，以南昌为中心，周边城市、县城和重点镇为支点的一小时经济圈日趋活跃，城乡发展的差距正在逐步缩小。这些都是我们自身加快发展的工作基础和有利条件。但同时也要看到，我们仍然是欠发达城市，基础差、基数小、实力弱的状况仍未从根本上改变；未来五年，既是发展的黄金期，也是矛盾的凸显期，快速发展中的矛盾和问题将会经常出现，正确处理改革发展与稳定关系的任务非常繁重。因此，南昌的崛起将是一个长期的历史过程，不可能一蹴而就，也不会一帆风顺，必须经过“追赶”、“互动”和“超越”三个发展阶段，需要几代人付出长期、艰辛的努力。在今后一定的时期内，我们仍将处于追赶阶段，需要继续奋斗，为南昌崛起增添更大的后劲。



面对新形势，立足新起点，南昌市上下一定要有比以往任何时候都强烈的历史使命感、责任感和宽广的时代眼光，紧紧抓住重要战略机遇期，勇于应对各种挑战，迎难而上，奋发有为，努力实现南昌崛起的新跨越。为此，今后五年南昌市工作的总体要求是：坚持以邓小平理论和“三个代表”重要思想为指导，全面落实科学发展观，努力构建和谐社会，紧扣做好“两篇文章”、实现富民强市这个主题，切实提升经济发展的质量和效益，努力把南昌建设成为我国中部地区先进制造业重要基地和区域商贸中心、物流中心、金融中心，成为开放活力、和谐文明、诚信创业、生态园林城市，基本建成现代区域经济中心城市和现代文明花园英雄城市，为南昌崛起奠定更加坚实的基础，为江西在中部地区崛起做出更大的贡献。

主要奋斗目标是：在优化结构、提高效益、降低能耗、保护环境的基础上，实现生产总值和财政收入“两个翻番”，力争南昌市生产总值达到或接近2800亿元，财政收入达到或接近350亿元；力争南昌在全省的首位度进一步提高，生产总值和财政收入在全省的比重占1/3左右；综合实力在中部省会城市中的位次前移到中等水平。在经济发展的基础上，不断提高城乡群众生活水平，实现“两个高出”，力争城乡居民年均收入均比全省平均水平高出20%以上；就业、社保、科技、教育、文化、卫生、环保和人口与计划生育等社会事业取得新进步，社会和谐稳定，人民安居乐业。

实现上述总体要求和奋斗目标，必须保持战略措施的连续性、稳定性和创新性，坚持大力推进大开放主战略、新型工业化核心战略和新型城镇化战略。围绕深入做好“两篇文章”，始终突出战略重点。在建设现代区域经济中心城市方面，必须毫不动摇地加快发展先进制造业，以新型工业化为核心，进一步发挥工业化和信息化在南昌崛起中的主导性作用和核心增长极作用，努力使南昌制造业的规模、结构、水平、效益再有一个大提升，从而在我国中部地区区域性的产业分工和合作中赢得更多的主动；必须不失时机地加快发展现代服务业，尽快形成先进制造业与现代服务业良性互动、协调发展的新格局，努力使南昌的产业、人口、资源等生产要素的集聚和辐射能力再有一个大提升，从而在我国中部地区区域性的综合实力竞争中赢得更多的主动；必须稳步扎实地推进社会主义新农村建设，以城促乡，以工哺农，努力使南昌农业、农村经济和农村面貌再有一个大提升，从而在促进我国中部地区区域性城乡协调发展能力的比较中赢得更多的主动。在建设现代文明花园英雄城市方面，必须继续坚持高起点规划、高标准建设、高水平管理、高效益经营，进一步彰显历史名城、山水都城、现代新城的特色和品位；必须全面推进社会进步，在加快发展教育、科技、文化、卫生、体育等各项社会事业中，不断丰富城市功能，进一步提升城市内涵；必须大力促进社会和谐，进一步提高广大人民群众的幸福指数。



## 三、牢牢抓住事关发展全局的大事，实现经济社会又好又快发展

发展是为南昌崛起再添后劲的第一要务。我们要坚持以科学发展观统领经济社会发展全局，进一步聚焦发展中的主要矛盾，科学谋划事关南昌发展的大事，推动全市经济社会发展再上新台阶。

### （一）加快先进制造业重要基地建设

建设先进制造业重要基地，是推动南昌工业走上新型工业化道路的战略重点。当前和今后摆在我们面前的核心任务，就是必须在具有比较优势和后发优势的行业和区域，努力形成一批产业规模、创新能力、出口规模位居我国中部地区前列的制造中心和产业基地。

实施以产业结构优化为重点的产业集群战略。加快产业集群发展是打造经济增长极的主要推动力。要进一步优化制造业的发展结构，继续改造、提升传统加工制造业，加快发展高新技术产业，重点发展装备制造业，支持发展有比较优势的重化工业。围绕汽车、电子信息、生物医药、新材料、纺织服装五大支柱产业，采取鼓励政策和措施，尽快形成具有竞争优势的汽车及其零部件、微电子、空调、飞机、食品、造纸、纺织服装、医药及医疗器械、机电产品、冶金及新材料十大类产品制造基地。全力打造一批具有主导作用的骨干企业，

同时积极推进产业配套，尽快形成具有较强集聚规模和辐射作用的产业集群。积极发展循环经济，适时发展再制造业。

实施以“3010”工程为重点的规模扩张战略。大发展需要大规模，大规模需要大投入。南昌能不能真正崛起，就看有没有一批大的甚至特大的工业项目。我们全体同志要断下决心，举南昌市之力实施“3010”工程。今后五年，南昌市要通过引进、联合，投资建设10个30亿元、30个10亿元，市场前景好、技术含量高、产业关联度大、带动作用强的重大项目，形成一批主业突出、核心竞争力强的大企业、大集团。力争今后五年，新增3家以上年销售收入过百亿元的企业集团，新增5家以上年销售收入达50亿元的大企业。把实施规模扩张战略与实施品牌发展战略结合起来，大力推进以创名牌产品和知名企业为突破口的“优势品牌千百十计划”。通过确定战略品牌，实行资本经营、规模经营、集约经营，力争今后五年，新增10个以上国家级品牌和一批省级品牌产品。

实施以增强竞争力为重点的园区提升战略。园区是先进制造业发展的主战场。要进一步明确园区的功能定位和产业布局，加快制造业向园区集中，配套向县区扩散，逐步形成比较优势突出、产业特色明显、相互分工协作、共同促进发展的新格局。大力发挥国家级开发区引领示范作用，高新技术产业开发区要努力形成以电子信息、生物医药、光机电一体化、新材料、应用软件为主导的发展格局，成为现代化、国际化、生态化的高新技术产业聚集区；经济技术开发区要努力建成以微电子、汽车、空调、造纸为主导的现代化、多功能、综合性的先进制造业产业区。积极支持红谷滩新区发展生物高科技产业。加快以汽车及汽车零部件制造为主攻方向的小蓝经济开发区建设，力争尽快跻身国家级开发区行列。加速提升英雄开发区、桑海开发区、昌东工业区、南昌民营科技园、长堎工业区、昌南工业园、安义工业园的发展水平。促进大温圳工业圈和湾里新型产业开发区的形成。结合城区企业改造，支持发展高效益、环保型的都市工业。把实施我市园区提升战略与加快昌九工业走廊建设有机结合起来，发挥主体作用，不断提升我市工业经济整体竞争力。

（二）加快现代服务业发展

加快发展先进制造业和现代服务业，是建设现代区域经济中心城市的两个战略支点。在全力打造先进制造业重要基地的同时，要紧紧围绕加快打造区域商贸、物流和金融三个中心，努力使南昌成为特色鲜明、功能完备、集聚和辐射力较强的区域性服务业中心城市。

坚持壮大规模与提升服务能力并重，优先提升服务能力。通过构建大都市商圈，培育大市场和完善商贸服务网络，形成中部地区吸引和融合各类商贸资本的聚集地、各类商品和服务贸易的重要辐射源。进一步提升东湖、西湖老城区的服务中心功能，加快城东、城南等商贸副中心的建设。依托由国际航空港、京九浙赣铁路、三条国道、赣江水运构成的立体交通运输体系，积极发展大型物流园区和综合性物流中心，形成中部地区现代物流业的重要枢纽。重点加快发展以向塘编组站、青云谱货场和三条国道为轴心的铁路—公路货运枢纽型物流园区，以昌北国际机场、南昌港以及国家级保税仓库、保税物流中心、出口加工区为依托，以海铁联运、河海联运为纽带的进出口贸易型物流体系。加快打造区域性的金融中心，大力发展金融产业，积极引进各类金融机构，完善金融品种，健全社会信用体系，为实现南昌崛起的新跨越创造良好的金融生态环境。

坚持发展生活性服务业与生产性服务业并重，优先发展生产性服务业。要按照“城内大商场、城中特色街、城郊大市场”的要求，进一步健全布局合理、结构优化、管理规范、服务优质的商贸体系。重点加快与先进制造业发展相配套的证券、信托、保险、会展、中介等生产性服务业体系的建设，降低社会交易成本，提高资源配置效率，以生产性服务业的升级与创新带动制造业和整体产业结构的优化，从而实现经济增长主要依靠工业带动向三次产业协调推动转变。鼓励各类资本进入服务业领域，吸引外资来南昌设立区域性的机构中心，更加有效地集中发展楼宇经济、总部经济。加快发展旅游业，积极打造“五彩缤纷看南昌”的旅游品牌，努力把南昌建设成为面向海内外的旅游休闲“后花园”的集散地。加快红谷滩新区中央商务区建设，增强商务集聚能力。抓住昌北国际机场扩建的机遇，努力形成包括人流、物流、航空产业、高新技术产业和相关服务业在内的空港经济圈。



坚持扶持一般企业与龙头企业并重，优先扶持龙头企业。支持做大做强一批服务业龙头骨干企业，鼓励本市的优势企业突破所有制、行业和区域界限，大力开展连锁经营，实施低成本扩张，积极开拓省内、国内甚至海外市场。全力支持做大做强软件园区和软件骨干企业，努力把南昌打造成中部地区软件产业基地。进一步拓展新兴业态，创新经营模式，做到实体经济与虚拟经济、传统产业和新兴产业互动发展。

（三）加快城市化进程

省委、省政府把做大做强南昌和构建以南昌为核心的环鄱阳湖城市群，作为全省的重大发展战略，对我们加快南昌城市化进程提出了新的更高要求。要着眼于通过开放活力展现南昌的城市内涵，通过诚信创业展现南昌的投资潜力，通过生态园林展现南昌的人居环境，通过和谐文明展现南昌的管理水平，进一步做好城市规划、建设、管理、经营等各项工作。

优化城市的空间布局。按照“一江两岸、南北两城、双核拥江”，组团式、网络状的大都市发展格局，提升老城，做优新区，沿着赣江，两头延伸。围绕建设“人气兴旺、经济繁荣、功能完备、特色鲜明、环境优美”的目标，做优做强做美红谷滩新城。以城中村、低洼危旧房改造，疏散老城区人口为重点，全面提升老城区的居住、休闲、服务环境。全面启动开发朝阳组团，构建生态优美的居住新区。积极支持莲塘、望城、湾里、乐化、昌东组团和县城的建设，加快城乡一体化步伐。

加快城市的基础建设。重点是为适应经济发展、机动车迅速增加的新趋势，加快以“三环十一射”为骨架的道路网及其配套建设，努力改善市区交通状况。抓紧洪都大桥、火车站广场改造及打通洛阳路等重点工程的建设，启动昌九城际轨道交通、南昌铁路西客站、白水湖铁路货运枢纽站、城市轨道交通等项目建设。进一步完善电网、水网、气网，加快“数字南昌”工程建设。

提升城市的人居环境。深入挖掘南昌的历史文化底蕴，保护整理好南昌的人文遗迹、历史街区、民俗景观。以 2007 建军八十周年为契机，加快推进八一起义纪念馆、新四军军部旧址陈列馆等改扩建工程。以创建国家园林城市为抓手，围绕一山、一江、八湖、两河绿化生态体系，按照“环湖一条路，沿湖一片绿，依湖一批景，连湖活水系，靠湖聚财富”的要求，加快艾溪湖等六大风景区的建设，加大红角洲“南昌水城”的建设力度，抓好梅岭的生态园林保护建设，使其成为城郊休闲后花园。着力彰显南昌“城在湖中，湖在城中”的城市形态，营造青山绿水的特色景观，提高宜居和宜业水平。



推进城市的科学管理。进一步完善“两级政府、三级管理、六级网络”的城市管理体制，认真执行城市管理法律法规，把城市管理综合执法贯穿于城市规划、建设和管理的全过程，提高城市管理规范化、网络化、法治化水平。以跻身“国家卫生城市”为新的起点，着力使城市管理由突击型向长效型、由粗放型向精细型转变。通过整合资源，着手建立城市基础设施综合管理运营系统，逐步运用数字化手段，加强对管、线、路、网等城市基础设施的运营和管理。

（四）扎实推进社会主义新农村建设

农业兴、农村稳、农民富是南昌崛起的基石。要把建设社会主义新农村作为“三农”工作的主题，作为深入做好“两篇文章”的重要组成部分，稳步推进，务求实效。

大力发展农村新生产。着力发展以工业化为主导、城镇化为支撑、农业现代化为基础的城郊型县域经济，进一步使县域经济成为南昌市经济发展新的增长极，力争有一两个县区跨入全国百强行列。注重引导农村生产更好地为省会城市服务，瞄准城郊型、产业型、科技型、生态型、效益型现代农业的发展方向，积极发展“一村一品”，加快特色优势产业基地的形成，不断壮大村级集体经济，增加农民收入。着力培育农村专业合作经济组织，大力推进农业产业化经营，努力形成主导产业各具特色的块状农业和农村经济新格局。

大力展现农村新面貌。加快小城镇建设步伐，积极推进李渡、文港、向塘等国家级重点镇和 14 个省级重点镇的建设。围绕都市型、城郊型和特色型，积极探索符合现实条件、农民意愿和发展方向的多形式的新农村建设模式。加强农村基础设施建设，重点推进农村公路、水利、学校危房改造、敬老院、卫生院建设和植树造林“六大工程”。从农民最迫切需要的农村道路硬化、村旁绿化、生活卫生入手，不断推进村容镇貌整治工作，改善条件，焕发新貌。

大力创造农民新生活。积极推动城市基础设施、公共服务和现代文明向农村延伸和渗透。大力培育新型农民，把教育农民、培训农民同转移农民结合起来，不断提高农民增收的技能，转变农民的生活观念和方式。切实增加投入，大力发展农村教育、医疗、养老等公益事业。继续完善农村电网改造，突出解决饮水安全问题，积极发展沼气及其他清洁燃料和能源。大力引导农民移风易俗，不断满足他们日益增长的精神和文化需求。完善村务公开、政务公开，进一步调动农民有序参与社会管理的自觉性。



## 四、深入推进改革开放，为实现南昌崛起注入新的动力

扩大开放和全民创业是加快南昌发展的源头活水。南昌要实现崛起，既要借助外力，又要依靠内力，做到两力并用，内外互动。

### （一）坚定不移地实行大开放

要进一步用世界眼光、全球意识和国际规则来审视南昌，以更加宏大的气魄、更加主动的姿态和更加有效的举措，加快“对接长珠闽、联结港澳台、融入全球化”的进程，实现在政策法规、机制体制、投资服务等方面与国际和沿海发达地区全面接轨。要充分发挥区位、资源等优势，争做承接“万商西进”的排头兵。更加注重招商选资，加快产业集聚步伐，加大招大引大力度，加强生态环境保护。不断创新招商方式，逐步向“政府为主导、企业为主体、中介为主力”转变。继续深化行政审批制度改革，完善“一站式”集中联合办公模式，加快电子政务建设，推进公共服务信息化，构建政府向社会公众提供公共产品和公共服务的综合平台体系，为企业、为群众、为基层提供方便快捷优质的服务。在积极“引进来”的同时，努力“走出去”，全面参与国际经济技术合作与竞争。加强区域协作，密切与沿海和周边城市的合作与交

流。强化省会意识，积极推动环鄱阳湖城市之间的交流与合作，做到优势互补，资源共享，齐心协力，共同做大做强环鄱阳湖城市群。

（二）不断深化市场取向改革

实现南昌崛起的新跨越，必须进一步增创机制体制优势，力求在一些重点领域和关键环节上取得新突破。要加大国有企业产权制度改革力度，建立健全安全、高效的国有资产管理和监督体制，实施分类指导，通过多种办法，加大国有资产的整合力度，推动国有资产的合理流动，促使国有资产向优强企业集中，确保国有资产保值增值。拓宽非公有制经济发展的领域和空间，允许非公有资本进入法律法规未禁入的所有行业和领域，并在投融资、税收、土地使用等方面与其他企业享受同等待遇。大力推进投融资体制改革，引导社会资本发展城市基础设施和社会各项事业。深化财政体制改革，逐步扩大公共财政覆盖面，不断加大财政资金对重点项目的保障力度，促使其向农村倾斜、向社会事业发展的薄弱环节倾斜、向困难基层和困难群众倾斜。深入推进行政管理体制改革，建设服务型、法制型、责任型和效能型政府。积极推进文化体制改革，把经营性事业单位进一步推向市场，加快产业化进程，抓紧组建南昌市广播电视集团、演艺集团。加强公益性事业单位干部人事制度改革，充分发挥竞争机制的作用。改革就业管理体制，健全制度化、社会化、专业化的就业服务体系，强化就业保障机制和工薪保障机制。按照减轻农民负担、增强农村发展活力、建设社会主义新农村的要求，积极推进农业和农村各项改革。在深化改革过程中，充分考虑改革的力度和群众的承受程度，处理好各种利益关系，积极稳妥地加以推进。



（三）积极推进自主创新

自主创新能力是衡量城市综合实力的重要标志，也是推动经济社会又好又快发展的核心动力。要按照“企业主体、市场主导、政府主动，以引进、消化、吸收、再创新为主”的方针，努力把南昌建设成为创新体系完备、创新人才富集、创新优势明显的创新型城市。加快建立技术创新体系，鼓励企业自主研发，支持有条件的企业建立博士后工作站和研发中心。加强创新载体建设，尤其是充分发挥国家级开发区、留学生创业园、大学科技园等孵化器作用。加强创新公共服务和创新中介服务，尽快形成城市创新体系的基本架构。建立健全创新型人才培养、使用、评价、分配、流动等方面的体制机制，努力培养和造就一支与南昌发展相适应的创新型人才队伍。积极支持优势产业中技术含量高、竞争能力强、市场前景好的研发项目，培育形成一批具有自主知识产权的企业群和产品群，构筑南昌市产业和产品竞争的新优势，把南昌打造成为中部地区高新技术产业化基地和科技创新创业基地，全面提升南昌市的核心竞争力。

（四）深入推动全民创业

全民创业是加快发展之本，富民强市之基。要在全社会大力营造尊重创业者、敬仰成功者、宽容失败者的创业氛围，培育“敢吃天下苦、敢闯天下路、敢赚天下钱”的创业文化，进一步激活各类创业主体。积极引导和鼓励广大城乡居民不拘形式、不拘类型、不限经营方式、不限经营规模，自主创业，艰苦创业，不断创业。进一步树立尊重企业家和尊重企业家创造的社会风尚，不断提高企业家的创业素质，努力造就一支具有远大目光、时代精神和高度社会责任感的企业家队伍。大力支持各类创业主体投身民营经济发展，着力培育一批主业突出、市场占有率高、核心竞争力强的民营企业，逐步形成具有南昌特色和竞争优势的本地产业群。抓住干部创事业这个关键，全面营造开明开放的政策环境、廉洁高效的政务环境、公平公正的法制环境、规范有序的竞争环境，建立和完善各种为创业服务的平台，努力把南昌打造成为最适宜投资创业的城市。



## 五、大力推进社会主义和谐社会建设，让发展成果惠及全体人民

建设社会主义和谐社会，是实现南昌崛起的重要目标和重要前提。发展好不好，要看老百姓的感受。我们要全面贯彻党的十六届六中全会做出的关于建设社会主义和谐社会的重大战略部署，始终按照以人为本的要求，坚持以发展求和谐，以和谐促发展。在实际工作中，要注重把不断提高南昌市经济发展在全省的首位度，与不断提高广大群众对南昌发展的满意度有机地统一起来，并且成为我们今后工作的一条重要行动准则。在工作着力点上，坚持“一优先，三突出”。

（一）优先解决人民群众最关心、最直接、最现实的利益问题

悠悠万事，民本为先，民生为先，民富为先。要切实增加城乡居民收入，力争三年内在全省率先消灭贫困村，努力实现城乡居民收入水平与经济增长水平同步增长。要切实扩大就业和再就业，不断拓展就业空间，扩大就业规模，逐步增加公益性就业岗位，促进下岗失业人员稳定就业和大龄就业困难群体再就业，做到“三个确保”，即确保给有就业需求的“零就业家庭”至少提供一个就业岗位，确保每年新增就业岗位9万个，确保城镇登记失业率控制在3.45%以下。要切实提高社会保障水平，依法扩大社会保险覆盖面，实现城镇职工基本养老和基本医疗、失业、工伤、生育保险全覆盖；进一步完善城乡最

低生活保障制度，逐步提高城镇最低工资和城乡最低生活保障标准；加快推行失地农民纳入社保，逐步把农民工纳入社会保障覆盖范围；健全和完善以城乡低保、五保户供养为基础，以医疗、教育、住房等专项补助为辅助，以慈善捐助和社会互助为补充的社会救助体系；进一步推进残疾人和老龄事业发展，保护妇女儿童和归侨侨眷的合法权益。要切实改善人民群众的医疗条件，全面推进新型农村合作医疗，建立城镇居民基本医疗保险制度，完善城乡医疗救助制度，力争用两年时间在南昌市城乡建立起比较完善的“分级保障、低水平、广覆盖、大病救助、特殊人群救助”的全民医疗保障体系，努力使南昌成为“健康”城市。要切实改善人民群众的居住条件，优化房地产供应结构，加快中低价位、中小套型普通商品房建设，进一步推行廉租房和经济适用房制度，切实解决城镇低收入家庭的住房困难问题，同时，积极启动城区低洼地区危旧房改造和“城中村”改造。要切实保障人民群众享有受教育的机会，促进教育公平，改善教育条件，在农村并逐步在城市免除义务教育学杂费，尤其是加大对困难家庭子女上学的扶持力度，确保不让一个学生因贫困而失学。



（二）突出大力维护社会安全稳定

富裕是人民群众的迫切愿望，平安是人民群众的基本要求。要正确处理新形势下的人民内部矛盾，全面加强社会建设与管理。坚持把实现好、维护好、发展好群众的利益作为一切工作的出发点和落脚点，正确处理改革、发展与稳定的关系，高度注意避免因决策和工作失误引发社会矛盾，从源头上预防和减少群体性事件的发生。在推进工业化和城市化进程中，合理调节利益分配，在尽量不影响各方既得利益的前提下，实现整体利益的最大化，坚决反对和纠正各种损害群众利益的行为。加强和改进新形势下的群众工作和信访工作，完善利益协调机制、诉求表达机制、矛盾调处机制和权益保障机制，有效发挥人民调解、司法调解、行政调解的积极作用，综合运用政治、法律、经济、行政等手段和教育、协商、疏导等办法，把矛盾化解在基层和萌芽状态。整合社会管理资源，完善城市和农村社会基层服务和管理网络，着力提高新形势下解决各类社会问题、处置各类突发事件的能力。适应城市快速发展和外来人口、进城务工人员快速增加的新情况，妥善处理好随之形成的各方面利益关系，切实加强服务和管理工作。要深入开展平安创建活动，扎实推进社会治安综合治理，努力使我市成为全省社会治安持续稳定的“首善之区”，进一步增强城乡群众的安全感。狠抓生产、消防、交通和食品药品等安全管理，坚决遏制重特大事故发生，切实保护人民群众生命财产安全。建立健全统一指挥、功能齐全、反应灵敏、运转高效的应急机制，切实提高保障公共安全和处置突发公共事件的能力。

（三）突出大力发展各项社会事业

加快发展社会事业，是不断满足人民群众日益增长的物质文化需要的重要内容。要切实加强和谐文化建设，深入开展社会主义荣辱观教育，大力营造积极健康的思想舆论氛围，用先进的文化和正确的导向引领全社会向着更加和谐文明的方向发展。广泛开展和谐创建工作，深入推进"文明南昌行动计划"，抓好"五大文明工程"，力争进入全国文明城市行列。大力加强国防建设和民兵预备役建设，发扬双拥工作的优良传统，保持"双拥模范城"荣誉称号，不断巩固和发展军政军民团结的大好局面。坚持教育优先发展，继续抓好义务教育和素质教育，加快发展职业教育，积极支持各类大中专学校健康发展，进一步唱响"学在南昌"的品牌，努力把南昌建设成为全国重要的职业技术教育中心城市。广泛普及科技知识，大力推动科技事业发展。坚持正确的舆论导向，推动新闻出版、广播电视和网络等事业的全面健康发展。大力繁荣和发展哲学社会科学、文学艺术等事业，加快建立覆盖全市的公共文化服务体系，规划建设好傩文化园、市妇女儿童活动中心、市青少年活动中心、南昌大剧院等一批标志性的文化设施，着手规划建设文化产业园区，培育和发展文化创意产业和动漫产业，推动文化事业和文化产业共同繁荣和发展。坚持公共医疗卫生的公益性质，深化医疗卫生体制改革，加快公共卫生体系建设，为群众提供安全、有效、方便、价廉的公共卫生和基本医疗服务。坚定不移地贯彻计划生育基本国策，切实稳定低生育水平。广泛开展全民健身运动，不断提高竞技体育水平，以争取承办第七届"城运会"为契机，加快南昌体育设施的规划建设，推动南昌市体育事业发展跃上一个新台阶。以解决危害群众健康和影响可持续发展的环境问题为重点，切实加强环境和资源保护工作，努力建设资源节约型、环境友好型城市。



（四）突出大力推进民主法制建设

加强社会主义民主法制建设，是维护和发展人民群众政治利益的根本要求。要坚持党的领导、人民当家作主和依法治国的有机统一，积极稳妥地推进政治体制改革，保障全体人民享有广泛的民主权利。坚持和完善人民代表大会制度，保证和支持人大及其常委会依法行使地方国家权力机关的职能。坚持和完善共产党领导的多党合作和政治协商制度，积极推进政治协商、民主监督、参政议政的制度化、规范化、程序化。加强同各民主党派、工商联和无党派人士合作共事，巩固和发展爱国统一战线，全面贯彻党的民族、宗教、对台和侨务政策。进一步做好工会、共青团、妇联等群团组织的工作。依法、有序地扩大基层民主，完善村民自治制度，推进社区民主建设，加强企事业单位民主管理。继续推进地方立法工作，提高立法质量。全面推进依法行政和司法公正，广泛开展社会主义法治理念和“五五”普法宣传教育活动，进一步增强全民法制意识，提高法律服务水平。

## 六、全面推进党的建设新的伟大工程，保证南昌崛起的宏伟大业不断推向前进

全面实现未来五年的奋斗目标，党是核心，人是根本。我们一定要坚持党要管党、从严治党的方针，以执政能力建设和先进性建设为重点，切实加强党的自身建设，确保南昌市各级党组织始终走在时代前列，真正成为南昌崛起的坚强领导核心。

（一）进一步加强思想政治建设，始终保持思想上的先进性

要坚持马克思主义在意识形态领域的主导地位，引导广大党员干部深入学习邓小平理论和《江泽民文选》，自觉用“三个代表”重要思想和科学发展观武装头脑，指导实践。要牢牢把握解放思想、实事求是这个精髓，引导广大党员干部努力做到“五个强化”，即强化发展意识，切实把发展机遇找准、抓住、用好；强化忧患意识，多与先进比差距，多为竞争做准备，切实把思想和精力用在埋头苦干上；强化战略意识，用世界眼光认识政治形势，把握经济走势，了解文化趋势，掌握社会态势，切实增强工作的预见性和创造性；强化和谐意识，把和谐的理念和价值取向转化为自觉行动，切实提高推进社会主义和谐社会建设的本领；强化创新意识，把科学理论、上级精神与本地实际紧密结合起来，切实提高做好各项工作的实际操作能力。要紧紧围绕立党为公、执政为民这个根本要求，引导广大党员干部切实做到“三个坚持”，即坚持正确的权力观，在服务群众中实现自身的人生价值；坚持正确的政绩观，努力使每项工作都经得起群众、实践和历史的检验；坚持正确的群众观，时时关心群众，处处善待群众，事事为了群众。

（二）进一步加强和改进党的领导，充分发挥凝心聚力的核心作用

各级党委要按照科学执政、民主执政、依法执政的要求，总揽全局，协调各方，进一步完善领导体制和工作机制。坚持抓大事、议大事、管全局，把主要精力放在抓战略问题、全局指导和宏观决策上，加强对经济社会重大事务和社会主义和谐社会建设的领导。把坚持党的领导与发扬人民民主、严格依法办事更好地统一起来，加强对人大、政府、政协、审判机关、检察机关以及各群众团体的领导，支持他们依照法律和章程独立负责、协调一致地开展工作。充分发挥各民主党派、工商联、无党派人士和广大港澳台同胞、海外侨胞的作用，为推动经济社会又好又快发展凝聚强大的合力。

（三）进一步加强领导班子和干部队伍建设，切实增强向心力、凝聚力和战斗力

要认真坚持民主集中制，着力提高和发挥各级领导班子的整体功能。按照干部“四化”方针和德才兼备原则，采用体现科学发展观要求的综合考评办法，把领导经济建设、政治建设、文化建设、社会建设和党的建设的绩效列为考核内容，选好配强各级领导班子特别是“一把手”，真正把那些政治上靠得住、业务上有本事，肯干事、能干事、干成事、好共事、不出事的优秀人才，选拔到各级领导岗位上来。紧紧抓住学习培训、实践锻炼和教育管理三个基本环节，努力建设一支胸襟宽、眼界宽、思路宽，又求真务实、脚踏实地、埋头苦干的优秀干部队伍。深化干部人事制度改革，抓紧培养和选拔优秀年轻干部，重视培养妇女干部、非中共党员干部，更好地从政治上关心、生活上照顾老干部。坚持党管人才原则，高度重视人才工作，下大力气营造良好的体制、政策、人文环境，抓紧培养和造就一支结构合理、素质优良的人才队伍，努力把各方面的优秀人才集聚到实现南昌崛起的宏伟大业中来。



（四）进一步加强基层党组织和党员队伍建设，不断夯实各项工作的基础

要按照围绕中心、服务大局、拓宽领域、强化功能的要求，切实把城乡党的各级基层组织建设成为凝聚人心、推动发展、促进和谐的坚强战斗堡垒。以社会主义新农村建设为中心，以乡、村领导班子建设和基层干部队伍建设为重点，以“三级联创”为载体，以改革创新为动力，以党风廉政建设为保证，不断增强农村基层组织的生机与活力。切实加大在“两新”组织中组建党组织的工作力度，加强对流动党员的管理，进一步发挥党组织在国有企业改革与发展中的政治核心作用，做到哪里有党员哪里就有党的组织，哪里有党的组织哪里就有健全的组织生活和坚强的战斗力。坚持以服务社区居民为主题，不断深化共驻共建和在职党员进社区工作，积极探索社区党组织在城市建设、社区管理工作中发挥作用的新途径。大力推进机关、事业单位、学校党的建设，积极创新基层党组织的设置形式、活动平台和工作思路。切实加强党员队伍建设，继续做好发展党员工作，坚持把经常性教育与适当的集中教育结合起来，建立健全保持共产党员先进性的长效机制。依照《党章》严肃处置不合格党员，始终保持党员队伍的先进性和纯洁性。

（五）进一步加强党风廉政建设，确保干部队伍一路好走

各级党委要充分认识党风廉政建设的重要性、复杂性和艰巨性，始终抓住进一步密切党同人民群众的血肉联系这个核心，引导广大党员干部自觉坚持思想上尊重群众、感情上贴近群众、行动上深入群众、生活上关心群众。牢记

“两个务必”，坚决反对铺张浪费、讲排场、比阔气的奢侈之风，勤俭办一切事业，自觉地与群众同甘共苦。切实加强反腐倡廉工作，按照标本兼治、综合治理、惩防并举、注重预防的方针，建立健全教育、制度、监督并重的惩治和预防腐败体系，着力从源头上遏制腐败。坚持学习党章、遵守党章、贯彻党章、维护党章，切实抓好理想信念和社会主义荣辱观教育，努力提高各级干部的思想道德修养和精神境界，筑牢拒腐防变的思想防线。进一步健全监督约束机制，以监督制约掌权、管钱、用人为重点，有效防止权力失控、决策失误和行为失范。继续保持查办案件的高压态势，做到有案必查，查案必严。深入开展治理商业贿赂工作，继续下大力气纠正损害群众利益的不正之风。严格执行党风廉政建设责任制，以反腐倡廉的实际成果取信于民。

（摘自《南昌市第九次党代会报告》）

# 做好思想文化工作　增强城市软实力

思想文化工作对整个经济社会又好又快发展具有重大的全局意义。各级党委、政府特别是主要领导，要做一个清醒的领导者，要做一个驾驭全局的领导者，就必须重视思想文化工作，就需要非常深刻地认识各个发展阶段的思想文化工作，面临一个什么样的形势和任务，并根据新形势、新需要，把思想文化工作提升到一个新水平。



## 一、关于当前南昌思想文化工作面临的形势

要做好任何一项工作，不仅要埋头苦干，更要抬头看路。所谓看路就是看形势，只有把形势看清楚了，才不会偏离正确的方向。思想文化工作作为舆论导向的一个重要领域，看方向、看形势特别重要，不然的话，不仅工作本身会造成失误，更重要的是可能影响到全局。

2007 年，南昌思想文化工作面临的是一个什么样的形势和态势呢？集中起来就是三句话：一是大事多；二是喜事多；三是新的挑战多。

所谓大事多，今年是贯彻省第十二次党代会、市第九次党代会精神的第一年，也是南昌在新的起点上实现崛起新跨越的开局之年。如何把省、市党代会精神、把我们遇到的新情况和新问题，宣传给全市人民，并动员全市人民通过生动活泼的实践，把宏伟的蓝图变为美好的现实，这就是宣传思想战线要担负的历史性责任。

所谓喜事多，就全国来说，党的十七大将在今年召开，宣传部门要努力为十七大的召开营造良好的舆论氛围；就南昌来说，我们要隆重庆祝和纪念中国人民解放军建军 80 周年，这件事不仅南昌人民、江西人民关注，全国人民也都关注。把这次庆祝活动办得隆重热烈，既是我们为军队的建设和发展做贡献，同时也可以借此宣传南昌。三年前，市委、市政府就着手准备这个事情，现在整个工作正在积极推进，八一起义纪念馆改扩建工程进展顺利，6 月 1 日将试开放，之后还有一系列整修活动、纪念活动。我们还要争取把庆祝活动列入今年中央纪念建军 80 周年的重要活动中去，等等。这些都是大事，赋予了

宣传思想部门很大的责任。

所谓新的挑战多，集中体现在以下几点：一是实现南昌崛起新跨越的新目标对宣传思想工作提出了新要求。未来五年的发展，对南昌来说将是历史性的，是整个崛起过程中的一个重要时期。如何进一步凝聚人心、调动方方面面的积极性来推动这个目标实现，如何把全市人民的聪明才智汇聚到实现崛起的伟大事业中来，宣传思想战线上的同志们担负着重要责任，要付出辛勤的劳动。二是南昌构建和谐社会的新主题赋予了宣传思想工作新使命。建设和谐社会，是南昌崛起的重要目标和重要前提。在南昌经济社会发展过程中，我们必须高度关注民生问题，同时民生问题又是一个复杂的问题，涉及教育、医疗、住房等方方面面。好事如何办好，对我们宣传思想战线提出了新的任务。一方面要积极引导，另一方面还不能提过高要求。这些涉及民生的、非常具体的问题，中央的政策、上级的文件上没有的，你不能随意加一个字，也不能随意减一个字，必须把中央和省市委的政策及文件的精神吃透，准确地宣传、准确地介绍，这是对宣传思想战线同志们的考验。三是文化与经济日益融合的新特点凸显了宣传思想工作的新功能。思想转变、观念转变、城市精神的培养，这些都需要我们在座的同志们去研究、去把握、去创新、去发展。现在，文化与经济的融合日益紧密，极大地推动了经济社会的发展。大家都知道，浙江经济这几年飞速发展，引起了社会各界的广泛关注，被称为“浙江现象”。最近，江西省社会科学院和浙江省委共同做了一个课题，把浙江这些年的发展最后上升到文化层面上去研究。据专家们研究，“浙江现象”的出现，就是因为有“浙江精神”在支撑。所以，归根到底，经济社会问题，其深层次离不开文化问题。南昌作为一座具有2200多年历史的历史文化名城，改革开放特别是新世纪以来，为什么能呈现出全面崛起的态势，深层次是靠什么在起作用呢？我们有的同志说，最后还是要研究文化。我们要认识一个地方，既要深刻地把握一个地方的过去、现在和未来，更要通过文化层面上升为一种精神、一种境界去仔细研究。只有这样，我们才能准确把握问题，科学进行总结。四是宣传思想文化领域的新动向使宣传思想工作面临着新挑战。在全球化、信息化的今天，南昌的发展已经远远不是在南昌、在江西、在全国，而是应该置身于全世界。首先，我们要时刻关注世界经济的走向，一些重要生产要素的变化，搞经济的同志要有战略眼光，从事宣传思想工作的同志也要有宽阔的视野，要立足南昌看世界，更要置身世界谋划南昌。其次，要深刻认识世界并不太平，西方敌对势力通过各种手段对我们国家进行渗透，和我们抢占文化领域、思想领域。再次，今年是我们加入世界贸易组织过渡期结束的第一年，文化市场将进一步放开，西方文化产品、文化资本将更多地进入我国，如何有效的抵御西方思想文化的渗透，维护我们意识形态的安全显得更加紧迫。最后，随着网络化、信息化进程的不断加快，我们国家的计算机拥有量已经仅次于美国列世界第二，这一方面带来了迅速便捷的信息传输，另一方面也带来了负面的影响。最近一批政协委员，专门组织了一个青少年犯罪情况的调研，情况触目惊心。十年前，整个犯罪人员里面，青少年占的比率不到4%，现在上升到18%，分析原因，主要是因为“网吧”的影响。在网络化、信息化的今天，在利用这些科技手段推动南昌市经济社会又好又快发展的同时，又注意克服它的负面影响，这就是我们宣传思想战线同志们面临的新挑战。应对得好，就能把省、市党代会的精神变成南昌市经济社会发展的动力，就能凝聚起构建和谐社会的最大合力；应对得不好，就会带来负面的影响、造成不应有的损失。所以，在新的形势、新的挑战面前，大家一定要进一步增强责任感、危机感，进一步转变观念，提升素质，迎接挑战。



## 二、关于今年及今后一段时期的思想文化工作

今年及今后一段时期南昌市的思想文化工作，要紧紧围绕学习宣传贯彻党的十六届六中全会精神以及迎接党的十七大、贯彻党的十七大这条主线，牢牢把握构建社会主义核心价值体系、建设和谐文化这一主题，突出做好“打牢思想基础、引领社会风气、把握正确导向、增强文化活力、唱响以‘八一精神’为核心的城市品牌”五个方面的工作。

### （一）打牢思想基础

俗话说：“基础不牢，地动山摇”。我们要做好思想文化工作，关键是要用毛泽东思想、邓小平理论、“三个代表”重要思想和科学发展观来武装我们的头脑，使自己时时刻刻都做一个清醒的马克思主义者。这是做好思想文化工作一个最基本的要求，做不到这一点，就称不上一个合格的、负责任的思想文化工作者。思想文化工作实质上是做人的工作，是要把我们所掌握的思想，向全社会去宣传，去影响别人。总结这些年南昌市的新闻宣传工作，成绩很大，这个不多说，但也存在一些问题，突出的就是我们的新闻报道还是浅层次的多，深层次的少，也就是大题目少，重稿件少，深度报道少。大家关注一下深圳的报道，最近深圳一条关于科技转化的新闻上了中央电视台新闻联播，说的是深圳在科技成果转化时，注重将科技、市场和企业结合起来，加快了科技成果转化步伐。实际上深圳十多年前就是这样做的，但是，为什么现在他们做的新闻能上中央台？就是因为他们能紧扣中央科学发展观精神的脉搏，凸显新闻的活力。我们为什么做不到这样，归纳起来，有这“五个不够”。一是对中央

的政策、对南昌发展的态势理解不够，满足于一知半解的比较多。从上中央台来讲，报道要有分量；从南昌来讲，我们的基层，我们各条战线、各个领域有很多鲜活的创造，新闻战线的同志们要去深刻把握、深入挖掘。市第九次党代会提出了很多在新的形势和条件下必须要推动发展的事情，亮点很多，怎么样去把握？特别是放在全国的层面看，中央在把握什么？中央的新闻在把握什么？我们这一点做得还不够。做好我们的新闻宣传工作，就要时刻关注中央政策的变化，紧跟中央新闻媒体的宣传重点，同时紧密结合南昌的实际，这样就容易出重稿、大稿。二是深入生活、深入实际不够。现在的南昌，每天都在发生着变化，到处都是火热的实践，特别是实现南昌崛起过程中广大干部的创造，需要我们新闻战线的同志们去深刻把握，既要深得进去，又要跳得出来。深得进去是什么？就是要察觉他们的创造细节。跳得出来是什么？就是要用全局的眼光、政策的眼光去认识对象，发现它的意义和“闪光点”，即善于窥一斑见全豹，挖掘、提炼出深层次的东西。我们的新闻工作者要搞好新闻报道，写出一些有深度、有分量的东西，就必须进一步转变作风，深入基层，深入群众，深入生活，沉下心去感受。三是认识不深，对事物的把握不够。新闻工作者要进一步加强理论修养，进一步夯实理论功底，在加强学习中不断提高水平，增强素质。只有这样，才能深化对事物的认识和把握。四是眼界、胸怀开阔不够。现在，南昌很多创造，在全国甚至全世界都很有新闻价值，关键就看我们有没有这个眼界去把握，能不能把南昌的东西，放在全国乃至全世界去展示。去年，美国《新闻周刊》对南昌评为“世界十大动感都市”的报道，就非常独特，如何让全世界都信服南昌是“十大动感都市”呢？他们拍摄了“南昌之星”摩天轮快速转动的图片，再配一些数字性的文字介绍，图片是美国记者拍的，很独特。我们的记者也要这样，要有独特的眼光，要用开阔的视野来反映我们的创造，要多角度地宣传报道我们的工作。五是联系、沟通不够。新闻行业是一个情商和智商要求都很高的行业，情商就是与人交往的能力。新闻宣传要出去，我们的记者要成为一个有作为的记者，就要多沟通，既要多和广大群众沟通，了解群众的生活和创造，也要和上级多沟通，深入理解上级精神，切实把握上级媒体宣传的重点，力争上重要稿件，上大的稿件。如果我们解决了这五个“不够”的问题，我们的新闻报道工作就一定会提升到一个新层次。

（二）引领社会风气

风气就是形象。党的十六届六中全会明确提出要着力建设社会主义核心价值体系，胡锦涛总书记在最近的中纪委全会上特别强调要在领导干部中大力弘扬八个方面的良好风气。对于我们南昌来说，把什么样的风气带入南昌崛起的伟大征程，带入实现崛起的新时代，显得特别重要。最近，省委孟书记在全省宣传部长会议上再次提出要弘扬“与人为善，见贤思齐，包容宽容，尚荣知耻”的和谐精神，进一步营造良好的社会风尚。孟书记提出的这“十六个字”，是对我们进行文化建设的新要求，对于进一步提升发展水平、增强发展的动力非常重要，我们一定要进一步加深理解。我们要建一个和谐文明的南昌，其核心价值体系是什么？我想最后就是要上升到城市精神。通过这些年的发展，南昌的硬实力迈上了一个大台阶，GDP过了千亿，财政收入到了150亿元，基础设施、城市建设取得了重大成果，我们引以为豪，也引起了世人瞩目。硬实力是城市的“筋骨肉”，但在提升硬实力的同时，如果一个城市的软实力，如文化水平、文明素质、道德风尚等没有跟上去，就缺乏“精气神”。就好像一个人不仅筋骨肉发达，精气神也充足，这才是一个有活力、身体好的人。所以，未来五年甚至更长的时间，我们南昌不仅要强壮“筋骨肉”，还要提升“精气神”，这就是在提升“硬实力”的同时，要进一步提升城市的“软实力”，这是崛起必不可少的灵魂。如果没有“软实力”的提升，南昌就难以实现崛起。



（三）把握正确导向

舆论导向正确，是党和人民之福；舆论导向错误，是党和人民之祸。随着信息技术的快速发展，传播渠道日益多样，社会舆论日趋复杂，在这种形势下，我们能不能牢牢把握正确的舆论导向，切实提高引导能力，关系到南昌改革发展稳定大局。我们为什么反复强调新闻队伍要讲政治、守纪律呢？就是因为新闻媒体是党的喉舌。所以，在思想文化工作方面，我们要坚持“一个突出，两个贴近”。“一个突出”，就是突出坚持科学发展、建设和谐社会这一主旋律，准确把握人们的关注点和兴奋点，积极宣传党的政治主张，宣传省、市党代会确定的目标任务和重大举措，大力弘扬时代进步精神；“两个贴近”，就是贴近市委中心工作和南昌发展的时代脉搏，贴近基层实际和群众生活，把群众的呼声和愿望传递给党和政府，而不是去迎合一些落后腐朽、低级趣味的东西。同时，要深入研究新形势下受众群体的心理特点和接受习惯，把握好舆论引导的时机、节奏、力度，在报道新闻事实中体现正确导向，多说鼓劲的话，多做鼓劲的工作，做一个负责任的新闻工作者。

（四）增强文化活力

南昌既是省会城市，又是中部崛起中的城市，还是“世界十大动感都会”，备受中央新闻媒体和世人的关注。南昌的市民当前走向世界的激情和愿望比过去任何时候都强。我们这一代人的眼界很重要，要有历史的眼光、世界的眼光，不仅新闻工作要加强，文化工作也要加强。前不久，张刚先生逝世一周年的座谈会，我专程去参加了，为何要去？两个原因：一是张刚先生对南昌文化事业的发展、为讴歌南昌人民、扩大南昌的影响，做出了重要贡献。凡是对南昌的发展有贡献、做了有意义事的人，我们都要纪念他，学习他的精神。二是张刚先生是南昌本土成长起来的全国知名文艺工作者、影视家，做了很多大的剧目、大的影视作品。今后，城市间的竞争不仅是制造业的竞争，最后是城市的软实力，很重要的就是品牌的竞争。而品牌依托什么？依托的就是文化软实力。像我们现在产品运输到美国、到欧洲去，他们认为，我们的商品侵占了他们的市场，但姚明选秀到美国，一个人起了不可替代的作用，在基层普通的美国国民中形成了一种好的影响，这就是文化的输送。还有韩剧，通过韩剧，我们了解到韩国人比较友善。所以，城市品牌的树立，城市的持续发展，都要依赖于软实力，重要的就是文化实力。在文化发展上，南昌有条件也迫切需要同志们进一步解放思想，转变观念，创新机制，实现由文化小市向文化大市、向文化强市的转变。文化工作怎么搞，人才怎么引进，此事要调研。



（五）唱响城市品牌

树立城市品牌，是扩大城市影响，提高城市知名度，增强城市竞争力的一个重要途径。城市品牌一旦形成，就会推动城市产业、产品、品牌和旅游资源快速汇入到更广阔的市场竞争中去。我们南昌的品牌是什么？怎么来树立并打响这个品牌？这就需要我们去挖掘、包装、宣传。云南搞了个《云南印象》，山西推出了一部《乔家大院》，江苏昆山挖出了个昆曲，就是抓住了它们的特色和优势，做大做优了它们的文化品牌。南昌有着深厚的文化底蕴和人文资源，如“八一”、八大山人、滕王阁，有被称为中国府第文化博物馆的汪山土库、有比郑成功出使西洋还早的元代著名航海家汪大渊，等等。这些都值得我们去深入挖掘、精心包装。城市品牌的确立，主要是通过城市广告、政府公关、旅游推广、城市博览、事件营销等途径，我们今年的重点，就是要围绕建军80周年这件大事，做好我们的城市营销，把我们的城市品牌进一步唱响。

## 三、关于做好思想文化工作的几点要求

做好思想文化工作，党的领导是核心，思想文化战线同志们的理解力、执行力、操作力是关键。所以，全市各级党委都要高度重视思想文化工作，思想文化战线的同志们要不断提高素质，努力开创南昌市思想文化工作的新局面。

（一）各级党委要高度重视意识形态工作

胡锦涛同志曾深刻指出，意识形态工作是党的一项十分重要的工作，经济工作搞不好要出大问题，意识形态工作搞不好也要出大问题。南昌市各级党委

要深刻认识意识形态工作、思想文化工作的全局性意义，深刻认识形势的发展、历史的责任都要求我们抓好这项工作，而且今天我们的条件也可以把这项工作抓好，不抓好我们就会犯历史性的错误。所以，大家在集中力量抓经济社会工作的同时，要高度重视意识形态工作，密切关注干部群众的思想动态，尤其是“一把手”和分管的同志要拿出比较大的精力来抓文化建设，抓思想文化工作，努力用积极健康、团结和谐的主流舆论，引导群众情绪和社会心态。

（二）构建“大宣传、大文化”的格局

党委宣传部门在和谐文化建设中处于主导和牵头的地位，这绝不等于这项重大任务光靠宣传部门一家就可以完成。要充分发挥党委总揽全局、协调各方的优势，整合社会资源，汇聚八方力量，形成一个党委统一领导、宣传部门负责指导、党政各部门和社会各方面齐抓共管、各负其责的宏观管理格局。该出的经费要出，当然，要把钱花在刀刃上，要会花，要和市场经济有机地结合起来。该配的人要配，要用最优秀的人才来抓文化宣传工作。要像重视开放型经济一样来重视宣传思想工作、重视文化建设。只有这样，南昌的发展才能做到软硬互动，南昌崛起才有不竭的动力。



（三）进一步提高宣传艺术的管理水平

思想文化领域是一个非常复杂、活跃的领域，任务繁重，同时又很艰巨，这就要求我们要进一步提高宣传思想工作的水平和能力。思想文化战线的同志不要觉得自己仅是搞新闻的，搞新闻的同样也要博闻广记。你看一部《红楼梦》，就让我们看出曹雪芹具有的渊博知识，是常人难以想象的，上至天文、下至地理，上下五千年，他都浓缩到他的作品中去了。所以，作家不仅仅是搞文艺作品，是一个文艺工作者，同时也是一个知识广博的学者。对于宣传思想战线的同志们来说，学习很重要，虚心也很重要，静心也很重要。为什么八大山人会成为创意派、中国山水画的一面旗帜，会有如此高的造诣？古人讲，宁静致远，而八大山人是宁静致至而致大远。他作为一个王公贵族，几十年如一日，不为官爵俸禄所动摇，即使潦倒到卖画为生也在所不惜，没有这种精神怎么可能成为“大家”？我们现在很多同志就特别缺少这种精神。希望大家少受一些功利思想的影响，在这种快速发展的年代，静下心来，深入实际、深入生活、深入百姓，锤炼自己，把生活的精华浓缩到作品中去，这个作品可以是小东西，也可以是大东西，可以是文的，也可以是其他方面的，力争形成璀璨夺目的南昌文化。

# 打造区域经济中心城市　必须实施工业重大项目

实施工业重大项目“3010”工程，是市委、市政府贯彻落实省第十二次党代会和市第九次党代会关于“把南昌建成我国中部地区重要的先进制造业基地”精神做出的一项重大战略决策。全市上下必须迅速把思想统一到这一重大决策部署上来，沉下心、扑下身，集中优势兵力，集中优势资源，培育和壮大一批具有核心竞争力的大项目、大企业、大产业，为南昌崛起夯实牢固的基础。



## 一、认清形势，提高认识，进一步增强实施“3010”工程的责任感和紧迫感

跨入新世纪以来，南昌市坚持以大开放为主战略，以打造先进制造业重要基地为核心战略，全市工业经济突飞猛进，2006 年占三次产业的比重已经达到 54.4%，利税超亿元的工业企业有 18 家，销售收入超百亿的企业有江铃、南钢两家，工业主导型的经济格局已经形成，工业成为南昌市经济又好又快发展的第一“发动机”。我们的成功实践进一步证明，工业是国民经济的主导产业，是衡量一个城市或地区经济发展水平的重要标尺。工业兴，则整个经济兴；工业强，则整个经济强。

在看到成绩的同时，我们也必须清醒地看到，南昌工业基础差、总量小、后劲弱的状况还未从根本上改变，南昌要打造先进制造业重要基地还有一段很长的路要走，还需要付出比以往更为艰辛的努力。南昌工业基础差，差就差在没有形成一批产业规模、创新能力、出口规模居我国中部地区前列的制造中心和产业基地；南昌工业总量小，小就小在规模以上工业增加值小、单个企业销售收入小、大型特大型企业少；南昌工业后劲弱，弱就弱在缺乏一批投资规模大、科技含量高、产业关联度大、核心竞争力强的大企业、大集团。现在，中部各兄弟城市都在狠抓工业，抓工业大项目。面对这种挑战，我们不进则退，慢进也是退，稍有松懈就会掉队，我们松懈不得，耽误不起，必须断下决心，

举全市之力实施“3010”工程，努力使南昌制造业的规模、结构、水平、效益再有一个大提升，为建设中部地区重要的先进制造业基地打下坚实的基础。

航空制造



实施“3010”工程具有重大意义。一是提升南昌城市综合实力和核心竞争力的需要。纵观国际国内城市的发展，城市与城市的竞争实质上是综合经济实力的竞争，是规模竞争、集团化竞争、实力的竞争。纽约、伦敦、巴黎、东京之所以被称为世界发达城市，关键是它们拥有一批世界500强企业。以韩国为首的“四小龙”之所以在短短二十年间就一跃成为亚洲最为富庶的国家和地区，就是因为紧紧抓住了世界制造业产业转移的机遇，大力发展工业产业，壮大自身的经济实力，提升了核心竞争力，奠定了在国际上的地位。从全国来看，青岛、深圳等经济发达城市之所以能保持经济的快速增长，就是因为有海尔、中兴等一批规模大、实力强的企业发挥支撑作用。与我们同处中部地区的武汉，也有一批像武汉健民、神龙汽车这样的大企业在支撑经济的强劲增长。所以，南昌要在城市竞争中后来居上，就必须大力实施“3010”工程，发展一批重大工业项目，做大做强一批工业企业，使之成为南昌崛起的脊梁。二是把南昌建设成为现代区域经济中心城市的需要。省第十二次党代会提出构建以南昌为核心的环鄱阳湖城市群，全面提高南昌产业、人口、资源的集聚和辐射能力，充分发挥南昌在江西经济发展的核心增长极作用。南昌靠什么成为经济的核心增长极？要靠建设先进制造业重要基地，加快发展现代服务业。关键要靠培育和造就一批大企业、大公司、大集团来支撑先进制造业重要基地建设，以新型工业化带动和促进生活生产性服务业发展，使其成为区域性商贸中心、物流中心和金融中心。南昌靠什么辐射和带动环鄱阳湖城市群的发展，为江西在中部地区崛起做出更大的贡献？还是要靠自身拥有一批能够走出去经营扩张的大企业、大公司、大集团。三是在新的起点上实现南昌崛起新跨越的需要。市第九次党代会提出实现南昌崛起新跨越“两个翻番和两个高出”的奋斗目标。实现生产总值和财政收入“两个翻番”，首先要靠工业经济的翻番，主要要靠规模以上大企业、大公司、大集团的贡献。在决定生产总值增长的投资、消费、出口“三驾马车”中，工业经济都是增长的主力军，没有工业经济的快速增长，就没有南昌市经济总量的快速增长。2006 年，南昌市工业投入 207.4 亿元，占全市城镇以上固定资产投资的 34.9 %；工业企业创造税收 84.1 亿元，占财政收入的 55.8%，并且为安置城乡居民就业、提高人民群众收入、构建和谐社会发挥着日益重大的作用。



## 二、招大扶强，科学发展，进一步加快建设先进制造业重要基地的步伐

从目前来看，实施“3010”工程，把南昌建设成为我国中部地区重要的先进制造业基地的时机已经成熟，条件已经具备。一是区位优势。南昌是“沿海的内地，内地的前沿”，是长珠闽三个三角洲的共同腹地，具有贴近市场、贴近资源、贴近资本的优势，正在成为国际国内资本和产业向中西部地区转移的“桥头堡”。二是环境优势。“四最”品牌日益深入人心，南昌在全国乃至世界的知名度不断提升；经过这些年的发展，南昌的城市服务功能明显增强，工业园区的框架已经全面拉开，具备了承载工业重大项目的基础和条件。三是体制优势。这几年，市属国有重点企业通过退城进郊、改组、改革、改造，历史债务和人员负担的矛盾基本得到缓解，正在焕发出新的活力，开始“二次创业”；全民创业的激情已经掀起，一些民营企业通过多年的发展，已经完成了资本的原始积累，正在寻求做大做强新的商机。为此，我们必须进一步增强信心，牢牢抓住有利时机，充分发挥比较优势，通过引进、联合，努力完成“3010”工程的各项目标。现在条件都有了，关键看大家的做功。为此，要在四个方面取得新突破：

(一) 创新招商方式，努力实现招大引强新突破

加快“对接长珠闽，融入全球化”的进程，进一步巩固港澳、深化台湾、拓展日韩、重视欧美，积极参与国际产业竞争与合作，尤其要重视加强与泛珠江三角洲、长江三角洲发达城市的交流与合作，注重承接其产业梯度转移，更注重承接其高端产业的直接转移。突出引进重大产业项目，特别是世界500强、国内200强和地区性总部、研发中心、结算中心、营运中心、采购中心。加快形成政府引导、中介指导、企业为主、专业推进的招商新机制，强化招商选资，提高引资质量。依托南昌市汽车、医药食品、纺织服装、电子信息和家电、新材料等支柱和优势产业，确定招商引资的重点与主攻方向，引进旗舰型、基地型、高集聚度的项目。要引导企业把利用外资、引进技术和实施技术与管理创新相结合，参与国际产业分工协作。

(二) 坚持扶优扶强，努力实现裂变扩张新突破

近年来，通过不断深化国有企业改制，使老牌国有企业重焕生机，改制企业已成为南昌工业新的增长板块。江铃与福特、长安的合作，南钢向外并购扩张实现百亿目标，洪钢实施无缝钢管项目，江纺、江东机床等企业被中国华源收购重组，江变与北海银河合资合作，江电与台湾东元合资合作，三波被泰豪科技兼并，都是通过积极引进国内外有实力的战略投资者，实现国有优势企业裂变扩张的成功典范。一是要按照建立现代企业制度的要求，通过改革体制，转变机制，进一步增强企业发展的内在动力和活力。大力发展国有资本、集体资本和非公有资本等参股的混合所有制经济，实现投资主体多元化，打造一批集约化、多元化、国际化、现代化的企业集团。二是支持企业自主创新。加快建立以政府投入为引导、企业投入为主体、市场融资为支撑的多元化科技创新投入体系，构建区域性科技创新基地和高新技术产业化基地。鼓励企业开展原始创新、集成创新和引进、消化、吸收，再创新。加强企业研发机构建设，建设一批有较强创新能力的国家级、省级企业技术中心。三是支持企业创名牌。鼓励和支持重点企业打造具有自主知识产权，科技含量高、知名度高、市场占有率高的“三高”名牌产品，提升“南昌制造”国内外知名度，树立“南昌制造”品质兼优的良好形象，变“南昌制造”为“南昌创造”。四是拓宽企业融资渠道。帮助企业跑省、跑部，向上争资；搭建政银企对接平台，促进企业扩大信资；积极推动有条件的企业上市融资。全面贯彻落实《江西省产业经济“十百千亿工程”实施意见》的精神，推进“十百千亿工程”。

(三) 彰显产业特色，努力实现园区发展新突破

继续坚持以开发区、工业园区为工业发展的主战场，积极引导工业项目向开发区、工业园区集中。指导开发区、工业园区根据各自产业定位和产业特

点，改变招商引资的现状，有针对性地开展招商选资，不断提高产业集中度，彰显产业优势，真正成为产业园区。引导其整合土地资源，集约利用土地，合理安排项目用地，提高土地利用率，不断提高单位面积土地投资密度和投资强度。高新区重点发展电子信息、生物医药、光机电一体化、新材料、应用软件等；经济开发区重点发展微电子、汽车、空调等；小蓝经济开发区重点发展汽车及零部件制造业等；桑海开发区重点发展生物医药等；英雄开发区重点发展电子机械、奶制品业等，在南昌市形成园区之间比较优势突出、产业特色鲜明、相互分工协作的错位发展新格局。每个园区都要确立自己的奋斗目标，扎扎实实地为目标而奋斗。

（四）推动产业配套，努力实现产业集聚新突破

围绕汽车、家电、机电、电子信息、纺织服装、医药和医疗器械、食品、造纸、飞机、冶金和新材料十大产品制造基地核心企业的主机产品，通过政府搭平台、企业为主体、项目为中心，采取多种有效措施，切实开展零部件专业化协作配套工程，推进产业链延伸、产业配套、产业结构调整，降低生产成本，提高产业竞争力，实现主机企业与配套企业互利共赢，催生企业集群，形成产业集群化发展新格局，不断壮大南昌十大产品制造基地规模。力争到2010年，南昌工业五大支柱产业均有大的发展。



## 三、加强领导，强化措施，进一步增强实施“3010”工程的合力

实施“3010”工程是各级党委、政府的重要职责，是一项系统工程，也是全社会的责任。要通过加强领导，推动各部门之间的大力协作与广泛支持，要按照市委、市政府《关于南昌推进新型工业化，实施工业重大项目的意见》，切实把实施“3010”工程的各项政策措施落到实处，真正形成上下同心、左右同力推动“3010”工程的生动局面。

（一）进一步加强组织领导，为“3010”工程提供有力保障

南昌市各级党委、政府要把实施“3010”工程作为重中之重的工作来抓，成立强有力的领导机构。党政一把手要亲自抓“3010”工程项目，亲自当好“主攻手”，做到亲自洽谈、亲自服务、亲自解决问题。针对每一个项目，要成立项目小分队，做到一个项目、一名领导、一支队伍、一抓到底。要通过推进“3010”工程，进一步树立尊重企业家和尊重企业家创造的社会风尚，在做大做强工业企业的过程中，锤炼和造就成千上万具有远大目光、时代精神和高度社会责任感的企业家队伍。各级领导和企业家要站在实现南昌崛起新跨越的高度，以对历史和人民高度负责的政治责任感和历史使命感，以只争朝夕、

时不我待的工作作风，创造性地开展工作，扎扎实实地推进“3010”工程。

（二）进一步形成齐抓共管的合力，为“3010”工程提供优质服务

“3010”工程，是一个系统工程，仅靠少数部门的努力是不够的，要靠全员参与，条块结合，齐抓共管。南昌市各级、各部门要牢固树立领导就是服务的理念，进一步解放思想，改进作风，做到多服务、少干预，多帮忙、少设障，对“3010”工程项目实行特事特办。要进一步完善和健全重点企业帮扶制度和行之有效的协调机制，打破隶属、行业和所有制界线，定人定责定时与企业沟通互动，帮助企业解决生产经营等各方面应该解决而又能够解决的问题。市直有关部门在用地、规划、拆迁、供电、供水、证照办理等方面，与县区、开发区密切配合，千方百计为项目单位提供个性化服务，不断满足项目单位的需求。各级主要领导要不定期召开重大项目调度会，及时解决项目实施过程中的各种问题。要依法制定财税鼓励政策，协调县区合作利益，激励和支持城区面向开发区和工业园区引进工业项目，建立项目引进责任制，实行全程服务，一包到底，直至项目开工建设、达产达标，做到“扶上马、送一程”，要加大重大投资项目的跟踪督查力度，定期对各县区、开发区引进的项目进行调度、检查和考核，促使一批有潜力的项目尽快成为南昌市的工业航母、经济支柱。



（三）进一步加大宣传力度，为“3010”工程营造浓厚氛围

宣传部门和新闻媒体要加大对推进“3010”工程的宣传力度，要充分利用好电台、报纸、电视台等媒体平台，在全社会营造“实施大项目，发展大工业，建设大南昌，实现新跨越”的浓厚舆论氛围，让全市上下、全体市民热切关注、积极支持“3010”工程项目的实施。要及时通报全市重大项目推进情况，通报“3010”工程招商、签约、资金到位、开工建设、在建工地、竣工投产、达产达标等情况及急需解决的有关问题。要围绕产业链、环境链、资源链、政策链，结合南昌工业总体布局和规划，收集、分析、整理产业信息，不定期发布“3010”工程产业导向目录及相关产业信息。要大张旗鼓地宣传企业家的创业精神和突出业绩，在全社会形成尊重企业家、尊重企业家劳动和创造的良好氛围。

# 第四部分

# 借鉴篇

# 韩国的崛起

## ——全民爱国迸发出无比的能量

大韩民国，简称“韩国”。人口4838.7万（韩国行政自治部，2004年1月1日），位于亚洲大陆东北朝鲜半岛的南半部。北部与朝鲜民主主义人民共和国相邻。其余三面被黄海、朝鲜海峡和日本海所环抱。面积9.926万平方公里，半岛海岸线全长约1.7万公里（包括岛屿海岸线）。公元1世纪后，朝鲜半岛形成高句丽、百济、新罗三个古国。公元7世纪中叶，新罗在半岛占据统治地位。公元10世纪初，高丽取代新罗。14世纪末，李氏王朝取代高丽，定国号为朝鲜。1910年8月沦为日本殖民地。1945年8月15日获得解放。



20世纪50年代，韩国经济从崩溃的边缘走向复苏，60年代韩国成功地推行了外向型经济发展战略，开始实施第一个五年经济发展计划，70年代跻身于新兴工业国（地区）行列，80年代发展成为国际市场上一个具有竞争力的国家，90年代开始把进入发达国家行列作为努力目标。韩国经济实力雄厚，钢铁、汽车、造船、电子、纺织等是韩国的支柱产业。工业主要部门有钢铁、汽车、造船、电子、化学、纺织等。浦项钢铁厂是世界第二大钢铁联合企业。2002年汽车产量320万辆，居世界第6位。造船订单标准货船吨数759万吨，重新成为世界第一。电子工业以高技术密集型产品为主，为世界十大电子工业国之一。韩国曾是个传统的农业国。随着工业化的进程，农业在韩国经济中所占的比例越来越小，地位日渐低下。

和中国相比，韩国是个小国。和中国相比，韩国又是个大国。论国土面积，韩国约为中国的1%，相当于广东省的一半；论人口，约为中国的1/28。可是，就是这个也曾极度落后、饱受蹂躏的东方小国，经济总量已居世界第10位，近乎于中国的一半，而其人均国民生产总值已近1.5万美元，是中国的十余倍。

这一切都发生在短短的半个世纪内。20世纪50年代中期的韩国，在经历了日据时代的残酷统治，朝鲜战争的多年战火摧残后，已是一片焦土。农业落后，工业基础薄弱，几乎和中国一样的“一穷二白”。然而，50年代末，韩国工业化以轻纺工业和农产品加工等劳动密集型产业才开始起步；60年代开始发展汽车、造船、钢铁等重化工产业；70年代进入经济起飞阶段。到90年代末期，韩国迅速崛起后来居上，已被称之为“亚洲最具技术经济实力的经济体之一”。今天，从废墟上昂首迈入世界发达工业国家行列的韩国，其成就被形象地称为“汉江奇迹”。

除了经济领域外，20世纪90年代以来，韩国在政治、文化、电影、电视、大众娱乐、体育等各个领域，都取得了惊人的进步：

在政治方面，在经历了30多年的威权统治后，1987年，韩国已顺利实现向民主国家的转轨，迄今未出现如南美洲、东南亚等采用民主政体的国家时常出现的政府更迭频繁、空头议会、政商勾结加剧等政治乱象。

在文化方面，1997年，韩国电影人还在为生存而战，在老导演林泽权的带领下，几百名电影人集体示威，削发明志。仅仅几年后，韩国电影就一飞冲天，广受欢迎，俨然成为继法国后又一个能和美国好莱坞分庭抗礼的电影大国。电视剧、流行音乐和大众文化，像龙卷风一般的“韩流”已滚滚袭过东南亚。韩国明星大受追捧，过去东京是中国香港、台北潮流人士的最爱，如今则有让位于首尔之势。



在体育方面，足球自不待言，2002年世界杯，不知疲倦、进攻至死的韩国队，满场呼啸、万人同心的拉拉队“红魔”，均给世人留下了奇幻印象。20世纪80年代末，第一个国际围棋大赛首届“应氏杯”举行前，连专业棋士都不知道韩国围棋为何方神圣，可是，“黑马”曹熏铉神奇夺冠，此后韩国围棋异军突起，曹熏铉、天才棋手李昌镐等摘走了大部分国际棋赛的桂冠。

什么原因使韩国迅速崛起？正统的官方教科书将其经济成就归结为：“朝鲜战争结束后的大量美援”，“美国驻军大大减少了韩国的军费开支”；经济学者们认为：“贸易立国”、“外向型经济”等政策居功至伟；持威权主义论观点的政治学者们则认为：以威权政体保证政局稳定，是经济社会发展的先决条件；而人文社科学者们，也许会倾向于“韩国人的国民性”和韩国的“独特文化”。也许会在更深刻的思想文化层面上，展示韩国对儒家价值观和生活方式的推崇、与经济社会发展并行不悖的状况，让人类惊异。在保留民族传统文化，以及向世界主流文明靠拢、学习西方制度文明之间，他们找到一条和谐共存的道路。应当说，这些都对。但把这些聚焦到一点，则是全民“爱国”迸发出无比的能量。

韩国人的爱国主义令人感动而且害怕。1997年金融危机后，韩国经济受到重创，政府号召妇女捐出金银首饰，以补充虚弱的国库，结果韩国城乡妇女无论老幼均积极响应。2006年初，当韩国与日本发生独岛（日本称竹岛）争议的时候，韩国人的表达方式格外激烈，除了游行，还有断指、自焚的。他们的认识中，夹在大国之间的韩国如不用激烈的方式表达抗议，是不会引起国际社会关注的。韩国人的民族情感为什么这么强烈，这么有凝聚力？韩国人的回答是：韩国地处几个大国之间，是一个小国，如果凝聚力再不强的话，定然被人欺负。

韩国人的爱国主义表现在自主创新上。研究表明，韩国取得成功一个最重要的经验，就是在广泛吸收各国先进技术的基础上，始终把培养和增强自主创新能力作为国家的基本政策。以汽车工业为例，韩国汽车工业起步于20世纪60年代，在短短的半个世纪中，不仅涌现出现代等跨国汽车公司，而且也形成了在国际上具有一定影响力的自主品牌，迈入了世界先进汽车大国的行列。韩国汽车工业的发展大体经历了KD组装（即国外拆散、国内组装）阶段（20世纪60年代）、固有模式开发阶段（20世纪70年代）、批量生产与扩大出口阶段（上世纪80年代）和自主开发阶段（20世纪90年代）。1973年，韩国政府制定了《汽车工业长期发展计划》。该计划要求韩国企业必须开发自主设计的韩国汽车。1974年，现代汽车首次开发成功1300CC的“Pony”轿车。这款车1976年被首次出口至南美的厄瓜多尔，开创了韩国汽车出口的先河。因此，这种开发模式的成功也一度被评价为现代汽车不甘做跨国汽车企业附庸、走独立自主路线的原动力。目前，现代汽车的自主开发经费已达到总投资额的12%，超过2.25万亿韩元（1美元约1030韩元）。韩国人有很强的国货意识。这种强烈的民族精神在其汽车工业发展中起到了重要作用。韩国的汽车制造商都有很强的危机感，他们知道政府的政策支持和保护都是有限的，要想真正成功和走出去，必须掌握自主开发技术。没有核心技术何来话语权？韩国民众积极支持国产汽车工业的发展，在韩国的街头，举目望去，路上跑的几乎都是“现代”、“起亚”等国产品牌的轿车，只是偶尔才能看到几辆外国名车。汽车工业只是韩国自主创新的一个缩影。1997年12月，韩国政府制定了“科学技术革新五年”计划，提出2002年政府对研发的投入达到政府预算的5%以上，从根本上改变韩国科技现状，提升韩国的科技实力；1998年，韩国政府发布“2025年科学技术长期发展计划”，力争2005年科技竞争力达到世界第12位，2015年达到世界第10位，2025年达到世界第7位，成为亚太地区的科学研究中心，并在部分科技领域位居世界主导地位。为了实现这些目标，韩国政府确立了科技政策调整思路，科技开发战略由过去的跟踪模仿向创造性的一流科学技术转变，国家研发管理体制由过去部门分散型向综合协调型转变，科研开发由强调投入和拓展研究领域向提高研究质量和强化科研成果产业化转变，国家研究开发体制通过引入竞争机制，由政府资助研究机构为主向产学研均衡发展转变。

韩国人爱国的国民性格，源自于半岛性格。朝鲜半岛面积不大，本身回旋余地有限，国家一有风吹草动，立即传遍全国。近代史上，朝鲜半岛因其独特的地理位置，多次成为大国利害冲突的第一线，饱受战争和侵略之苦。因此，韩国人有着强烈的忧患意识和爱国主义精神。电影《太极旗飘扬》的导演姜帝圭说，韩国民族性里藏有一份深厚的"Han"（韩文，意"恨"），即源自饱受侵略的历史记忆。韩国电影演员演出时爆发一股快、急、火焰般的激情，就是民族性里的"Han"在发作。而这个情感特性表现出来的节奏正好是现代观众需要的。《太极旗飘扬》用好莱坞战争片的语言叙述了朝鲜战争中南北朝鲜兄弟相煎的故事，在韩国引起极大轰动，近5000万人口的韩国就有1000万人看了此片。韩国历史学家朴殷植创作了叙述近代以后日本侵略过程的《韩国痛史》，以及抵抗侵略的民族解放运动史《韩国独立运动血史》，从这两部历史书的名称，不难看出韩国人对待本民族历史的态度。

韩国人表达爱国的方式格外激烈，但是，这丝毫不影响韩国的民主化进程。民主化进程一定要根据国家的实际情况、国情、文化，如果脱离国情、文化，民主就很难在这个国家扎根。韩国的民主化发展得相当成熟，包括言论自由、议会政治，更重要的是国民的参与，已经达到一个很高的水平。韩国有一句名言："比政治家更爱国的是国民"。所以，政治家一定要和国民坦率地就国家面临的问题和未来可能出现的问题进行沟通，一起来解决，然后达到真正的民主。从历史上来看，作为政治家的金大中得到的评价可以说是最高的，原因是他把韩国的民主政治带到了一个非常高的水准。他在野30年中，渡过了好几次的危机，他当总统期间，把以紧张和对立为特征的南北关系转化为和谐与和解，促成南北首脑的会晤。在很短的时间内帮助韩国渡过了金融危机。对低收入阶层的福利，还有国民的公积金制度，都是非常具有长远眼光的。



韩国人在爱国问题上是一元的，但在内部则是多元的。这是50多年的资本主义制度和十多年的民主政治形成的结果，这种多元表现在社会的方方面面。人类进入21世纪，知识经济是发展的引擎，知识经济要求创意、创造力，而创意、创造力没有自由开放的社会氛围，没有无禁区的学术、文化环境，是不可能产生的。韩国政府这些年来致力于推广文化产业，认定21世纪文化就是国力，发展文化产业就是强国之道。资料指出，韩国必须出口150万辆汽车才能达到电影《侏罗纪公园》全球卖座8亿美元的效益。文化产业本身就是一个创意产业。民主化后自由的创作环境导致了韩国电影的繁荣，这不能不说是产生"韩流"的一个社会环境。

任何国家的崛起，都是以经济的崛起为基础的。在"爱国至上"的旗帜下，统一了国民奋发向上的思想。在世界经济这样一个大结构下，开放经济，融入全球，从而形成自己的优势。这就是韩国发展给人们的启示。

# 新加坡的崛起

## ——在全方位开放中发展本国经济

新加坡共和国，古称淡马锡，是一个城市国家，原意为狮城。新加坡是梵语“狮城”之谐音，由于当地居民受印度文化影响较深，喜欢用梵语作为地名。而狮子具有勇猛、雄健的特征，故以此作为地名是很自然的事。因其地处太平洋与印度洋航运要道——马六甲海峡的出入口，所以，华侨多称其为“息辣”，即马来语“海峡”的意思。新加坡位于东南亚马来半岛最南端，属热带城市岛国，由新加坡岛及附近 63 个小岛组成，其中新加坡岛占全国面积的 91.6%。新加坡国土面积为 682.7 平方公里，人口约为 400 万，其中华人占 76.7%；马来人占 13.9%；印度人占 7.9%，其他种族占 1.5%，所以，也有因其小而将之称为星洲、星岛的。马来语、英语、华语和泰米尔语为官方语言。国语为马来语。英语为行政用语。8 世纪建国，属印尼室利佛逝王朝。公元 18 世纪至 19 世纪初为马来亚柔佛王国的一部分。1819 年，英国人史丹福·莱佛士抵新，与柔佛苏丹订约设立贸易站。1824 年沦为英国殖民地，成为英国在远东的转口贸易商埠和在东南亚的主要军事基地。1942 年被日军占领，1945 年日本投降后，英国恢复其殖民统治，次年划为直属殖民地。1946 年英国将其划为直辖殖民地。1959 年 6 月，新加坡实行内部自治，成为自治邦，英国保留国防、外交、修改宪法、颁布“紧急法令”等权力。1963 年 9 月 16 日并入马来西亚。1965 年 8 月 9 日，脱离马来西亚，成立新加坡共和国。同年 9 月成为联合国成员国，10 月加入英联邦。

新加坡是近年来世界上经济发展最快和富裕程度最高的国家，20 世纪 80 年代已成为亚洲的“四小龙”之一，是东南亚地区重要的金融中心、运输中心和国际贸易中转站，也是世界电子产品重要的制造中心和第三大炼油中心。新加坡崛起的经验，最重要的是：从实际出发，实行全方位开放，努力把本国经济融合在世界经济之中，积极参加国际分工，充分利用外国资源、市场、技术和资金以发展本国经济。

新加坡的传统经济以商业为主，包括转口贸易、加工出口、航运等。1959 年以前，新加坡国民收入的 75% 来自转口贸易活动。独立后，在李光耀总理领导下，开始推行一系列针对本国现状的经济发展战略。

政府坚持自由经济政策，大力吸引外资，发展多样化经济。20世纪80年代初开始，新加坡政府从改革单一的转口贸易为主体的经济结构入手，鼓励发展工业，逐步走上工业化和建立多元经济结构的道路，加速发展资本密集、高增值的新兴工业，大力投资基础设施建设，力求以最优越的商业环境吸引外来投资。在投资政策方面，新加坡政府非常重视吸引外国投资，积极从管理审批制度、产业政策、税收优惠等方面提供便利，包括：通常给予外资以国民待遇，除了与国防有关的某些行业外，对外资在新加坡的运作没有任何限制；完全开放商业、外贸、租赁、直销广告、电信市场，推进资本市场发展；对先驱公司（即涉及巨额资本开支或复杂技术和生产能力的企业）和某些金融企业给予税收优惠等。与此同时，新加坡政府也采取财务、融资便利等措施协助本地企业向海外发展，包括：①一般财务支持，即通过经济发展局、贸易发展局、生产力与标准局等机构为本国企业的经营提供商务开发计划、品牌开发援助计划等各种财务支持计划；②贸易21计划。这些政策和措施，使新加坡以制造业和服务业作为经济增长的双引擎，经济快速发展，不仅为新加坡人提供了大量的就业机会，而且使新加坡人生活水平大幅度提高。到1981年底，71%的居民住进了政府修建的设备齐全、价格低廉的公共住宅，人均住房面积为15平方米，居亚洲首位。



20世纪90年代，新加坡政府确立新的经济发展方向是：以服务业为发展中心，加速经济国际化、自由化、高科技化。在具体措施上，尤为重视信息产业，在全岛兴建“新加坡综合网”。为进一步推进经济增长，大力推行“区域化经济发展战略”，加速向海外投资，积极开展在国外的经济活动。新加坡对华投资业务发展迅速，两国间有苏州工业园区等一批大型合作项目。在转口贸易、货运业、制造业、金融服务等原有优势产业的基础上，积极发展信息技术产业，高密度、大容积半导体芯片，生物科技等以作为今后经济发展和科技竞争的动力。经济步入了稳健增长时期，经济发展渐趋成熟，国际竞争力增强。在自1994年以来的世界各国国际竞争力综合排名中，新加坡连续五年位居第二。在不到40年的时间里，新加坡从建国初期的“一穷二白”，发展到如今的“亚洲四小龙”之首，从不发达国家跨入“新兴工业化国家”的行列，成为近年来世界上经济发展最快和富裕程度最高的国家。

总而言之，20世纪90年代以来，新加坡经济继续保持良好的发展势头，经济发展的特点主要表现在以下几方面：一是经济运行比较稳定，国民经济稳健增长。二是制造业和服务业是经济增长的主要动力。带动制造业增长的是高科技信息工业，而服务业则主要是由金融服务业带动的。在金融服务业里，新加坡已成为世界金融中心之一，在亚洲排名第三，列东京、香港之后；外汇交易量居世界第四，仅次于纽约、伦敦和东京。三是经济增长主要依赖出口扩张。20 世纪 90 年代，新加坡的经济增长主要还是靠国外需求推动。四是在全球的激烈竞争中保持了强劲的经济竞争力。新加坡在 1989 ~ 1993 年间，一直是最有竞争力的发展中国家。1994 ~ 1995 年间，新加坡被列为世界上仅次于美国的最有竞争力的国家。五是经济区域化成效显著。新加坡海外发展的重点主要集中在中国、印度、印度尼西亚、马来西亚、越南、泰国、菲律宾、缅甸 8 个亚洲国家。至 1997 年 4 月，新加坡对外投资就达 100 亿美元，比 1995 年增加了 59%。六是人均国民收入迅速增加。新加坡的人均国民收入从 1990 年的 23537 新元增加到 1996 年的 44020 新元；以美元计算，1996 年已达 2.8 万美元，人均收入居世界第 11 位，已达到瑞士在 1984 年的水平。经合组织则在 1995 年底宣布，从 1996 年开始，新加坡已跨入“较先进的发展中国家”行列。

新加坡没有任何天然资源，要维持稳定的经济增长，则有赖于人力资源的开发，培养人才及提高竞争力，所以，特别重视教育质量。由于新加坡独特的地理位置和历史背景，使新加坡成为亚洲学生尤其是中国大陆、香港、台湾等地学生通往澳大利亚、加拿大、新西兰以及欧美各国的重要桥梁。



新加坡根据本国的国情，不断调整发展战略。1997 年亚洲金融危机发生以后，新加坡凭借健全的金融体制和着眼长远的发展战略，自身所受冲击较小。金融危机爆发时，新加坡主要行业的增长情况是：制造业 4.3%，建筑业 13.3%，商业 5.8%，运输与通信业 9.2%，金融与服务业 11%。但是由于新加坡经济总量小，严重依赖对外贸易，对美、日、欧和周边市场依赖性很大。新加坡贸工部的研究显示，美国的经济增长对新加坡经济的影响最大，美国经济每增长 1%，新加坡经济就会增长 0.96%。因此，2001 年，在遭遇世界经济下滑和美国“9·11”事件影响下，新加坡经济出现衰退，GDP 同比下降 2.0%；对外贸易也出现显著下降，其中对外出口 1225.4 亿美元，同比下降 11.8%，进口 1096.8 亿美元，同比下降 13.9%。短短的几年时间里，新加坡经济似出现典型的“W”型波动。面对经济衰退，新加坡为寻求新的发展机遇，提出了一系列经济发展思路，归纳起来可称为“高科技战略”、“中国战略”和“扩大腹地战略”，目的在于提升产业结构，积极寻求海外市场，拓展对外经贸活动的空间。为了继续保持领先地位，迎接 21 世纪的挑战，新加坡制定了跨世纪发展战略。这一战略在把经济发展的重点放在 20 世纪最后 10 年的同时，着眼于新世纪前 30 年的发展，制定了分阶段的目标和任务，规划了跨世纪的重大工程：到 2020 年人均国民生产总值将达到荷兰的水平；到 2030 年人均国民生产总值将达到美国的水平，成为一个充分发达的国家。

# 巴西的崛起

## ——建立以推动社会发展为核心的发展模式

巴西联邦共和国，国土面积851.42万平方公里（资料来源于《巴西四月年鉴》），是拉丁美洲面积最大的国家，总人口1.816亿（2004年）。古代巴西为印第安人居住地。1891年2月24日通过第一部共和国宪法，定国名为巴西合众国。1967年改国名为巴西联邦共和国。

巴西是一个资源大国，有着发展经济的得天独厚的自然条件。丰富的矿藏资源，种类繁多的植物，世界最大的热带雨林，多样化的能源资源，石油蕴藏量居世界第15位，丰富的水利资源。巴西还有独特的自然地理和历史条件，从而拥有令世人羡慕的旅游资源优势。勤劳、智慧的巴西人民充分开发和利用了他们的资源优势，创造出了巴西经济发展的奇迹。今天，巴西已经成为拉美第一大国，其国内生产总值位居世界第11位，成为全球具有最大发展潜力的新兴工业化国家之一。



巴西崛起的主要经验，在于改变使巴西经济陷入恶性循环的新自由主义政策，建立以推动社会发展为核心的发展模式。一方面，通过降低利率、税制改革、增加出口、加大基础设施投资等措施恢复经济增长，减少对外资的依赖；另一方面，通过严厉打击腐败现象，大力解决就业、教育、卫生、住房、社会治安和贫富悬殊等社会问题。

20世纪70年代以来，新自由主义经济思潮席卷拉丁美洲，剧烈冲击着巴西社会。在内外压力下，由于放弃国家干预经济的手段，完全依靠比较优势原理规划本国经济体系，结果使大量民族企业倒闭，外资一统天下，失业率居高不下。同时，发达国家金融资本利用拉美急需资金和仓促开放之机，到拉美金融市场投机淘金，加剧了拉美地区金融市场的不稳定，导致1999年的巴西货币危机。

进入21世纪以来，对外，巴西扩大开放，把发展同欧盟的关系作为实行多元化务实外交战略的重点之一，并与阿根廷、乌拉圭、巴拉圭等国组成的南方共同市场，同欧盟签署了自由贸易框架协议。目前，巴西是中国在拉美地区最大的贸易伙伴，中国是巴西的第四大贸易伙伴和第三大出口市场。对内，巴西大力加强基础设施建设，依靠技术进步，提升传统产业层次，大力发展增加就业、改善人民生活水平、促进社会进步的新兴产业。

咖啡是巴西国民经济的重要支柱之一。全国有大大小小的咖啡种植园50万个，种植面积约220万公顷，从业人口达600多万，年产咖啡200万吨左右，年出口创汇近20亿美元。然而，今天的巴西，已不再仅仅以咖啡、狂欢节、比基尼泳衣、海滩和桑巴舞闻名于世，工业在巴西经济中占有重要地位。巴西已经建立了部门齐全、技术先进、具有相当规模的现代工业基础。2004年，巴西的工业生产增长了8.3%，是1986年以来最大的增幅。拉动增长的主要行业是耐用消费品和机器设备生产工业，工业企业的资产平均收益率也由2003年的5.1%攀升至20.2%，十年内第一次超过金融机构，在企业收益率排名中位居第一。为了更好地支持工业发展，巴西政府成立了“国家工业发展委员会”和“巴西工业发展署”两个新机构，前者负责制定工业、科技、外贸政策，以及制定有关发展工业、基础设施、增加企业竞争力的措施和项目贷款政策；后者负责推动工业发展政策的执行，特别是在协调外贸和科技的基础上扩大就业的相关政策的执行。



为增加就业，巴西工业部门中近97%的企业为微型和小型企业，却吸纳了全国工业企业就业人数的41.6%，2004年，工业领域就业率增长1.9%，是1989年以来就业增长率最高的一年。巴西正在集中改善中小企业的经营环境。对中小企业，政府提供技术研究班，为给中小企业培训人员，帮助地方中小企业销售它们的产品，甚至组织经营业务旅行，把中小企业推向国外。其目的是要给中小企业的经营活动提供一个合适的成长气候。

在政府支持下，劳动密集型的时装业也得到了快速发展，巴西现在已经成为一个新崛起的时装大国。许多巴西衣料生产商和服装设计师结合在一起，缝制出技术含量高的新潮服装，并将它们推向国际时装市场。目前，在纽约、巴黎、米兰和马德里等地举办的国际服装节上，巴西时装赢得了人们越来越多的好评。巴西占全世界纺织品交易总额的1%，纺织服装业的就业人数达到180万人，良好的技术为巴西时装业的发展打下了坚实基础。为了更好地发展本国服装业，巴西政府计划在今后8年内投资123亿美元用于服装业基础研究、技术和设备更新，并力求打造自己的全球知名品牌。

与此同时，巴西注重统筹经济和社会、城市和乡村的协调发展。2000年，巴西的城市化率高达81.4%，而同期世界平均水平仅为46%。巴西共分26个州和1个联邦区，1999年，全国共有5509个城市。其中，100万人口以上的城市共有12个，15万~100万人口的城市有79个，15万人口以下的城市有5418个，占城市总数的98.6%。巴西不仅城市数量多，以中小城（市）

镇为主，而且城市的聚集度很高。大量小城市（镇）在快速发展过程中，围绕大中城市周围布局，使许多地区的大、中、小城市逐步形成密集的城市群（带），从而形成了大、中、小城市（镇）相互配合、错落有致的城镇体系。为了减缓大量人口和经济活动流向大城市的压力，巴西在圣保罗老市区 50～80 公里半径范围内建设了 8 个环境优美、交通便利的卫星城，引导人口流向这些中小城市和小城镇。目前，这些卫星城的人口大约占圣保罗市总人口的 10％左右。在圣保罗市的示范作用下，巴西许多大城市都非常重视卫星城的建设，并将其作为缓解人口压力和经济、社会环境问题的重要手段，加以统筹考虑，实现了城乡协调发展。

在经历了连续两年的调整后，巴西经济于 2004 年取得了快速发展。据巴西地理统计局（IBGE）统计，2004 年，巴西经济大幅增长 5.2%，GDP 总值达到 17692 亿雷亚尔（约合 6048.8 亿美元）。就业形势也有改善，2004 年，巴西新增正式就业人数 152.3 万人，超过 2003 年 64.5 万人的两倍多，增幅为 6.55%。



经济的快速发展为巴西政府财政收入的增长奠定了良好的基础。巴西中央银行公布的年度收支报告显示，2004 年，巴西联邦、州、市三级政府和国有企业共实现初级财政盈余（不含支付债务利息）811.1 亿雷亚尔，相当于 GDP 的 4.6%，超过政府预期目标（GDP 的 4.5%、约 796 亿雷亚尔），也超过与国际货币基金组织签订贷款协议所规定的目标（GDP 的 4.25%、约 763 亿雷亚尔），是 1994 年以来的最好水平。

据巴西中央银行统计，2004 年，巴西吸引外国直接投资 181.66 亿美元，外资投入的主要领域是工业和服务业，分别占 52.8% 和 41.9%。在吸引外资的同时，巴西企业也大力向海外投资。2004 年，巴西的境外投资为 94.7 亿美元。一些大型企业如 Gerdau 钢铁公司、淡水河谷公司、巴西石油公司、巴西银行等是巴西境外投资的主体。

2005 年，巴西经济仍保持了较快的发展速度。一方面是因为巴西经过前两年的经济调整，经济正重新进入上升通道，工业、农业、服务业均呈现全面发展之势；另一方面是世界经济总体形势向好，国际市场原材料和初级产品价格的上涨继续刺激巴西出口攀升，从而对其 GDP 增长起着重要的作用。调查结果显示，巴西 2005 年的“国际综合竞争力”排名第 51 位，比 2003 年的第 52 位和 2004 年的第 53 位分别提升 1 位和两位。巴西在主要分项指标中的排名情况是：经济状况排名第 33 位。积极因素是：2004 年 GDP 增长 5% 以上，投资和就业呈现增长，生活状况改善，进出口增速较快；消极因素是：外贸占 GDP 比重和人均 GDP 尚属低水平。国家管理能力排名第 57 位。企业效率排名第31位，好于德国和日本的排名。巴西的劳动力适应挑战的能力、企业家个人和企业管理能力均比较突出。基础设施，排名第52位。表现在基本基础设施、教育、科技、卫生和环保等方面均无太大改善。

# 昆山之路的启迪

## ——全面建设小康社会的标杆

昆山是江苏省苏州市下辖的一个县级市，东邻上海，西依苏州，市域面积921平方公里，户籍人口60万，辖10个镇和一个国家级经济技术开发区。2005年，其综合实力名列全国百强县（市）首位，在江苏省率先达到全面小康社会建设的指标，走出了一条全面建设小康社会的新时期的“昆山之路”。



昆山过去是一个农业县，工业基础差、底子薄，改革开放以来，昆山积极发挥优势，全力抢抓机遇，加速结构调整，加快经济发展，迅速崛起为沪宁经济走廊中开放度较高的新兴工商业城市，形成了以开放型经济为主导，三次产业协调发展，三个文明同步推进的良好局面。2005年，按常住人口计算，昆山实现人均GDP6.89万元，远远超过2.4万元这一小康标准值；第二、三产业增加值占GDP的比重高达98.6%，超过小康标准值6.6个百分点，也高于基本现代化标准值0.6个百分点；城市化率为64%，高于小康标准值9个百分点；城乡登记失业率仅为2.5%，大大优于小康和基本现代化标准值。从1979～2005年，中国经济总量增长了36倍，而昆山则达到235倍。昆山以占全国0.01%的土地、0.05%的人口，创造了占全国0.4%的GDP，聚集了占全国2.3%的到账外资，实现了占全国2%的进出口总额。

昆山经济发展主要有如下几个方面的特点：

### 一、以招商引资为龙头，扩大对外开放，外向型经济发展的势头比较强劲

昆山始终坚定不移地实施外向带动战略，积极扩大招商引资，牢牢把握对外开放不同阶段的一次次重要机遇，不断巩固和发展外向型经济的先发优势，并逐步形成了全市经济的强势和特色。昆山市已累计批准来自50多个国家和地区的投资项目2600多个，其中台资企业均占到60%左右。开工投产“三资”企业已达1300多家。世界500强企业中有20多家在昆投资，一批龙头型、园区型大项目开始运转。项目分布遍及第一、第二、第三产业各领域，一

批服务性、功能性项目如东方首席电子商务、台湾彰化银行昆山办事处和华东地区首家台商子女学校等落户昆山。与此同时，外资企业的产出带动效应充分显现，昆山市财政收入的60%、销售和利税的75%、工业投资的85%、自营出口总额的98%来自外资企业。

## 二、以结构调整为主线，增强经济总体素质，综合实力和运行质量稳步提高

在农业领域，充分发挥国家级农业现代化综合开发示范区的带动作用，重点发展“一优四特”产品。即优质粮油、特种水产、特种花卉苗木、特种果蔬、特种畜禽，粮经比例已稳定在45:55。在工业领域，相继实施了以产权制度改革为重点的内资企业调整改造和技术创新启动工程，实施内资企业“三高一优”工程，建成了高新技术密集区，推进经济结构“由低到高”、“由大变强”的第三次飞跃。在三产服务领域，依托现有产业优势，按照市场和消费取向，引导和推动各类三产服务业特别是新兴第三产业的发展。以周庄为龙头的旅游业持续升温，房地产市场行情不断上涨，电信、金融、保险、会计、律师及其他各类中介服务发展迅速。



## 三、以民营经济为突破口，落实群众增收措施，富民工程初见成效

启动实施统筹城乡协调发展的“富民工程”，重点放在农村，对农村实行全方位、战略性的结构调整，从过去单一调整农业转向调整农村经济结构、城乡二元结构、劳动力就业结构和农民收入结构，提出了致富农民的八条途径，制定出台了富民政策及其配套措施，营造了支持、鼓励发展民营经济的浓厚氛围。昆山市民间投资热情高涨，个私经济空前活跃，全市新登记注册私营企业4500多家，新增从业人员3万余人。与此同时，在全市推开“广覆盖、低水平、有保障”的农村社会养老保险制度。继续抓好城镇下岗失业人员再就业工程和低收入户安居工程。对全市城乡人均年收入低于2000元的低收入户实施开发性结对扶贫。

## 四、以载体建设为抓手，拓展产业发展空间，经济增长极化效应逐步显现

昆山经济技术开发区创办以来，已成为全市对外开放的窗口、对内辐射的基地、全市经济的龙头。GDP、财政收入、进出口总额分别占全市总量的36.6%、29%、65%，主要经济指标在全国30多个国家级开发区中均名列前5位。与开发区产业相配套、各具特色的镇级专业配套小区，是镇以下项目的中心区。乡镇利用外资的90%以上、民间投资的60%以上都集中在配套小区。昆山出口加工区被批准为全国首批15个出口加工区之一，于2000年10月率先正式封关运作。它的建成运作，产生了强大的招商引资磁场效应，在全国出口加工区中保持领先地位。昆山已形成了以开发区为龙头，包括国家级留学人员创业园、国家现代农业综合示范园、省级高科技工业园、国际商务区、华扬科学工业园、京阪工业园、中科昆山高新技术（传感器）产业基地、昆山软件园等一批特色园区互补联动的发展格局，有效地促进了资本、技术、人才等各类资源的集聚和优化配置。



## 五、以功能建设为重点，加大城乡建设力度，环境综合优势日趋凸显

以建设一流投资环境、营造最适宜人工作和居住的环境为目标，昆山切实加大新一轮城乡建设和环境综合整治力度，做到软件、硬件齐上，建设与管理并重。按照基础设施先行和实行市域整体性规划建设的原则，启动实施了交通、污水处理、电力、通信“四网”建设为重点的一大批基础设施工程，全面实现了基础设施的扩容升级，进一步拉开城市建设框架。街区美化亮化景观改造、绿化广场建设、居民小区改造成效明显，产生了美化环境、聚集人气、创造商机、改善群众生活质量、完善城市功能、提高城市品位的综合效应。与此同时，下大力抓服务软环境建设，以转变机关作风、提高效率效能为重点，连年推出强化亲商意识、规范诚信服务的政府“提速”新举措，全力打造昆山服务的优质品牌，以良好的政策法制环境、产业发展环境、生态人文环境赢得了投资者和海内外宾客的好评。

“昆山之路”是率先发展之路，体现了全面建设小康社会所具有的奋斗精神、自强精神和创新精神。昆山“率先争先、创新创业、自主自强、开明开放”的经验，为我国的小康社会建设竖立了一个看得见、摸得着的标杆，树

起了一面凝聚人心、鼓舞士气、激励斗志的旗帜。

学习“昆山经验”，就要敢于争先、团结拼搏、加压奋进；就是要坚持率先发展不动摇，使经济社会持续快速健康有序地发展；就是不仅要关注经济指标，而且要关注社会指标、民生指标、生态指标，着重体现富民优先，体现经济、政治、文化、社会建设的协调推进和生态环境的可持续发展，体现社会和谐发展与全面进步。

学习“昆山经验”，就是要具有大胆实践、敢闯敢冒、锐意进取的气魄和胆识；就是要坚持创新发展不松劲，使经济社会发展始终充满生机和活力。在全面推进小康社会建设进程中，针对经济社会发展中出现的新情况、新矛盾和宏观环境的新变化、新趋势，始终努力在宏观与微观的结合上，在开创性与可操作性的结合上，创新和完善发展思路，做到迎难而上、稳中求进，牢牢把握发展的主动权。

学习“昆山经验”，就是要坚持以人为本、全面协调可持续的科学发展观和正确的政绩观；就是要坚持科学发展不放松，使经济社会发展切实转到依靠科技进步和提高劳动者素质的轨道上来；就是要把工作着力点更多地放在经济的有效增长上，放在速度、结构、质量和效益的统一上，放在经济综合竞争力的增强上，使小康社会建设成为加快步入科学发展轨道的生动实践。



学习“昆山经验”，就是要走和谐发展之路，体现富民优先、建设社会主义和谐社会的价值追求；就是要坚持和谐发展不停步，不断提高人民群众的物质文化生活水平和健康水平；就是要使经济更加繁荣、科教更加发达、生活更加富裕、环境更加优美、法制更加健全、社会更加文明。